# 宪政政治学评论

武汉大学政治与公共管理学院 主办
《宪政政治学评论》编辑委员会 编

第二卷

VOL.2

武汉大学出版社

# 珞珈政治学评论

武汉大学政治与公共管理学院 主办
《珞珈政治学评论》编辑委员会 编

## 第二卷
### VOL.2

武汉大学出版社

# 珞珈政治学评论

## （第二卷）

# 目　录

## 政治学基本理论研究

## 政治思想评论

## 社会变革与制度变迁

## 中国宪政民主探讨

## 国际关系与外交政策

## 国际政治研究

政治学基本理论研究

# 论现代政治义务的基本价值向度

虞崇胜  何志武

**摘要：**政治义务作为上层建筑的组成部分必然有它的价值取向。传统的政治义务以政治权力为核心，强调政治义务的优先性与绝对性。现代的政治义务处在转型之中，其价值取向正在朝着四个向度发展：其一，政治义务的设立不是为了限制公民的自由，而是为了保障公民的自由；其二，政治义务的设立不是为了剥夺公民的基本人权，而是为了保障公民的基本人权；其三，政治义务的设立不只是为了保障公共利益，而且是为了实现国家利益与公民利益的平衡；其四，设立政治义务的目的不是要否定权利本位，而是以坚持权利本位为其价值依归的。

**关键词：**政治义务  公民自由  人权关照  公共利益  权利本位

所谓政治义务，是指人类社会发展到一定阶段，与政治权利同时产生的，为维护共同体的整体利益，共同体成员对所属共同体应尽的道德义务和必须履行的法定义务。传统政治义务与现代政治义务有着不同的价值取向。传统政治义务与政治权力相联系，强调对权力的服从；现代政治义务与政治权利相联系，突出权利本位。概括来说，现代政治义务有四个基本价值向度：公民自由、人权关照、公共利益和权利本位，其中公民自由是政治义务的价值基石，人权关照是政治义务的终极价值，公共利益诉求是政治义务的价值核心，权利本位是政治义务的最终归宿。

## 一、公民自由是政治义务的价值基石

政治义务的设立与存在不是为了限制公民的自由，相反是为了保障公民的自由。传统政治社会，统治阶级设立政治义务，其根本目的是为了维护自己的政治权利，是一种义务本位，对于广大人民群众来说，毫无自由可言，这种束缚人的自由的价值观，是对人性的摧残，不利于社会的进步与繁荣。在现代民主社会里，国家设立政治义务，显然不能用政治义务来限制公民的自由权利，恰恰相反，它在价值诉求上应该是把公民自由放在重要位置。中外历史经验告诉我们，只有把公民自由作为政治义务的价值基石，政治社会才会充满活力。同时，公民的自由价值观念反过来会对政治社会产生巨大的推动作用。

自由一直以来就是人类追求的首要价值。它受到了广泛的重视，美国政治学家亨利说："我不知道别人会怎么做，对我而言，不自由，毋宁死。"[①]《美国独立宣言》在衡量人类价值时，把自由放在仅次于生命的位置上。卢梭走得更远，他说，放弃自由，无异于

---

① ［英］杰弗里·托马斯：《政治哲学导论》，中国人民大学出版社 2006 年版，第 219 页。

放弃做人的资格。

自由是现代人的首要价值，现代社会的统治者把扩展人的自由行动空间（即自由度），当成基本任务和责任，并构成统治合法性的重要根据。哈耶克认为，追求自由是人的天性，而且文化上的每一个进步，都是迈向自由的一步。在他看来，个人自由的必要性在于：它是人类借以改变其无知状态不可或缺的条件。因为个人自由不仅可以增加改变无知状态的机会，还可以增大人们在必然的无知状态下取得成功的可能性。用经济学语言表达，即在经济活动中，由于存在信息的不完全性和"信息偏在"的事实，使得每个人掌握的信息都是有限的，每个人决不可能掌握比他人更多的具体信息，他对他人特殊处境的了解不可能比他人自己了解得更多、更真切、更全面，因而他不能代替他人决策，没有任何人能够成为真理的终极裁定者；同时，使每个人都具有其他人所不具有的优势，因为每个人都掌握可以利用的独一无二的信息，而基于这种信息的决策只有由个人单独作出，或由他人参与作出，这种信息才能被利用。因此，个人自由是人们从整体上克服个人无知的社会机制，是通向真理的必要条件和必经之路。在此，我们可以从自由对于个人和社会两个方面的价值来考察：其一，自由对于个人的价值。由于自由是个人的自由，自由的价值首先体现在它对个人自身生存、享受和发展需要的满足上。自由对自由者个人的用处，是个人追求自由的直接推动力量。那么，从价值学角度来看，自由对个人意味着什么呢？首先，自由意味着权利，它表示一个人有从道德上或法律上要求和主张某种利益或稀缺价值的资格，一旦个人获得了这种资格，就表明他是自由的。作为权利的自由，其重要性在于，它从道德上和法律上保证了个人追求自身利益和价值的正当性和合法性。比如经济自由，就是指一个人有出于自愿去追逐各种经济利益的权利。当这种权利为道德所允许时，表明他的求利活动在道德上是自由的，而为法律所允许时，则表明他在法律上是自由的。人们平常说的"争自由"，就是争取各种合情合理合法、因而可以自由行动的权利。当然，自由与权利还有区别，自由只是一个人所拥有的众多权利中的一种，除自由外，一个人还有平等、民主、尊重、利益、选择、正义等权利。不过，自由不仅是一种最重要的权利，而且是一切其他权利的前提，对于没有自由权利的主体而言，其他权利都不可能，正如对一个没有自由权的奴隶，就谈不上平等、民主、利益一样。其次，自由表示一个人具有各种选择的机会。就此而言，自由不仅意味着一个人具有获得追求公认为有价值之物的权利或资格，更为重要地表现在一个人是否获得了这样的机会：在面对真假、善恶、美丑、圣俗难以辨别清楚时，他有权根据自己的特殊情况，做出自己独特的选择，并按照自己的选择行事。这是一种试错的权利与机会。其重要价值在于，它标示着人所具有的开放性质，表征着人作为"能在"（海德格尔语）的存在，因此他必须而且只能在针对各种难以预测其后果的可能性进行选择的过程中，才能探明自己作为人所能具有的本质力量和自由个性。可见，自由是一个人表现其真假、善恶、美丑、圣俗的机会，是人证明其个性、才能和力量的机会，因而是一个人最可宝贵的品质。特别是在现代社会，由于人际互动范围的急剧扩大、互动频率的急剧加速，以及互动的中介环节的不断增多，尤其需要个人根据瞬息万变的情况和信息进行选择和决策。在此，一个人有无对未知情况进行选择的机会，就成为他是否自由的重要标志。再次，自由意味着主体实现自我潜能的能力。一个人所取得的自由度的大小，既是他能力大小的标志，也是其能力发展水平高低的指示器。从一定意义上说，追求思想、意志、行动的最大可能的自由，是一个人的一种内在需要，而一个人实际地获得了思想、意志、行动方面最大可能的自由度，则表明他有能力实现自己的理想和愿望，有能力突破障碍其思想、意志和行动达到自由状态的各种强制因素。在此，自由不是一个人所要努力争取的物或"东西"，不是一个人为了达到某种目的所运用的手段和工具，它本身就是一种价值，表明一个人达到了自觉、自为、自主的状态。如果说人生而自由，自由是人的天性，那么，人在现实生活中所处的不自由状态，就成为一个人基本的生存状态。能否创造出各种用来表现人的自由天性、改变其不自由状态的条件，如果能够又在多大程度上已经实际地创造出了这些条件，这是一个人本质力量和自由个性发挥程度的主要标志。问题在于，既然自由是个人生存和发展的权利、机会和能力，那么，为什么它只是现代社会才被确立为基本的价值追求呢？我们若要回答这一问题，就不能停留在从自由的个人价值这一层次，而必须追问个人自由对社会、对他人的价值问题。因为，所谓个人自由，就是一个人从社会群体（他人）那里获得的自由地思想、言谈和行动的权利、机会和能力，个人自由并不完全是个人的事情，个人的自由必须通过社会并在社会之中，才能获得体现和确认。因此，个人的自由度取决于自由对社会存在和社会发展有多大的价值。

其二，个人自由的社会价值。事实证明，存在于社会中的个人自由，注定是有社会价值的，必定会对特定社会和社会群体的存在和发展发生作用和影响。这表现在两方面：一方面，个人自由以社会的发展水平为条件。在生产力水平低下的古代社会，由于个人力量十分弱小，他只能在共同体中，并经过共同体去表现其自由。在此，自由的不是个人，而是共同体或作为共同体代表的酋长或统治者。离开共同体，个人就什么也不是。随着社会生产力的提高，随着社会交往的扩展，个人才得以从共同体中独立和解放出来，获得人身和人格的自由。另一方面，个人自由本身又是社会发展水平的标志。当我们越往古代追索历史的时候，就会越发清楚地发现个人的不独立、不自由的状态，个人就越是紧密地从属于一个较大的共同体（如氏族、家族、城邦等）。而从历史发展的趋势上看，作为人类最后归宿的共产主义社会，其主要标志就是个人的自由，是所有个人的自由发展，在那里，每个人的自由发展是一切人的自由发展的条件。从这种意义上说，人类的历史就是一个个人自由不断扩展的过程，在这一过程中，将会有越来越多的个人获得越来越充分的自由。西方个人主义看到个人自由的价值，这是它比封建专制主义进步的地方，但它没看到，真正的个人自由不是少数人的自由，而是一切人的自由。这种个人主义的自由观总透露出那么一股子贵族气。那么，个人自由的社会价值到底是什么呢？我们认为，个人自由的社会价值必须由特定历史时期社会存在和发展的客观需要来界定。一般认为，个人自由的社会价值，首先体现在它是社会得以存在的条件，并为社会稳定所必需，不仅因为自由作为人的天性需要在社会中得到满足。因此个人自由的满足对于社会的稳定是必要的，而且因为社会是一个开放复杂的巨大系统，个人是社会系统中最基本的要素，社会系统要获得存在和延续的条件，就需要个人发挥自由能动性，否则社会本身是无法支撑下去的。其次，个人自由的社会价值，还体现在它对社会发展与进步需要的满足上。发展和进步是人类社会所追求的基本目标，这是社会需要个人自由的主要理由。所谓发展和进步，就是在现有基础上获得新的进展和新的创造，发展和进步的实现，需要人们打破常规，进行大胆的尝试、探索和创新，而人们打破常规的探索和创新精神，只能以个人的自由为前提。就此而言，个人自由是经济发展、政治民主和文化繁荣的基本动因。再次，个人的自由还是实现社会公平的动力机制。个人自由不仅表现为竞争自由，即不同个体之间平等地参与竞取社会稀缺资源的自由，而且是自由竞争的前提条件。通过广泛的自由竞争，不仅社会资源可以获得有效率的配置，而且人们将会获得与他们的贡献和付出相匹配的经济、政治及社会地位，实现起码的社会公平。如果说发展是世界的必然规律，进步是社会发展的基本趋势，那么，为何进步只是到了近代社会以后才被确立为社会的主流价值观呢？社会主流价值观从古代社会的稳定（即"天下太平"）转换为现代社会的进步和发展，其推动力量是什么呢？除了社会生产方式与交换方式所起的决定性的作用外，还与民族—国家的兴起直接相关。民族—国家的出现既是市场经济发展产生的政治结果，同时又强化了国家和族群之间的竞争。就前者而言，市场竞争需要国家维持秩序、监督经济生活，以便培育出高效有序运行的市场，民族—国家的形成既极大地推动了社会生产力的发展，又使发展成为民族—国家得以存在的前提，因而成为民族—国家所推崇的基本价值观，就后者而言，由于民族—国家的形成，人类族群之间的竞争开始以国家的面目和方式进行、发展，尤其是经济力量和建立在经济发展基础上的军事力量和综合国力的增强，成为社会发展的中心任务，它关乎族群的存亡兴衰。一国靠什么来增长财富、增强国力呢？必须靠人，必须解放被教会或传统窒息了思想、被身份捆住了手脚的所有个人，调动和发挥他们的积极性和主动性，激发出他们的创造力，因而恰恰是现代国家，而不是别的什么力量，才容忍并促成了个人的自由。总之，无论是就个人的生存和发展，还是社会共同体的共同利益来说，自由是不可或缺的东西，它既是个人显示其价值、表现其个性与力量的方式和条件，因而是人们自觉追求的价值。同时，又由于个人自由（在一定条件下）可以促进社会的存在和发展，有利于社会的稳定和进步，因而获得了社会的认可和容忍，并为现代国家所推崇。

由以上分析可以得知，公民自由作为一种价值基石，对于现代政治上层建筑都具有重要意义，但其对于政治义务的意义尤为重大。原因就在于，为了公众的秩序和利益，必须建立国家（政府）。但是，政府的权力往往会滥用。因此，密尔说："所谓自由，是指对于政治统治者的暴虐的防御。"[1] 为了保障公民的自由，就有必要对国家权力进行限制，规范国家的政治义务。一方面，统治者应当承认被统治者有自由的权利，不得任意侵犯，否则就是背弃国家的政治义务；另一方面，政府制定重大政策时应该得到人民的同意。同时，为了保障公民的自由，政府可以干预社会生活，但下列三种情况应该避免干涉：第一，所要办的事情，若由公民个人来办比由政府来办更好些。一些事业要办好，最重要的是让与这项事业有切身利害关系的人去办，比如经济领域。第二，有些事情让个人来办虽然未必能像政府官吏办得那样好，但仍宜让公民个人来办，因为这样可以增强公民的主动性，锻炼他们的能力。第三，一种权力，对于政府来说若是没有必要的，但却增设了，那会造成很大的祸害。政府若将各种社会事业包揽无遗，那么公民将成为政府的依赖者，从而失去活力和进取心。历史经验表明，国家共同体在为公民规定政治义务时，往往容易偏离这个价值基石，以国家利益为借口，损害公民的政治权利，尤其是自由权。这种以国家主义为中心的价值观，在现实中，往往会导致暴政与战争，第二次世界大战时期的德国、日本就是很好的例子，公民没有自由，只有服从国家的义务，片面强调公民的政治义务，服从国家、领袖，只会把国家引向灾难之中。因此，历史的教训提醒我们，只有把公民自

---

① ［英］密尔：《论自由》，商务印书馆 2006 年版，第 1 页。

由作为政治义务的基石，国家才会走向民主与法治，社会才会走向繁荣与和谐。

## 二、人权关照是政治义务的终极价值

政治义务的设立与存在不是为了剥夺公民的基本人权，相反是为了保障公民的基本人权，人权关照应该是政治义务的终极价值。

自从 17 世纪资产阶级革命提出人权口号后，人类历史上就掀起了人权斗争的热潮，人们要求自由、平等、安全、发展，要求社会和谐、有序，追求最大权利和最大幸福。人权被世界各国所认同，成为人们不朽的理想，成为衡量社会进步的标尺。人权的内容和标准正随着社会的进步与发展在不断地扩展与提高。首先从国家（政府）与人权概念来考察，政府随国家的产生而产生，是国家权力的行使者。作为行使国家行政机关专门职权的政府，是在资产阶级革命过程中出现的，17、18 世纪继英国资产阶级革命胜利后，西方多数国家根据立法、司法、行政"三权分立"原则建立了国家行政机关，即政府。人权一词来自西方，是西方资产阶级在革命时期为摆脱封建桎梏、发展资本主义而提出的口号。在不同的社会、时代，人们对其理解、表述不一，人权概念是一个不断发展的概念。如资产阶级自然法学派代表格老秀斯、洛克、卢梭等认为：人权是指"人作为与自然理性相通的类"而享有的权利，① 是人的本性的、基本的、不可剥夺的权利。中国五四运动后，西方资产阶级人权思想广为传播，中国资产阶级人权派代表人物罗隆基等认为："人权是做人的那些必要的条件。"包括"（一）维持生命；（二）发展个性，培养人格；（三）达到人群最大多数人最大幸福的目的"② 所需要的条件。第二次世界大战期间，世界各国人民出于对德、意、日法西斯暴行的义愤，普遍提出了保护人权的要求。《联合国宪章》明确将尊重人权规定为一项国际法基本原则，联合国大会进一步发展了人权概念，于 1948 年 12 月 10 日通过《世界人权宣言》，对人权的内容作了阐述，提出了人的政治权利和经济、社会、文化权利，超越了西方传统的人权概念。随着民族解放运动的兴起和第三世界国家在国际事务中日益增长的作用，人权概念又发生了重大变化：把原来争取个人的基本权利发展成为争取民族自决和维护国家的独立和主权。随着人权运动的发展，当今许多学者对人权概念进行了更为深入的研究，在总结历史经验和实践的基础上作了更为科学的界定：人权是指每个人都享有或都应该享有的权利。包含两层意思，第一层指权利，即"是某某权利"，如人身权利、政治权利、经济文化权利等；第二层指观念或原则，即"每个人都享有或都应该享有权利"，它由若干关于人及人类社会应该怎样对待人、尊重人的判断、命题或原则构成，简称为"人道"。③ 人权概念虽然最早产生于资本主义社会，但并不是资本主义社会的专利，人权要求的产生是人类的共同性。通过对政府与人权概念的界定，不难看出：政府与人权是人类社会发展到一定阶段的产物，二者在政治上、法律上密切联系。在当今时代，随着经济、科技的飞速发展，权利主张的日益高涨，国家政府管理职能的增强和管理社会事务的扩展，现代意义上的政府即行使国家专门行政职权机关，在社会行政生活中的一举一动——政府行为，从各个方面、多层次、越来越多地牵

---

① 夏勇：《人权概念的起源》，中国政法大学出版社 1997 年版，第 160 页。

② 罗隆基：《论人权》，载《新月》，1930 年版，第 2 期。

③ 夏勇：《人权概念的起源》，中国政法大学出版社 1997 年版，第 4 页。

动公民权利，使公民权利或受损或受益，进而影响人们对权利的主张及观念。也就是说当今社会一国之内，政府的行为与该国的人权状态联系更为密切、广泛，对该国的人权举足轻重。国家在为公民设立政治义务时，必须把人权关照作为终极价值。人权保障的这种优先性主要表现在：

第一，人权先于政府而存在。

首先，人权是人类社会的产物。虽然人权这个概念并不是人类社会起初就有的，也不是国家、政府创立之初就同时产生的，是在国家存续两千多年后，资本主义政府业已替代封建官府时才出现的名词，但这并不意味着在人权概念产生之前，人们没有权利要求。在原始社会，尽管没有国家，没有政府机构，但社会的权利义务现象已经存在，即有人类社会，就有权利义务关系。由于每个人不仅是一个个体的人，具有自然属性；同时又是一个社会的人，具有社会属性。而这种社会属性，需要一种有秩序的社会生活，所以，设定原始的平等的权利义务、为人们的利益和要求划设彼此疆界，并依此组织生产和生活就成为必需与必然。恩格斯指出，在原始社会"父亲、子女、兄弟、姊妹等称呼，并不是单纯的荣誉称号，而是代表着完全确定的、异常郑重的相互义务，这些义务的总和便构成这些民族的社会制度的实质部分"。① "相互义务"也就意味着"相互权利"的存在。恩格斯还说，氏族的名称一开始就同氏族的权利密切联系在一起。因此，权利现象随着人类社会的产生而产生，是适应人的社会属性的需求的客观必然现象，权利先于国家、先于政府而存在。这就意味着以权利为依归的人权已早于国家、政府暗潜在人类社会中，只不过未为当世人所察觉，更不可能形成意识。

其次，人权是人的本性需求。马克思指出："人直接地是**自然存在物**。人作为自然存在物，而且作为有生命的自然存在物，一方面具有**自然力、生命力**，是**能动的**自然存在物，这些力量作为天赋和才能、作为**欲望**存在于人身上；另一方面，人作为自然的、肉体的、感性的、对象性的存在物，和动植物一样，是**受动的**、受制约的和受限制的存在物……"② 人作为人进入社会，并不能因拥有社会属性而将其自然属性消灭。人与动物相类似的自然性永远存在，这些自然属性表现为人的基本需求，包括生欲、情欲、思欲、美欲、自主欲等。人们为了满足这些欲望，必然趋利避害，尽可能地扩大自己的利益，使自己达到"最理想"、"最美好"的境地。而要满足自己的欲望，必然导致对权利的追求，如要生存，人们会千方百计地寻求生命不被侵害的权利、健康的权利、劳动的权利、财产权利、平等权利、自由权利等；要使自己自主地活着，则人们会去追求思想自由、人身自由的权利。人的自然属性决定了人权的权利内核。人权之于人就像阳光之于万物一样不可缺少，是人的本能需求。不论针对广义上的"政府"，还是针对狭义上的"政府"，人权都是先于政府而存在的。

第二，人权是人类的终极理想。

首先，人权来自于人们对权利的追求，是权利不断发展、积累的结果。在原始社会，权利现象虽然客观存在，但由于极其低下的生产力水平决定着人们原始的平等关系，使原始权利处在一种自然的平衡状态和混沌的意识中。当人类步入阶级社会后，权利的自然平

---

① 《马克思恩格斯选集》第 4 卷，人民出版社 1995 年版，第 25 页。
② 《马克思恩格斯全集》第 42 卷，人民出版社 1979 年版，第 167 页。

衡状态遭到破坏，大多数人的权利被剥夺、践踏，人类从此开始漫长的"轻视人、蔑视人、使人不成其为人"的历程。也正因为此，激发了人们对权利的需求与意识，人类就同时踏上了为权利而斗争的历程，人类历史变为充满为权利而斗争的历史。如历代的奴隶起义和反抗，中世纪英国的限制王权、保障教会和领主权益和市民的某些利益权要求的自由大宪章运动。近代，美国独立战争，《独立宣言》宣布"天赋人权"、"人民主权"等主张，人权概念诞生。1789 年法国资产阶级大革命胜利发布《人权宣言》，用法律形式确定人权。在现代社会，人们更是广泛地追求人权。所以，人类历史就是权利斗争的历史，人权是人类权利要求、权利不断增长积累的结果，不因国家政府的产生而产生，也不因国家政府的消灭而消灭，是人类不朽的理想。

其次，人权是人类最终目的。人权具有对自己的自利性与对他人的互利性双重属性。自利性指人权具有利己性，具有"私人利益"的属性，所有权利的基础均为利益，而人权所表达的利益恰是个人的，离开了这一点，人权就不是人所追求的。如果人权对己无利，反成为别人侵害或者政府打压自己的工具，那么，人们只会对它敬而远之，唯恐躲之不及。但人权的这种自利性并不是无限扩张，没有界限，而是必须以不侵犯他人的权利、使他人得到同样的尊重为界限。如果人权只对自己一人有利，而对他人有害，那么，它就不是普遍的人权，也就不能称其为人权，所以，人权还必须具有互利性。人权的自利性符合人本性的需求，能够满足人发展的需要，而人权的互利性则在最大限度满足个人需要的基础上，维护社会稳定、和谐，满足社会存在的条件。正是由于人权的自利性、互利性两种属性，人权才既体现了人道，又符合了社会的发展，成为人们追寻的理想和努力的目的。

再次，人权促进人的发展和完善。人权以人为起点和目的，以人道作为社会进步的目标，强调"人之作为人应有条件"，强调维护人的尊严和价值，强调人是社会的主体，权利的主体，而不是由帝王将相、仁人志士来施仁行义的对象，要求公共权力"善待于人"，以人为本。同时，人权又为人与人的和谐相处提供了尺度。人权要求建立规则、秩序，消除暴力，在政治上表现为民主，在法律上则表现为法治。民主政治使人人都能平等，主张权利，发表意见，在社会中让人充分展现自己的才智，为人提供无限发展的机遇。法治使人人能够充分行使权利，人人的权利得到保障，让人充分享有做人的尊严，从而达到社会和谐有序、人人平等地追求最大幸福。所以，人权是人的最高理想和最终目的。

第三，国家对人权实现负有责任与义务，应是保障人权的工具和手段。

国家最初虽是权利之争的产物，但在传统社会里，政府实际上充当限制人权的工具。在现代社会，国家应该是人权保障的工具和手段，特别是在社会主义国家里，生产资料属于全民所有，政治、经济、社会的一切权利属于人民，人民是国家的主人，通过自己的代表组建自己的政府（各级行政管理机关），维护全民的普遍利益。也就是说：政府由人民产生出来，是人民的政府；人民不是政府的工具，而政府是人民的工具。人民可以通过政府管理社会，实现意志，最终维护自己的利益，同时能够要求政府以最大的努力为国民谋利益，尽最大的力量为其国民提供更好的生存、发展环境，且以人民权利的实现与保障为政府活动的宗旨与界限。人权的全面发展与实现也就成为政府的最高宗旨和目的。所以说，以社会主义为代表的现代国家对人权的实现负有责任和义务，其功用就在于对人权的保障，应是人权保障的工具和手段。

综上所述，我们有理由认为，把人权关照作为政治义务的终极价值，国家或政府是公民基本人权保障的工具和手段，而不是相反。唯有如此，现代国家的政治义务价值才能与传统的义务本位的政治义务决裂开来，还政治义务的本来面目。

### 三、公共利益诉求是政治义务的价值核心

政治义务的设立与存在是为了保障公共利益，实现国家利益与公民利益的平衡。政治义务是调整国家与公民关系的规范，这种规范有其价值判断的依据，除了全面论述的保障公民自由、关照人权外，还有一个重要的核心价值，那就是公共利益。所谓公共利益，按照《牛津高阶英汉双解词典》的解释，Public 意味着"公众的、与公众有关的"，或者是"为公众的、公用的、公共的（尤指由中央或地方政府提供的）"。在这里，公众是一个集合名词，公众组成的群体可以看做是共同体。因此，公共利益首先与共同体利益相关。不过这个由单个公众以一定方式组成的共同体，与由单个个体组成的私人性质的共同体存在实质性差别。共同体的性质和价值取向决定了共同体利益的性质。基于这种认识，公众组成的共同体已经包含着公共性而不是私人性的内涵。其次，公共利益意为"公众的或与公众有关的"，它与公众利益密切相关。不过，公众利益并不能代替公共利益。因为公众利益既有纯私人性质的，也有公共性质的；公众除了消费公共物品之外，还大量地消费私人物品。反之，公共利益则应该代表公众利益，否则它就失去了依托而成为一个纯粹抽象的概念。再次，公共利益与中央或地方政府的供给相关。这是由政府的公共特性所决定的。尽管在公共选择学派看来，政府也具有自利性，但谁都无法否认政府是公共利益的代表者和维护者。在这一方面，往往存在认识上的误区，即因为政府是代表者和维护者，而认为公共利益只能由政府来维护、增进和分配。这排除了政府以外社会主体的补充作用。事实上，西方国家大量出现的志愿性团体、社区自治，以及"治理（Government）"概念的提出都表明"政府并不是唯一的提供者"，非政府组织和公民参与也同样可以维护和增进公共利益。公共利益的本质属性作为共同体利益和公众利益，公共利益是一个与私人利益相对应的范畴。在这一意义上，公共利益往往被当成一种价值取向、一个抽象的或虚幻的概念。以公共利益为本位或是以私人利益为本位，并没有告诉人们公共利益包括哪些内容，它只阐明了利益的指向性。即使是在这种情况下，公共利益也具有一些基本的属性：第一，公共利益具有客观性，公共利益不是个人利益的叠加，也不能简单地理解为个人基于利益关系而产生的共同利益。不管人们之间的利益关系如何，公共利益都是客观的，尤其是那些外生于共同体的公共利益。之所以如此，那是因为这些利益客观地影响着共同体整体的生存和发展，尽管它们可能并没有被共同体成员明确地意识到。第二，公共利益具有社会共享性，即公共利益为共同体的所有成员所共享。既然公共利益是共同利益，它影响着共同体所有成员或绝大多数成员，那么它就应该具有社会共享性。这可以从两个层面来理解。其一，所谓社会性是指公共利益的相对普遍性或非特定性，即它不是特定的、部分人的利益；其二，所谓共享性既是指"共有性"，也是指"共同受益性"。并且这种受益不一定表现为直接的、明显的"正受益"；公共利益受到侵害事实上也是对公众利益的潜在威胁。以上两种特性都是从抽象的意义上来讲的，但公共利益并不是完全虚幻的概念。公共物品和公共服务是公共利益主要的现实的物质表现形式。一般认为，公共物品是

指非竞争性和非排他性的货物。非竞争性是指一个使用者对该物品的消费并不减少它对其他使用者的供应。非排他性是指使用者不能被排斥在对该物品的消费之外。如果将非排他性看做是源于产权而派生出的特性的话，那么，它在形式上保证了公共物品共有的性质。而非竞争性则从实际上保证了公共物品可以是共同受益的。这决定了公共物品是公共利益的物质表现形式。进而，公共物品的现实性决定了公共利益也是现实的而非抽象的。需要特别指出的是，公共物品的这种特征往往被误解，即公共物品往往被理解为共同体所有成员的利益。不能否认这样的公共物品的确存在，但不能借此认为所有的公共物品都应该具有这种特征。共同体所有成员的利益事实上是通过多层次、多样化的公共物品来实现的。从纵向上来说，我们可以根据共同体利益的层次性来界定公共物品的层次性：其一，全球性或国际性公共物品，如世界和平、一种可持续的全球环境、一个统一的世界商品及服务市场和基本知识，都是国际公共物品的例子；其二，全国性公共物品，如提供宪法、法律等制度安排，国家安全和防务，发展初等教育，进行基础设施建设，跨地区的公共设施（比如道路），都是全国性公共物品；其三，地方性公共物品，如地方基础设施（比如城市道路）、垃圾处理、街道照明、警察保安等都属于地方性公共物品；其四，社区性公共物品，如社区绿化与环境、社区治安、社区基础设施等乃是社区性公共物品。从横向上来说，同一层次的公共物品不是单一的，而是多样化的：其一，基础性的公共物品，主要是指基础设施一类的公共工程；其二，管制性的公共物品，指宪法、法律等制度安排以及国家安全或地方治安；其三，保障性公共物品，比如社会保障、疾病防治；其四，服务性公共物品，比如公共交通、医疗卫生保健等服务性公共项目。由此可见，公共物品的层次性和多样化实际上代表着公共利益的层次性和多样化。在这一意义上，公共利益就不是一个抽象的概念，而是一个现实的概念了。

如果国家与公民不把追求公共利益作为价值核心的话，那么这个政治社会就会失去合法性的基础，政治义务就会蜕变到为私利所用，这与公民的权利本位的价值潮流背道而驰。在这里，需要说明的是公共利益不等于共同利益与国家利益。共同利益是相对于私人利益而言的，后者如果被一个人消费，则不能被其他人所消费，共同利益则不然。从集体的层面上解释，共同利益是一个群体或社会中的每一个成员所享有的利益，然而，决不是他们之间相互分享的利益。从分配的层面上看，共同利益是一种如果被一个人消费仍然可以被其他人消费的利益。公共利益则是一种最大多数人的最大利益，可以增进优势利益的便属于公共利益的内容。而国家利益则是一种通过外交政策在国际事务中追求的公共利益，它基本上是高层政治的一个术语。可见，比较而言，公共利益的观念是一种根本的观念。

首先，公共利益是作为政治义务的价值核心的表现。

政治义务是一种道德义务，是一个关系到国家与公民之间的权利义务正当性的问题，自然也涉及伦理学的范畴。从伦理学上看，它离不开利益问题，"正确理解的利益是整个道德的基础"，"'思想'一旦离开'利益'，就一定会使自己出丑"。① 早期功利主义者葛德文也认为："道德是考虑到最大限度的普遍福利而确定的行为准则……任何行政当局

① 《马克思恩格斯全集》第 2 卷，人民出版社 1957 年版，第 167、103 页。

可以推行的惟一公正的法令也必须是最符合公共利益的。"① 公共利益虽然是一个和私人利益相对立的概念，然而对其的具体理解却有着很多歧义。罗伯特·丹哈特将众多学者对于公共利益的不同理解归纳为四种模式：（1）公共利益的规范模式。在此模式中，公共利益成为评估公共行动的一个目标。（2）公共利益的废止论模式。此模式的支持者认为，公共利益这个概念既没有意义，也不重要，因为公共利益不能加以测量或者直接观察，而且公共利益或集体意志的概念并非必不可少，个人选择和利益才是认识各种活动的最佳途径。（3）公共利益的政治过程模式。按照这个观点，公共利益就是通过一种允许利益得以集聚、平衡或调解的特定过程来实现的，是对各种利益的一个恰当的平衡。（4）公共利益的共同利益模式。此模式也被称为"共识论"模式，共识论者把公共利益视为一个含糊而有价值的词语，这个词语既包含了为达成一种公共利益共识而进行的政策争论，也包含了基于共同价值的公共利益概念。② 在这四种模式中，公共利益或被认为是一种价值观念，或被认为是个人利益和集团利益的聚合物。也就是说，公共利益既是实体的客观物，也是精神的抽象物。公共利益的歧义不是由于表达的含糊而引起的字面意义上的差异，而是一个复杂观念的不同侧面。在我们看来，公共利益首先是一种价值、一种价值理念，是衡量一个政体是否具有合法性的价值标准。早在亚里士多德就已经认识到了这一点，"依绝对公正的原则来判断，凡照顾到公共利益的公众政体就都是正当或正宗的政体；而那些只照顾统治者们利益的政体就都是错误的政体或正宗政体的变态（偏离）"。③ 公共利益成为政治义务的核心价值，表现在以下几个方面：第一，维护公共利益是政治义务主要的实体内容。利益矛盾和冲突是人类社会的普遍现象，是国家权力产生和发展的根据。在现代社会，国家所掌握的政治权力以政治义务的形式来调节社会各种利益关系问题，解决社会各种利益矛盾和冲突，维持社会的长期稳定和发展。同时国家权力主体也毫不例外地置身于利益矛盾和冲突之中。调节国家权力主体与公共利益之间关系成为政治义务的主要内容。作为政治义务主体之一的国家（政府），必须时时处处坚持道德化的价值取向，最为根本的就是要公正地处理个人利益与公共利益之间的关系，必须维护公共利益，以公共利益为价值取向，并将这种价值观念贯彻在公共管理的日常实践中。在个人利益、团体利益与公共利益的紧张关系中，规范公共权力的运行，使之始终按照公共意志的命令行事，就成为政治义务规范的主要内容。第二，公共利益成为判断政治义务行为是否正当的价值标准。在现代民主政治社会中，政治义务行为主要表现在国家的公共管理活动与公民的参与活动方面。一方面，国家（政府）公共权力，按照法定程序实现和维护社会公共利益。这意味着国家的政治义务活动是代表社会施政，是源于社会公共事务管理的需要。它从社会中获取公共权力的力量，以独有的"服务性管理"的方式实现和增进社会公共利益；运用公共权力，按照法定程序公平地分配利益。政府管理在拥有公共权力的同时也被赋予相应的政治的、行政的、法律的责任。公共权力是公共利益天生的代表者和代言人，作为公权力运行系统之一的公共管理体系，其存在的合理性及合法性就在于对公

---

① ［英］葛德文：《政治正义论》第 1 卷，商务印书馆 1980 年版，第 81～82 页。

② ［美］珍妮特·登哈特等：《新公共服务：服务，而不是掌舵》，中国人民大学出版社 2004 年版，第 14 页。

③ 张康之：《寻找公共行政的伦理视角》，中国人民大学出版社 2003 年版，第 132 页。

共利益的保护和促进。可见，公共管理的这种特性决定了其运作的主要目的是提供公共政策和发展公共服务，维护公共秩序和实现公共利益。这是公共权力运行的价值基石和道德基础。公共利益也就理所当然地成为判断公共管理行为是否正当的价值标准。另一方面，公民个人也有义务维护公共利益。保障和扩大公民权利与自由，并不是说公民不尽自己应尽的义务去促进公共利益。公民作为公共利益的受益者，应该树立公益观念，深刻认识到个人与集体的血肉相连的关系。没有公共利益，个人利益与权利就也会无法保障。因此，在现实中，公民应该杜绝"搭便车"的心理，寄托于别人履行政治义务，自己不履行应尽义务，却想分享各项权利与利益。第三，政治义务的核心目的是促进实现公共利益。政治思想家洛克认为"政治权力的目的，在于保护个人权利，保障公共利益，政府的权力不过是来自最高权力的委托，而最高权力则掌握在人民手中"，所以，洛克强调："社会或由他们组成的立法机关的权力决不允许扩张到超出公众福利的需要之外。"① 同样，作为拥有公共权力的公共组织也只能是为了实现公共利益的需要而存在。正如柏拉图所说："我们建立这个国家的目标并不是为了某一个阶级的单独突出的幸福，而是为了全体公民的最大幸福。"② 政治义务在规范与调节国家组织和公民行为时，也必须使之导向实现公共利益的途径。

其次，公共利益作为政治义务的核心价值，实现了目的论与义务论的统一。

一般来讲，规范伦理理论可大致归为两类，一是目的论，以功利主义为突出代表，强调以预先设定或普遍认可的目的及其最大化作为对行为和制度进行道德判断的基础；二是义务论，以康德伦理学为典型代表，强调以行为本身的性质而不是行为的结果来判断其道德价值。政治义务领域的特性及实践，决定了单纯依靠一种伦理理论所提供的价值标准是远远不够的，义务论和目的论永远无法完全分开，正如美国著名的公共行政学者库珀认为，尊重人类尊严的义务与不尊重人类尊严的可怕后果是分不开的。公共利益成为政治义务的核心价值，实现了目的论与义务论的统一，使政治义务体系有了坚实而稳固的基石，并由此具有强烈的实践品质。政治义务规范的是公共领域，而公共领域具有强烈的功利性。因为，公共领域的出现本来就是从属于功利性的目的，是为了适应私人领域对稳定、秩序、繁荣和发展的要求而出现的，政治义务的主体的责任就是忠实地履行这些职能。但公共领域追求的功利不是个人的功利，而是属于社会整体的功利，是维护和促进公共利益实现的愿望和要求的。因此国家（政府）的管理行为必须无条件地服务于这种功利。以公共利益作为政治义务的核心价值，使得政治义务的主体对一定行为进行评判时，关注行为的结果，以其是否有益于公共利益的实现作为其正当性的依据。这种对行为结果的强烈关注，使得政治义务主体的行为集中于公共利益之实现，从而使政治义务活动不偏离其最终的目标。同时，公共利益作为客观存在的实体物，也为对政治义务行为的评判有了现实的客观标准，具有强烈的实践品质。政治义务主体必须要对其所从事的具体行为承担责任，这也是政治义务合法性的体现。以公共利益作为政治义务的核心价值，克服了政治义务可能流于空洞化、形式化的倾向。公共利益有其客观存在的实体形式，有强烈的现实性，这种现实性促使政治义务的主体必须考虑其行为的实质性后果，而不仅仅只关注其行

---

① ［英］洛克：《政府论》，商务印书馆 1993 年版，第 91～92 页。

② 柏拉图：《理想国》，商务印书馆 1986 年版，第 133 页。

为的形式与过程。另一方面，政治义务又是建立在价值与信念基础之上的，公共利益也是一种价值观念，是一种精神的抽象物，是一种由公众所定义的价值，一种依赖于公众参与而达成的"重叠共识"。这种价值观念是一定共同体形成并维持发展下去的精神基础，也是政治义务合法性基础的价值源泉。专注于这种价值的实现，是政治义务主体的一项"绝对命令"，政治义务主体必须无条件地顺从这种价值所指引的命令而行事。这种绝对命令使得政治义务主体在无法预知其行为后果时，能做出合乎政治义务要求的选择。是否合乎这些价值原则，也就成为评价政治义务行为是否正当的标准之一。这些价值观念通过一定的养成机制，渗透于政治义务的参与者之中，并成为一种精神贯穿于政治义务活动的始终。政治义务的活动，在某种意义上是一种不断进行公共价值判断与选择的过程，恪守特定的形式与规则有助于公共价值观的形成，并能使政治义务符合国家与公民的利益。正是坚持公共精神的信仰并通过行动传达给公众，国家（政府）维持了其良好的社会形象，并增进了公众对其的信心，通过自身的道德化去主动实现社会公共秩序的供给，在这一过程中构建一种新型的体现公共精神的社会秩序，将政治义务真正置于伦理道德基础之上。因此，以公共利益作为政治义务的价值基础，使政治义务体系兼具了义务论与目的论的特点，使政治义务主体既关注政治义务行为的规则也关注政治义务的结果，最终以实现公共利益为宗旨。这样，政治义务理论体系就有了核心价值，对实践中的政治义务行为产生有效的规范和引导作用。

### 四、权利本位是政治义务的价值依归

保障公民自由、人权关照、公共利益诉求是政治义务的三大核心价值。这三大核心价值的意义不局限于政治义务自身，而且对于权利本位体系的建构具有重要意义，具体而言，它们是权利本位的建构前提。第一，从权利本位的结构来看，公民的自由权是权利体系中最基本、最重要的权利。现代权利体系包括基本权利、民事权利等内容，而其中的基本权利最值得公民关注，公民的基本权利包括：（1）财产权。在资产阶级宪法中，财产权是一项重要权利，往往用"私有财产神圣不可侵犯"原则加以确认。（2）平等权。即"公民在法律面前人人平等"，这也是世界各国普遍确认的一项基本权利。（3）自由权。各国宪法都赋予自由权崇高地位，普遍规定了人身自由、居住迁徙自由、通讯秘密自由、言论自由、出版自由、集会自由、结社自由、请愿自由、罢工自由、宗教信仰自由等多种自由，这被认为是从与生俱来到参与国家生活的跨越权利历史阶段的权利。（4）受益权。它是指公民为自己的利益，请求国家为某种行为的权利，包括生存权、工作权、受教育权以及享有劳动保护、社会保险、社会救济方面的一些权利。（5）参政权。它是指公民享有参与国家政治生活方面的权利。参政权包括选举权、罢免权、创制权和复决权。从以上公民的基本权利的内容可以看出，五种基本权利对于公民来说都很重要，但需要指出的是，自由权是其他基本权利的基石。人类的权利奋斗历史告诉我们，没有公民的自由，其他权利就无从谈起。因此，在一定意义上说，自由是权利的另一种表达形式，自由权是公民最基本、最重要的权利。以公民的言论自由为例，众所周知，言论自由是指公民有权通过语言表达思想的自由。它是公民沟通思想、表达见解的主要方式，也是一个国家民主政治的重要表现。试想一个国家的言论自由如果被剥夺，那么讨论这个国家的公民权利会有意义吗？在历史上，清朝的"文字狱"、希特勒时期的法西斯专政对于言论自由是仇视

的，因此，没有人怀疑生活在他们统治下的人民是不自由的，人民也无权利可言。鉴于此，为了保障公民权利，各国宪法都把公民的自由权置于崇高地位，如我国宪法明文规定："中华人民共和国公民有言论、出版、集会、结社、游行、示威的自由。"因此，欲建构现代权利体系，确立权利本位，公民的自由权是关键所在。没有公民的自由权，现代政治义务理念无法存在，权利本位的建构也成了空中楼阁。基于以上认识，我们完全有理由认为，作为政治义务的核心价值之一的自由权是权利本位的建构前提。

第二，从权利本位的终极目的来看，人权是其核心内容。人类构建以权利本位为特征的现代权利体系，其目的不在于权利本位自身，而在于其终极价值。在众多的价值之中，人权保障是其中的核心内容。人权保障作为权利体系的核心内容，可以从人权的两大基本特征得以体现，即人权的普遍性与目的性。首先，人权具有普遍性，从人权的主体上看，人权主体适用于一切人，不分种族、性别、贫富、善恶，每个人都应该拥有基本人权，因此具有普遍性不容置疑；从内容上看，人权的普遍性基于人的尊严与价值，基于人类有着共同的利益和共同的道德，基于人类通过不断对话来达成一个共同的人权标准，使得人权是一种普遍权利。正如恩格斯所言，获得普遍的、超出个别国家的范围的性质的权利才称为人权。正因为人权具有普遍性，人权关照才不可避免地成为现代权利体系的核心，没有哪个国家敢承认本国政府不保障人权，即使是最专制、独裁的政府也不例外。其次，人权具有目的性。人权的目的性是指它倡导尊重人权和实现、保障人权所追求的目标。在众多目标中，法国的《人权宣言》明确指出：认为不知人权、忽视人权或轻蔑人权是公众不幸和政府腐败的唯一原因。《人权宣言》表达人权的目的可以概括为：人权作为简单而无可争辩的原则，是检验公众不幸和政府腐败的唯一原因，人权要作为政治机构的目标，维护宪法和全体人民的幸福。现在的《世界人权宣言》在序言中认定人权"确系世界自由、正义与和平之基础"，追求"言论自由、自由信仰、得免忧惧之世界业经宣示为一般人民的最高企望"。可以说，人权寄托了世界人民的和平、自由、正义的崇高理想，它是人类的最低目标，自然，也是现代权利体系不可或缺的核心部分。人权关照不仅是政治义务的核心价值之一，而且是权利本位的重要前提之一。

第三，从权利本位的生存和发展来看，公共利益是维护其正常运转的保障。公共利益对于权利本位来说非常重要：首先，现代公民权利是建立在公共利益的基础之上的。权利有公权利与私人权利之分，在还未确立公权利的社会，人与人之间为了自己的私利，相互斗争，如霍布斯所言，社会中的人处于战争状态，社会秩序非常混乱，不利于人类的生存与发展。为了摆脱这种无序的状态，原始社会的人开始确立公共权力，随之自然就形成了公共利益。正是由于有了公共利益，社会的公共管理活动才能得以进行，人们的生活才有了保障，最终就保障了公民的私人利益。因此，从私人利益保护的角度出发，公共利益不可或缺，可以说是至关重要。在现代社会，公共利益对于公民权利的意义也是不言而喻的，如果公民为了追求自己的私人利益，而不顾社会的公共利益，那么这个社会就会变得十分可怕，最终会吞噬公民的各种权利。其次，现代公民权利的发展也离不开公共利益的维护与实现。从一定意义上说，人类的历史就是公民权利的奋斗史。公民的权利从无到有，从基本生存权到政治、经济、文化、社会发展权，不断成长。在这个过程中，社会的公共利益也不断得到确认与成长。可以说，没有社会的公共利益的成长，公民的权利就难以健康成长。例如，现代社会提倡可持续性发展，反对以牺牲资源、污染环境追求经济利益，就是公共利益与公民权利协调发展的案例。的确，保护资源与环境等公共利益，可能会给某些公民带来一定损失，但从人类的长远利益看来，实际上是维护了人类的最大的公共利益，最终每一个公民会从中受益。如果现代社会中的公民眼光短浅，都追求自己的私人利益，那么就会最终毁掉人类的未来。因此，我们只有确立维护公共利益的理念，我们的权利才能得以实现，公民的权利大厦才能越筑越高。

综上所述，保障公民自由、人权关照、公共利益、权利本位对构建现代政治义务具有基础性意义，我们在处理国家与公民的关系时，只有把保障公民自由、人权关照、公共利益、权利本位作为政治义务的建构前提，公民的各项权利才能得以发展与实现。

（虞崇胜　武汉大学政治与公共管理学院教授）
（何志武　华中科技大学新闻与传播学院副教授）

# 政治协商民主浅析

赵　嵘

　　**摘要**：西方民主的基石是选举制，这种制度经历了三个多世纪的形成和逐步完善过程，把人类的政治文明向前推进了一大步。但其弊端也是十分明显，为此，20世纪后期，西方学术界开始关注民主理论的一种新发展，或者说民主理论的转向，政治协商民主成为研究的重要领域，它意味着政治共同体中的自由、平等公民，通过参与政治过程、提出自身观点并充分考虑其他人的偏好，根据条件修正自己的理由，实现偏好转换，批判性地审视各种政策建议，从而赋予立法和决策以合法性。在公民实践理性基础上，协商民主激发了理性立法、参与政治和公民自治的理想。本文从政治协商民主的含义、主要表现形式、所需条件、主要特征及其评价等方面探讨了政治协商民主的问题。

　　**关键词**：政治协商民主　公共协商　特色论坛

## 一、政治协商民主的核心内容

### 1. 政治协商民主的含义

　　关于政治协商民主的含义，不同的学者从不同的视角给予了不同的解释。在众多的解释之中，比较经典和富有代表性的有三种：

　　一是作为决策形式的政治协商民主。米勒认为，当一种民主体制的决策是通过公开讨论——每个参与者能够自由表达，同样愿意倾听并考虑相反的观点——作出的，那么，这种民主体制就是协商的。这种决策不仅反映了参与者先前的利益和观点，而且还反映了他们在思考各方观点之后作出的判断，以及应该用来解决分歧的原则和程序。亨德里克斯认为，在政治协商民主模式中，民主决策是平等公民之间理性公共讨论的结果。正是通过追求实现理解的交流来寻求合理的替代，以做出合法决策。在协商民主中，公民运用公共协商来做出具有集体约束力的决策。

　　政治协商民主的吸引力源于其能够形成具有高度民主合法性决策的承诺。从决策的角度来看，政治协商民主要求容纳每个受决策影响的公民；实现参与的实质性政治平等以及决策方法和确定议程上的平等；自由、公开的信息交流，以及理解问题和其他观点的充分理由。只有满足这些条件的协商过程才能够形成具有民主合法性的决策。

　　二是作为治理形式的政治协商民主。现代社会最显著的特征就是文化的多元化。多元文化民主面临的最大危险就是公民的分裂与对立。政治协商民主是一种具有巨大潜能的民主治理形式，它能够有效回应文化间对话和多元文化社会认知的某些核心问题。它尤其强调对于公共利益的责任、促进政治话语的相互理解、辨别所有政治意愿，以及支持那些重视所有人需求与利益的具有集体约束力的政策。作为民主治理形式的政治协商民主在本质上以公共利益为取向，主张通过对话实现共识、明确责任，进而作出得到普遍认同的决策。

三是作为政府或社团形式的政治协商民主。例如，库克认为，如果用最简单的术语来表述，政治协商民主指的是为政治生活中的理性讨论提供基本空间的民主政府。科思也认为，政治协商民主是一种事务受其成员的公共协商所支配的团体，这种团体将民主本身看成是基本的政治理想，而不只是将其看成是能够根据公正和平等价值来解释的协商理想。从这个角度出发，科思认为，政治协商民主具备五个要素：(1)政治协商民主是一个正在形成的、独立的社团。(2)恰当的社团条件，既为成员间协商提供框架，也是这种协商的结果。(3)在管理自身生活中，社团成员具有不同的偏好、信念和理想。虽然成员都承诺通过协商来解决集体选择问题，但他们的目标还存在分歧。(4)成员将协商程序看成是合法性的来源；所以，其社团条件不仅是其协商的结果，而且，同样是这种协商的表现。(5)社团成员尊重其他人的协商能力，即要求参与公共交往的能力，以及根据公共理性行动的能力。

综上所述，我们可以来给政治协商民主下一个定义：政治协商民主指的是这样一种民主政治形态，即公民通过广泛的公共讨论的过程，各方的意见在公共论坛中互相交流，使各方了解彼此的立场和观点，并在追求公共利益的前提下寻求并达成各方可以接受的可行方案。其政治目标是平等参与、达成共识、关注公共利益。作为传统民主范式的复兴，在公民理性的基础上，它激发了理性立法、参与政治和公民自治的理想。

**2. 政治协商民主的主要内容和发生领域**

(1)政治协商民主的主要内容

第一，公共协商是政治协商民主的核心内容。公共协商(public deliberation)是政治共同体成员参与公共讨论和批判性地审视具有集体约束力的公共政策的过程。形成这些政策的协商过程不是在政治上讨价还价或契约性市场交易模式，而是一个公共利益责任支配的程序。公共协商的主要目标不是狭隘地追求个人利益，而是利用公共理性(public reason)寻求能够最大限度地满足所有公民愿望的政策。通过寻求确定那些重视所有人需求和利益的政策，协商过程的参与者表达了他们对所有公民政治平等的信念。不存在特殊成员的利益具有超越其他任何公民利益的优先性。为所有人提供平等的表达机会、消除参与公共协商的制度性障碍、形成所有公民能够自由参与协商过程的可获得性论坛，可以保证对所有公民需求和利益的系统考虑。因此，公共协商体现了政治共同体成员对公共利益追求的责任性与公共协商过程的公正性。

公共协商过程是以理性为基础，以真理为目标的。在科恩看来，协商是理性的，因为决定各种建议命运的是理性根据而不是权力。协商概念强调集体选择应该通过协商方式做出，不仅仅是因为这些选择应该符合公民的偏好。这种集体的批判性反思过程预先假定参与者将争取超越自身观点的局限而理解别人的观点、需求和利益。公共协商不是通过任何可利用的劝说机制将自己的观点强加给别人，而是真诚地通过相互理解和妥协的过程达到一致。简而言之，公共协商结果的政治合法性不仅建立在广泛考虑所有人需求和利益的基础之上，而且还建立在利用公开审视过的理性指导协商的基础之上。

公共协商具有政治的合法性。理性的公共协商过程提供了政治协商民主的政治合法性。因为公共协商是公民借以证明自愿接受的、具有集体约束力的法律和政策正当性的工具。协商过程的结果源自自主的、在认识上不受限制的政体的集体理性（collective reasoning），所以，其成员有义务遵守这些结果。政治协商民主通过为协商过程创造条件而试图完善自主的自我治理过程，这种协商过程保证协商的结果不仅能够聚合现存的各种愿望，而且还反映了更高程度的集体知识和相互的道德责任。这种协商过程的政治合法性不仅仅出于多数的意愿，而且还基于集体的理性反思结果，这种反思是通过在政治上平等参与和尊重所有公民道德和实践关怀的政策确定活动而完成的。总之，公共协商过程是包容性的，政治共同体中的每个成员在平等的基础上参与决策，少数人也可以合理地期望其能够以前所未有的方式影响未来的结果，公共协商民主没有狭隘地将政治自治看成是包含孤立个体的决策过程，它采纳了更具包容性的观点，既重视自治的个体，又重视自治的集体社会。

第二，在政治共同体中，协商过程中的参与者都是平等的、自由的、理性的，不存在特殊成员的利益具有超越其他任何公民利益的优先性，参与者行为不受先定权威的规范或要求的限制，而只根据协商的前提和结果行动，提出建议，或者批评、辩论必须具有充分的理由，协商不接受强力。

第三，政治协商民主为政治决策提供合法性，并强调公开性和责任性。公共协商能够使公民自愿接受正当的、具有约束力的决策，政治协商民主力图完善自主的自我治理过程，从而既反映不同的愿望，也反映更高程度的道德责任。公开性能够保证所有公民参与形成决策的过程，阻止秘密的、幕后的政策协定。责任性明确了谁支持什么政策，就要承担什么样的责任。

第四，实施政治协商民主必然要面临三个问题：统一或共同政治共同体的缺乏；文化多元主义的存在；现实社会中巨大的不平等。政治协商民主的核心假设是，协商过程的参与者要承担公共利益的责任，为更大利益而节制甚至牺牲自我利益。但社会结构的差异性可能使某些团体对更大的政治共同体没有责任感和认同。公共协商要求参与者的认知和道德框架是完全相似的，必须有一套共享的基本认识观念和信念。但关于现实性的信念和假设、规范原则和实践、多种族、多文化现实方面存在的差异可能会使理性协商受到极大削弱。不同团体之间存在着显著的社会经济、认识资源的不平等，从而严重阻碍某些团体有效参与协商过程和平等维护自身需求和利益的能力。

第五，在政治协商民主理论中，民主合法性的本质取决于那些受集体决策制约的公民个体参与有效协商的能力和机会。诉求向协商民主转型意味着人们重新关注民主的有效性：即民主控制是实质的，而非象征性的，而且是有能力的公民参与，其本质是公共协商。政治协商民主的主要特征是：直接民主、市政会议、小规模的组织、工作场所的民主、具有不同道德原则的公民、自愿协会之间公共理性的中介形式，而协商宪政和司法实践则调整为整体的社会。

（2）政治协商民主的发生领域

政治协商民主可能发生在三个层面的不同领域，即国家制度、特设论坛和公共领域。这三个领域内的政治协商民主都有其不同的特点与运作方式，而且对政治协商民主追求的本身就是一个不断协商的过程。

第一，国家制度中的政治协商民主就是把协商因素吸纳到国家制度中来。在西方主要是立法机关和法院。在美国，法院被强调为协商的一个主要场所。由于立法机关是由公民选举产生的代表组成，而这些代表在协商中对其选民的利益负责，因此，立法机关显而易见就是民主机构；协商行为同样也会在政府的行政管理中出现。行政管理决不是简单地执行立法机关的决定。相反，它是一个涉及真实协商的交流过程。协商的内容包括特定法律如何适用于特定案件，如何解决立法意图中的模糊性，以及当不同的原则在意图上有分歧的时候，我们应当如何行为。在公共行政领域中强调行政网络的作用。这些网络在处理问题时，参与对象不仅牵涉到不同行政层级中的政府官员，而且包含来自各个社团、协会、非政府组织以及其他部门的政府官员。同样，这些网络或多或少有一些协商、开放、包容的成分。

总之，国家中存在着许许多多能够产生协商行为的场所。不同类型的国家存在着不同的政治传统与结构，因此，这种多场所的协商性质也有所不同，不存在单一的普遍适用的模式来规定国家制度中的协商行为。可见，我们应当承认在不同的政治体系中以不同的方式来实现政治协商民主。

第二，特设论坛是指西方社会近来出现的一种新的为寻求创建专门的表达协商意图的新政治协商制度。这些新制度要超越公共集会和磋商实践，以便于培养论坛的协商与包容精神。这种新制度包括两种类型，即外行公民协商与派性协商。

外行公民协商是指那些在某个问题上既没有专门知识又没有派别偏见的人，在接受相关问题的信息，聆听了专家以及持不同立场的支持者的陈述，并经过咨询专家后，就某个问题进行互相讨论的协商制度。外行公民作为公众的组成部分，在关于公共政策的问题中具有发言权，他们的完全中立性是一个绝对的公正因素，因为这使他们在看待问题时采取一种坦率的意见。尽管能够包容外行公民的制度无法把受到某项决策影响的相关人群的所有公民都包含进来，然而，它们却可以把一部分能够作为代表的公民纳入其中，就某个特定问题进行协商。外行公民协商论坛的形式表现为：达成共识协商会议、公民陪审团、计划小组以及协商民意测验。

派性协商是指把不同立场支持者从其通常对立的、战略的对抗中解脱出来，使他们进入一种能够互相协商，而不是为了获胜而互战的状态。派性协商论坛通常是在一个中立的主持人或调解者主持下开展，他们的任务就是保证论坛在讨论中能遵循一些辩论的规则，这些规则包括禁止威胁、禁止隐瞒信息、禁止质问反对者的动机、禁止人身攻击、禁止表明谈判地位等。通过这些规则尽可能使各派接受协商后的建议，从而达成共识。

第三，公共领域是由政治协会以及以公共事务为导向的对话组成。公共领域对话的参与者包括政治积极分子、媒体、政治评论家、知识分子、社会运动鼓吹团体以及普通公民。由于社会的复杂，公共领域对话并不总是甚至也不主要表现为协商性质，它也可以以宣传、欺骗或操纵为特征。然而，我们能够按照其符合协商理念的程度，以及违背这些标准所受到的谴责程度来评价公共领域的对话。这种违背产生的原因或许是因为"政治顾问们"试图操纵新闻使其更加符合政府的口味，或是报纸以耸人听闻的方式来报道事件以提高其发行量，或是公司公关专家试图蒙蔽大众使其相信公司利益与公共利益是一致的。然而，公共领域的最大好处就在于它以对公共问题直白的批判性讨论为特点。实际上，在现实社会的政治生活中，公共协商行为比国家制度在这方面更加开放。例如，对问题与批评的创新性认同、对社会发展轨迹的社会批判，甚至一些政治替代性选项的提出，都更多地源于非正式的公共领域，而不是国家制度。公共领域对国家和政府而言起着一种"预警系统"的作用。

## 二、政治协商民主的形式

### 1. 政治协商民主的形式

协商民主作为一种世界性的潮流，一方面有效弥补了选举民主的不足，另一方面积极回应了民众的民主需求。这种融合了代议制民主和共和制民主优点的新型的民主有其多种表现形式：

第一，公民陪审团制度。陪审制作为审判模式可以分为参审制和陪审团制。由普通公民作为陪审员享有与法官同等权力参与案件的审理，是参审制；而全部由普通公民组成的陪审团在法官对法律问题的指导下进行事实审，则为陪审团制。① 现代陪审团制度发端于英国，在很长的历史时期内是英美刑事审判的主要方式，并在世界范围内产生巨大的影响。陪审团制度不仅是民主国家一项重要政治制度，同时也是政治文明的重要标志。托克维尔认为，陪审制度不仅仅是一种司法制度，它还是一种政治制度。"……在惩治犯罪行为方面利用陪审制度，会使政府建立完美的共和制度……同普选权一样，陪审制度是人民主权学说的直接结果；表面上看来似乎限制了司法权的陪审制度，实际上却在加强司法权的力量；也是使人民学习统治的最有效手段。"② "与法定陪审团一样，公民陪审团被认为是一小群普通民众，即使没有经过特殊训练，也是愿意并能够从公众利益出发作出重要决定的。"③

第二，民意调查。民意调查是现代国家政治、经济和社会生活中不可缺的部分，也是政治协商民主的重要组成部分。民意，在某种程度上是某种政治目标或宣传攻势的组成部分。美国学者哈罗尔德·拉斯维尔说，就那些确实需要大众支持的行动而言，宣传家的任务是设定一些目标符号，促使人们接纳并且适应所定目标。他认为，理想的做法是通过直觉领悟而非强迫的方式控制事情的发展，重要的不是人们是什么或想什么，而是可以让他们是什么或想什么。④ 民意调查可以很好地拉近管理者和民众之间的关系，这也很好地实践了政治协商民主。

第三，听证会制度。听证会起源于英美，是一种把司法审判的模式引入行政和立法程序的制度。听证会模拟司法审判，由意见相反的双方互相辩论，其结果通常对最后的处理有拘束力。具体来说，凡是在听证会上提出的意见，决策者必须在最后裁决中做出回应，否则相关行为可能因此而无效。在美国行政法上，正式的听证通常会有抽签选定的对立双方，由行政机关指派一名行政法官主持，听证完全克隆法庭辩论，双方不仅发表意见，还会提出自己的证人和文件来支持自己的观点。最后行政法官必须像法院审判一样做出最后

---

① http：//www. law-star. com/cacnew/200805/125017427. htm。
② 托克维尔：《论美国的民主》上卷，商务印书馆 1988 年版，第 313～319 页。
③ A. Coote and D. Mattinson, *Twelve Good Neighbours*. London：Fabian Society，1997，p. 4.
④ 上海社会科学院课题组：《西方民意调查："反映"还是"塑造"民意》，载《社会科学报》，2006 年 10 月 26 日。

的裁决，裁决必须详尽地回应双方的观点，否则在司法审查中该裁决可能因程序问题而被判无效。在国外，立法程序中也经常使用听证会。立法中的听证会相对要随意一些，通过抽签产生的听证代表就某个法案发表自己的观点，这些观点将成为议员们投票时的重要参考。由于议员的言论、表决免责权，立法程序中的听证会不像行政程序中的听证会那样有拘束力，换言之，从理论上说议员可以完全无视听证会上的意见，但是在一个民主体制下，议员不能不为选票着想，听证会毕竟反映了选民的意见，很少有哪个议员敢无视这些意见的存在。在新时期，听证会制度也逐渐扩大到更为广泛的领域，比如价格听证会就是其中的一种较为具体的协商民主的表现形式。

第四，专家委员会。是指政府在颁布法律或发布命令时，首先邀请在某一方面有专门研究的专家，组成专门的专家委员会。专家听证会对政府将要颁布的章程进行合理化的论证，以便更好地服务社会。专家委员会按不同的分类可分为不同的类别，比如教育咨询委员会、国家政策咨询委员会、国家信息化咨询委员会等。专家委员会制可以很好地实现政治协商民主，它起到了沟通政府和民众的桥梁作用。它既可以防止绝对民主的无知和暴政，又可以制约专制政府忽视民意的行为出现。

第五，政党协商民主。在民主政体国家中，协商是政治决策的基础性环节，协商的结果是代议机关进行决策的基本依据。由于政党制度和政治体制的不同，西方国家政党协商民主也有不同的表现形式。其一，执政党同反对党和在野党之间的协商。这种协商民主形式普遍存在于实行两党制和多党制的国家，如美国。其二，政党联盟内部的协商。这主要体现在实行多党制的国家。西方许多国家如德国、意大利、法国等实行多党制，这些国家的主流政党往往难以在大选中获得绝对优势，因而通常以政党联盟形式执政。其三，执政党内部不同派别之间的协商。西方国家政党协商还体现在同一政党内部各个不同派别之间，或两者兼而有之。如日本。其四，政党与各社会团体的协商。随着西方国家改革运动的兴起，各种非政府、非营利组织发展迅猛，以各种方式与政府有关部门或机构进行协商、对话与合作，形成政府与社会合作互动的局面，比较典型的是政党和利益集团的协商。其五，政党跨国协商。西方国家的政党协商民主还体现在国家间的政治活动中，各国执政党纷纷在一些国际问题上开展协商，其中最有代表性的是欧盟。①

**2. 协商民主在中国的主要表现形式**

我国一直以来就有政治协商的传统。人民代表大会制度、人民政协制度、基层"民主恳谈"模式，都体现着协商民主的精神。2006 年中共中央有关文件指出选举民主和协商民主是我国社会主义民主政治的两种重要形式。② 中国共产党从国情出发，吸收和借鉴人类社会政治文明的有益成果，形成了具有中国特色的社会主义协商民主形式。在实践中我国民主协商的主要表现概括起来主要有以下几方面：

第一，政治协商。政治协商制度是指在中国共产党领导下，各政党、各人民团体、少数民族和社会各界的代表，以中国人民政治协商会议为组织形式，经常就国家的大政方针进行民主协商的一种制度。政治协商制度是我国的一项基本政治制度，是中国特色社会主

---

① 童庆平：《西方国家政党协商民主论析》，载《中共天津市委党校学报》，2008 年第 1 期。

② 人民出版社：《中共中央关于加强人民政协工作的意见（摘要）》，人民出版社 2006 年版，第 3 页。

义民主政治制度的重要组成部分。政治协商有利于实现最广泛的政治参与，有利于有效地实现广大人民的民主权利，有利于最大程度地包容和吸纳各种利益诉求。

第二，听证会。听证是指立法及具有立法权的行政机构在制定涉及公民利益的法案和政策时，通过鼓励公众参与立法过程，收集立法信息，制定符合公众利益的法案的形式。包括立法听证在内的听证制度是我国近年来政治实践的创造性发展。听证为公民参与政治过程营造了一个公共空间，它鼓励受立法影响的利益相关者参与立法过程，表达自身的利益偏好。听证制度已经成为我国公民表达利益的规范性渠道，是社会主义协商民主的一种重要形式。

第三，民主恳谈。民主恳谈是我国社会主义民主政治实践的典型，是我国地方政府政治实践的创造性改革和我国基层民主建设的重要突破。其中，浙江省温岭市的民主恳谈，越来越多地成为协商民主研究的经验材料。在温岭，基层政府创造了"民主恳谈"的对话机制，鼓励公民参与政策制定过程，鼓励公民协商、讨论和对话。民主恳谈作为我国政治协商民主的一种重要表现形式，对于我国的基层民主政治建设具有非常重要的意义，它将赋予我们更多的启示，从而促进我国基层民主政治的发展。

第四，社区议事会。社区议事会是新时期在我国社区中兴起的一种新的政治协商民主形势，它是指由社区居民代表投票选举产生并由社区居民义务兼职担任成员组成社区议事委员会，就社区自身事务行使"议事"职能，代表社区全体居民的意愿，讨论、研究和审议社区事务的组织。它有利于实现社区内组织、功能和资源的整合，形成行政管理机制、民主自治机制、市场运作机制相结合的基层工作环境，真正实现社区居民的自我管理、自我教育、自我服务和自我监督。

### 三、政治协商民主的主要特征

西方民主经历了由古代、近代直至当代的历史发展过程，形成了参与、竞争、制衡、法治四大机制。作为一种通过公民参与和理性决策并被赋予合法性的治理形式，协商民主具有以下特征：

合法性。当前学者普遍认为合法性是协商民主存在的基础。协商过程的政治合法性不仅仅出于多数的意愿，而且还基于集体的理性反思结果，这种反思是通过在政治上平等参与尊重所有公民道德和实践关怀的政策制定活动而完成的。既然同意是民主决策的核心，那么，公共协商就是公民借以证明自愿接受的、具有集体约束力的法律和政策正当性的工具。协商过程的结果具有源自自主的、在认识上不受限制的政体的集体理性，所以，其成员有义务遵守这些结果。协商民主通过为协商过程创造条件而试图完善自主的自我治理过程，这种协商过程保证协商的结果不仅能够聚合现存的各种愿望，而且还反映了更高程度的集体知识和相互的道德责任。在具体判断协商民主合法性问题上，不同的学者有不同的论述，其中代表观点有：埃斯特朗德的"认识程序论"，他强调协商合法性在于协商程序是否与认识标准相一致；哈贝马斯的"民主程序论"，在一定程度上弱化了认识的作用，而强调了认识标准等同于体现在程序中的理性概念；科恩则从协商结果角度提出了"程序结果论"。认为协商民主的概念是基于政治正当性理想而形成的。因此，协商民主的合法性综合起来讲就是为协商提供了民主结果和改善了民主决策。

多元性。多元性是协商民主的社会基础。同时，在某种程度上，多元性的社会现实也是协商民主的动力。

程序性。协商民主尊重程序，并将程序看做决策获得合法性的规范性要求。在这种程序中，参与者都是彼此平等的他们根据讨论的结果进行合作。[①]

公开性。协商民主的公开性特征表现为协商过程是公开的，整个程序是公众知悉的，协商参与者在讨论和对话过程中公开自己支持某项政策的理由和偏好，立法或政策建议是公开的，公众知道政策的形成过程。它能够使公民仔细审视协商过程。通过使支持政策的各种理由公开化，人民就能够对这些政策的前提和含义提出疑问。他们就有机会评论这种协商并指出可能的矛盾或事实上的疏忽。因此，公开性能够强化这样的观念，即每个人都有权知道和评判具有集体约束力政策的理论根据。

参与性。协商民主鼓励立法和决策的利益相关者积极参与公共协商，在参与过程中公开自己的偏好和理由，尊重他人的意见。

责任性。协商民主责任性特征表明协商民主是一个有着特定责任和要求的政治过程。协商过程的参与者在协商对话过程中，由于知道特定建议的来源，以及其背后的理论依据和自身的偏好，了解他人的看法，所以，公民就能够更好地确定支持特定政策的机构、政党和组织。公开性还能够揭示意识形态倾向与公共政策之间的联系，并且能更充分地理解责任性，不仅要辨别谁支持了什么政策，而且还要弄清楚何种意识形态导致特定的方法路径和社会后果。虽然在传统政治争论中只需要识别意识形态立场与政策的一般联系，但是，在公共协商中，参与者希望更充分、更详细地描述政策在认识论方面的特殊正当性及其可能的后果。参与者不仅要必须表明为什么某种意识形态使我们受特定政策选择的制约，而且还要知道，我们为什么必须接受那种意识形态、其背景假设，以及他们支持它的特殊解释。[②]

包容性。协商民主区别于自由民主和共和民主的主要特征在于，它具有很强的包容性。它通过协商过程创造条件，将各种族文化团体吸纳进协商过程，并且认真倾听每个人的声音，容纳相对独立的、不一致的概念和观点，具有多样化的关怀，所有相关的政治共同体成员在平等的基础上参与决策。[③]

## 四、政治协商民主的条件

政治协商民主的实现需要一定的条件，对此不同的学者有不同的论述。但归结起来主要有以下几点：

### 1. 表达自由

个人表达自由是协商民主的前提。协商民主要求参与者能够自由表达。要确保人们在协商过程中的言论和对各种建议的思考不能受到预先规范和要求或权威的抑制，其言论和各种意见的表达不是迫于压力，而是发自内心。人们的言论是自身利益的诉求，或者是良知的驱使。博曼将这种条件称为"非专制"，他认为这是对协商"最低程度的限制，非专制为限制权力分配确立了制度要求，并且它主要是通过权力分立和法律保障的权利来实现

---

① 秦绪娜：《国内外协商民主研究综述》，载《中共云南省委党校学报》，2008 年第 1 期。

② 陈家刚：《协商民主：概念、要素与价值》，载《中共天津市委党校学报》，2005 年第 3 期。

③ 向玉琼：《协商民主与公共政策合法性的提升》，载《理论导刊》，2007 年第 4 期。

这样的制度要求的"。"非专制能保证决策真实地反映协商过程：没有任何团体能自动取胜，也没有任何团体必须接受一个带有额外负担的决策。"① 科恩不仅认为协商必须是自由的，还提出了自由的评价标准。"首先，参与者仅仅根据他们协商的结果，以及协商的前提条件而将自己看作是有限的。他们对各种建议的考虑并不局限于预设规范或者必要条件的权威。其次，参与者假定他们都能够根据结果来行动，并将通过协商达成某种决策的事实看成是依其行事的充分理由。"② 所以说没有个人自由，公民就无法参与协商。因此，个人自由是协商民主的前提。在这里，对自由表达的理解不仅要求在协商过程中排除权威的干预，排除金钱的影响，使公民能够自由地发表自己的意见，而且要求最终结果也不受权力和金钱的影响，而是由最具说服力的观点所具有的"理性的力量"来决定最终结果。

**2. 机会平等**

平等自古以来就是人们追求的一个重要价值目标，对平等可以从资源平等、结果平等、机会平等、能力平等多个方面来理解。在现代社会，由于资源的稀缺性和价值的多元化，不可能实现资源分配的平等。因此，在这里协商民主实现所需要的平等具体是指的"平等的政治影响力机会"。协商民主要求公民积极参与讨论和说服过程，这就要求每个公民能提供其他人可能认为具有说服力的观点。既然资源平等和结果平等是不可能的，那么平等的影响机会就不能仅仅体现在程序上，而需要公民自己的参与实践来实现。博曼、耐特和约翰森等人以阿玛蒂亚·森的能力平等理论为基础，提出了协商参与者能力平等的要求。他们认为，罗尔斯关于每个人都应拥有最低限度的基本物品，以促进政治和经济目标的考虑是不充分的，因为他没有考虑人们存在有效利用这些基本物品的能力差异。也就是说，即使存在资源的公平分配，人们在如何利用这些资源上是存在能力差异的，利用资源的能力的强弱直接影响了公民在协商中的地位。对平等的任何背离都会损害协商过程的公平性，从而影响协商结果的合法性。因此，物质不平等可以导致政治不平等，因为贫困可以限制交往能力。然而，我们应当认识到"个人之间的协商能力从来都不会是完全平等的，作为一种话语竞争，话语民主甚至可能需要一定程度的不平等，因为这些不平等有利于争论"。③ 随着社会的发展，在现实社会中，物质不平等的程度还在不断增加，如果我们把有效再分配看做协商民主的先决条件，就必须有较长时间的等待。因此，如果我们想将协商民主从理想落实到现实中，就不应该等到物质再分配平等之后来协商，而应该从当下就开始协商民主的实践，否则协商民主无论何时都不会实现，从这个意义上将机会平等既是协商民主实现所需要的条件，同时又是其实践的结果。

**3. 理性参与**

在协商民主理性参与层面上，对公民理性参与主要有两个方面的要求：其一，要求公民都是理性的个体，应该以理性的态度和方法参与协商。即公民在进入公共论坛之前具有

---

① ［美］詹姆斯·博曼：《公共协商：多元主义、复杂性和民主》，黄相怀译，中央编译出版社2006年版，第32页。

② ［美］乔舒亚·科恩：《协商与民主合法性》，载［美］詹姆斯·博曼、威廉·雷吉主编：《协商民主：论理性与政治》，陈家刚等译，中央编译出版社2006年版，第56页。

③ ［澳］约翰·W. 德雷泽克：《协商民主及其超越：自由与批判的视角》，丁开杰等译，中央编译出版社2006年版，第163页。

一些特殊的品德，如公正、礼貌或互惠，要能用逻辑严密、论证有力的言语表达自己的观点，而不能采用谩骂、巧辩等非理性的表达方式。其二，意向不受权力的支配。即参与者也许会在互动过程中改变自己的判断、偏好和观点，但决定个体改变以及最终结局的是理性根据而不是权力大小。哈贝马斯也指出，在理想的协商中，"人们运用的是更好观点的力量"，这就是说，只要观点合理有力，就能得到支持并决定协商结果，金钱和权力在协商中不起作用。在协商中，"很多建议可能会被拒绝，因为它们没有可接受的理由为之辩护，即使人们能够因此为其辩护。协商强调的是集体选择应该通过协商的方式做出，而不仅仅是这些选择应该令人满意地与所有公民的各种偏好相一致"。① 这就要求理性意味着理性的力量在协商过程中起主导作用，且左右着协商的结果。综上所述，在协商过程中，理性必须居于权力和金钱之上起到主导作用，否则就不是真正的协商民主。

**4. 责任认同**

协商民主的核心假设是，协商过程的参与者要承担公共利益的责任。这是成功实施协商民主理想所需要的最重要、最苛刻的条件。"承担公共利益的责任这一假设带来的问题是：谁对公共利益负责？答案明显是，对个人作为其组成部门的特殊政治共同体的公共利益负责。"② 这里的假设是，政治共同体的每个成员都同样受制于对共同体的责任，它涉及对其同胞和国家的责任与忠诚。然而，由于各种各样的原因，多元文化社会中的有些团体可能对更大的政治共同体没有这种责任感。有些被强制纳入国家之中种族文化少数民族团体仍然在经受着歧视和压制，这使他们总有种二等公民的感觉，因而具有一种与多数社会不同的强烈的文化认同感。因此，在现实的政治和社会环境中要想很好地实践协商民主，培育与之相配套的公民的责任人同感是不可或缺的。

## 五、政治协商民主的价值评析

**1. 政治协商民主的进步性**

作为一种新兴的民主范式，政治协商民主在现实的社会政治生活中具有超越已有政治模式的意义。政治协商民主在促进决策的合法化、培养公民的公共精神、矫正代议民主的不足以及促进多元文化的融合等方面表现出极大的社会价值。

第一，政治协商民主促进了决策的合法化。政治决策只有在获得广大政策对象的认同和支持，即获得合法性的基础上才能够有效实施。政治协商民主能够通过讨论、审议，并在政治上平等参与尊重所有公民道德和实践关怀的政策确定活动过程中赋予立法和决策以合法性，即所有受决策影响的利益相关者都能够平等地参与决策过程，政治讨论包容所有的人，没有人具有超越任何其他人的优先性；决策是在公民及其代表的公共讨论和争论过程中形成的，公共利益是他们的共同诉求，集体理性具有超越个体自我利益与局限的优势；形成决策的过程是将说服而非强制看做是政治的核心，从而促进决策的合法化。

第二，政治协商民主培养了公共精神。良好的公共精神是民主政治的重要基础。政治协商民主是构建这一基础的重要途径。政治协商民主能够培养出健康民主所必需的公共道

---

① 乔舒亚·科恩：《协商与民主合法性》，载［美］詹姆斯·博曼、威廉·雷吉主编《协商民主：论理性与政治》，陈家刚等译，中央编译出版社 2006 年版，第 56 页。

② http://www.law-star.com/cacnew/200805/125017427.htm.

德精神，如政治共同体成员之间的相互理解、相互尊重；尊重他人的需求和道德利益，妥协和节制个人需要的平等与尊重的道德精神。政治协商民主能够形成集体责任感。协商民主能够使人们看到，政治共同体的每个人都是更大社会的一部分，承担责任有利于促进共同体的繁荣。政治协商民主能够促进不同文化间的沟通与理解，形成包容与合作精神。通过公开的对话、交流和协商，各种文化团体之间就会维持一种深层的相互理解，从而成为建立参与持续性合作行为所需要的社会信任的基础。

第三，政治协商民主矫正代议民主的不足。随着国家角色、政体规模以及异质性因素的变化，作为自由民主制度形式的代议民主与技术官僚管理开始越来越不适应现实所面临的各种新问题，代议机制已经无法有效实现民主政治的核心理想：即促进公民的积极政治参与；通过对话形成政治共识，设计并实施基于发展经济和健康社会的公共政策；确保所有公民都得益于国家福利。政治协商民主则开始重新强调公民对于公共利益的责任，强调通过共识形成决策的过程，改变了重视自由而忽视平等的传统。作为政治协商民主的核心，协商过程是对当代自由民主中流行的个人主义和自利道德的矫正。协商过程不是政治讨价还价或契约性市场的交易模式，而是公共利益责任支配的程序。

第四，政治协商民主促进不同文化间的理解。政治协商民主能够促进不同文化间的理解。对于多元文化社会的公民健康和公共生活而言，种族文化团体成员之间的相互理解是非常重要的。如世界上大多数民主社会那样，尤其是当一个社会具有不同文化间歧视和压制的历史，并且这种歧视和压制或者其影响在现实中仍然存在时，具有冲突历史的团体理解另外其他团体的观点、需求和利益就很有必要。否则，当在社会政治和经济政策出现分歧时，不同文化间的紧张和冲突就可能被激化。政治协商民主通过公开检视歧视和压制对现存问题的影响，能够有效地促进不同文化间的理解。因为公共协商是协商民主的核心特征，所以，通过揭示被压制的文化间的紧张及其根源，文化团体会维持一种深层的相互理解，从而成为建立参与持续性合作行为所需要的社会信任的基础。没有使文化间合作成为可能的社会信任，就不会有多元文化社会成功地解决文化间的冲突，或者更普遍的、共同关心的问题的可能。

## 2. 政治协商民主的局限性

需要注意的是，政治协商民主也有其局限性的一面。在很大程度上政治协商民主还只是一种观念形态，它所强调的人民主权和公共利益、公民的平等参与和协商能力及相应的程序机制，已经受到人们广泛的关注。但在政治世界中，它不仅没有制度化的机制和程序，而且也缺少自身的经验基础。另外，经济收入、信息、教育水平等要素也制约着政治协商民主的实行。

第一，政治协商民主有精英主义倾向。在政治协商制度中，强势和弱势群体之间存在着不平等。协商民主倾向于受过良好教育、具有相当社会地位、掌握协商技巧的社会阶层。政治协商民主歧视那些历史上的弱势群体——如穷人、少数民族、妇女等。协商并不是一个中立程序，而是偏向带有某种文化特征的人群，尤其是中产阶级男性。

第二，政治协商民主过于理想化和乌托邦色彩浓厚。政治协商民主向一般公民和政治制度都提出了相当多的要求，因此，政治协商民主更多的只是一种难实现的理想，现实往往会使这种理想破灭。例如，文化多元主义，它损害的是普遍意志、一种团结的共同的善以及单一的公共理性之可能性，导致了深层而持久的道德冲突；社会不平等，它能产生一个将有效参与排斥在协商之外的恶性循环，使很多人难以有效地参与公共决策；社会复杂性，它使得协商必须在大且日益强大的机构中进行，将较大的、分散的公共领域包括进来；共同体范围的偏见，则限制了公共交往并缩小了对社会冲突和问题的解决办法的范围。

第三，关于协商民主的程序性描述过于狭隘，程序性的描述不利于协商民主的发展。实际上，在对话和交往中，仅仅程序无法确定公平或理性的标准。在很多情况下，程序不能提供有利于任何一个可能的解决途径的理由。仅仅程序自身，即便是再理性或公平的程序，都不足以构成这种性质的活动成功进行的标准和条件。

第四，理性的局限与协商无效。协商民主强调在公共协商过程中充分利用理性，避免情绪化的诉求影响决策过程。公共理性不但要运用在国家及其代表之中，而且运用到自由平等的公民之间，以及公共领域之中。但是，公开地、自主地运用实践理性存在着一定的局限。

（赵崂　武汉大学政治与公共管理学院副教授）

# 宪政与民主
## ——一种学理上的区分及其实践意义

蒋永甫

**摘要**：在政治实践中，宪政与民主往往缠绕在一起，难以区分。但从学理上看，宪政与民主具有不同的概念内涵，反映不同的理论倾向和体现不同的制度安排。从学理上区分宪政与民主，对于发展中国家政治发展和民主政治建设具有一定的指导意义。制度建设的智慧在于确定宪政与民主的先后次序，并致力于维持宪政与民主两种制度因素之间的动态平衡。

**关键词**：宪政　民主

## 一、学术背景与理论争论

宪政与民主都是政治或政治学的核心问题。宪政关注政治权力是如何被使用的，而民主则涉及政治权力的来源与政治的合法性基础。自 20 世纪 90 年代以来，宪政问题重新引起了国内外学术界的广泛而持久的关注，大有压倒民主成为学术主流话语之势。宪政之所以成为一股"全球性"的强势话语，与古典自由主义在 20 世纪 70 年代末以来的复兴，市场化改革成为一股席卷西方国家的政府改革的浪潮存在着密切的关系。对于中国而言，宪政话语的输入乃是对几乎不受控制的行政权力的反思和调整，也是对执政党推动的建设社会主义法治国家的治国方略的回应。虽然宪政话语在当下重现光芒，但是民主无论在道义上还是在制度上都具有巨大的优势。由于民主所具有的道德感召力，无论是西方发达国家还是发展中国家，都往往对自己的政治制度进行民主解释。"全世界所有的政治制度都把自己说成是民主制度，而这些制度彼此之间无论在言论还是在行动方面都常常迥然不同。"① 在这种情况下，在有关宪政问题的研究中，宪政与民主的关系成为一个广泛争论的基本问题。

事实上，就西方而言，宪政与民主的争论由来已久。杰斐逊和麦迪逊关于宪法与政治的常规运作之间的讨论是有关宪政与民主关系的最早争论之一。杰斐逊深信民主与宪政互不相容，宪政是反民主的，因而主张定期修改宪法，认为这是运转良好的民主制度的必要组成部分。而麦迪逊则看到民主的多数统治对个人安全和私有财产权的威胁，他反对经常修改宪法，努力把宪法与政治的常规运作隔离开来。无论是杰斐逊还是麦迪逊都看到了宪政与民主的冲突。针对占主流地位的"冲突论"，史蒂芬·霍姆斯争辩道，宪政与民主可

---

① ［英］戴维·赫尔德：《民主的模式》，继燕荣等译，中央编译出版社 1998 年版，第 1 页。

以是高度兼容的。① 霍姆斯认为，民主与宪政互相依赖，宪政约束并不旨在反对民主，而是为了确保民主过程的正常运作。约翰·哈特·伊利同样认为，宪法约束能够强化民主，而远非体制化地反对民主②。与霍姆斯、伊利等"一致论"者不同，现代学者则进一步揭示宪政与民主之间存在着巨大张力。在内德尔斯基看来，宪政与民主的这种张力实际上就是作为个人自由的私人财产权与公民权利、政治权利之间存在的持续的张力。③ 她认为，私有财产权划定了受保护的个人自由与政府权力的合法范围的界限，一直是美国宪政秩序的核心。而一旦放弃了私有财产权，宪政本身就会受到威胁，没有财产，公民权利与政治权利之间的区别就会消失，而宪政与民主之间的必要的张力也会受到威胁。因为私有财产权具有一种重要的有序化功能，它制约着民主，并确认宪政的要求。由于引入了私有财产权这一变量，宪政、民主和私有财产之间的关系成为难解的"一个三角难题"。④

宪政与民主对于中国来说都是舶来品，缺乏本土资源的支撑。在中国古代，民主是专制的同义词，民主就是君主，与近代西方的民主理念相去甚远。宪政在中国典籍中更是付之阙如。在中国现代化运动中，宪政与民主便先后传入中国。晚清立宪运动失败以后，民主便一直主导中国近现代政治发展的进程。可惜，近代以来中国的民主化进程命运不佳，屡屡受挫。自 20 世纪 70 年代末启动的改革开放政策以来，私有财产权问题逐渐浮出水面，成为中国社会转型过程中必须要加以解决的一个重要的实践问题。可以说，宪政话语的重新输入，与私有财产权问题存在着密切的关系。在有关宪政问题的讨论中，宪政与民主的关系问题一直是一个重要的议题。在有关宪政与民主的关系问题上，国内学术界占主流的观点是强调宪政与民主的一致性，往往用民主来界定宪政。据此，宪政就是依照宪法来治理国家的民主政治。我们姑且把这种对宪政与民主的理解称为"一致论"。"一致论"有两种情况，一种是在宪政与民主之间直接画等号，如毛泽东早在 1940 年发表的《新民主主义的宪政》一文中就指出，所谓宪政"就是民主的政治"。⑤ 宪法学家许崇德教授也持相同的观点，认为，"宪政应是实施宪法的民主政治"。⑥ 另一种情况是把民主政治作为宪政的核心要素。持这种观点的学者较多，如国内法理学家李步云认为，"宪政是国家依据一部充分体现现代文明的宪法进行治理，以实现一系列民主原则与制度为主要内容，以厉行法治为基本特征，以充分实现最广泛的人权为目的的一种政治制度。根据这一定义，宪政这一概念包含三个基本要素：即民主、法治、人权。民主是宪政的基础，法治是

---

① ［美］卡斯·R. 森斯坦：《宪法与民主：跋》，载［美］埃尔斯特等《宪政与民主——理性与社会变迁研究》，潘勤等译，三联书店 1997 年版，第 384 页。

② John Hart Ely, *Democracy and Distruct*, *A Theory of Judicial Review*, Cambridge, Mass., Harvard University Press, 1980.

③ ［美］詹妮弗·内德尔斯基：《美国宪政与私有财产权的悖论》，载［美］埃尔斯特等《宪政与民主——理性与社会变迁研究》，潘勤等译，三联书店 1997 年版。

④ 参见［美］埃尔斯特等《宪政与民主——理性与社会变迁研究》，潘勤等译，三联书店 1997 年版。

⑤ 《毛泽东选集》第 2 卷，人民出版社 1991 年版，第 732 页。

⑥ 许崇德：《学而言宪》，法律出版社 2000 年版，第 333 页。

它的主要条件，人权保障则是宪政的目的"。① 李龙教授也同样认为："宪政是以宪法为前提，以民主政治为核心，以法治为基石，以保障人权为目的的政治形态或政治过程。"② 除了"一致论"外，也存在着"冲突论"。"冲突论"强调宪政与民主之间存在着重大差异以及由此产生的冲突。刘军宁认为，"宪政与民主之间存在着重大的差异，民主涉及的是权力的归属，宪政涉及的是对权力的限制"。③ 如果多数人的统治不受限制，同样会变成一种专横的权力，因为权力是否专横，是否绝对，并不取决于谁掌握权力和掌握权力人数的多寡，而是取决于运用权力的方式，即是不是负责任的、受限制的权力。宪政要防备专制，不论这种专制是来自政府还是来自民众。为了保护少数人的权利，宪政就必须限制多数人的权力。在这种情况下，宪政与民主就会发生冲突。

宪政与民主的关系往往涉及两个层面：一是政治实践层面，二是学理层面。在政治实践层面，宪政与民主已经合二为一。就政治制度实践而言，宪政与民主这两个语词常常可以互换使用，我们既可以说西方政治制度是民主制度，也可以说是宪政制度，更准确地说，是宪政民主制度即宪政与民主两种政治制度的混合形式。但在学理层面，宪政与民主却并非同义词，而是具有不同的内涵，反映不同的理论倾向，体现不同的制度安排。从学理上区分宪政与民主，分辨其不同的理论价值与制度规定，并揭示它们之间的历史演进和生成逻辑，不仅有助于我们进一步认识宪政与民主，而且对于发展中国家的政治发展和民主政治建设也有一定的指导意义。

## 二、宪政与民主：两个不同的概念

"科学是通过形成可以描述世界的概念入手的。"④ 这一概念的界定便成为科学研究的起点。从学理上区分宪政与民主，首先需要从概念上区分宪政与民主，这要求我们必须按照概念本身的规定来理解宪政与民主的内涵。宪政对应的英文词是 constitution 和 constitutionalism。constitution 在不同的语境下可译为"宪法"、"宪制"、"政制"和"宪政"。而 constitutionalism 可译为"宪政"或"立宪主义"。从词源来看，宪政概念来源于宪法。在西方，宪法和法律的观念十分古老，在古希腊，亚里士多德把宪法视同于政府的同义词，宪法的着眼点在于建立政府的组织构架。在古罗马帝国，宪法一词曾被用来表示皇帝的诏书；罗马帝国灭亡后，教会从罗马法中借用该词，以指代整个教团或某特定教区的教规。到中世纪后期，该词已适用于当时的世俗立法。宪法一词的现代含义始于17、18 世纪的近代资产阶级革命。"随着绝对主义时代的衰落，人们开始寻找一个词汇，以表示用以控制国家权力之运作的种种技术，美国人解决了这一争议，结果这个词就是'宪

---

① 李步云：《宪政与中国》，载《宪法比较研究文集》(2)，中国民主法制出版社 1993 年版，第 2 页。

② 李龙：《宪法基础理论》，武汉大学出版社 1999 年版，第 144 页。

③ 刘军宁：《共和、民主、宪政》，载刘军宁等《市场社会与公共秩序》，三联书店 1996 年版，第 43 页。

④ ［美］艾伦·C. 艾萨克：《政治学：范围与方法》，郑永年等译，浙江人民出版社 1987 年版，第 84 页。

法'。"① 英国宪法学者詹宁斯不同意这种说法，在他看来，英国虽然从未有过成文宪法，但"在宪政发展过程中，开始是英格兰，后来是大不列颠一直起着领导作用。成文宪法以政府理论或原则为基础，但理论是根据经验提出来的，那些自许'自由之邦'的国家在很大程度上是依据英国的经验建立起来的"。② 英国政论家潘恩根据其对美国宪法的分析，明确而完整地阐述宪法这一现代概念。潘恩指出："宪法不是政府的行为，而是人民建构政府的行为，无宪法的政府只是无权利的权力。""宪法是先于政府的东西，政府只是宪法的造物。"③ 现代宪法一经产生，便为现代政治提供了稳固的基础，依宪法建立或巩固政治秩序的立宪政治成为一种跨越地域界线的世界潮流。在现代宪法产生以后的将近150 年里，宪法一词的意义在总体上是毫不含糊的，宪法意味着一个基本法，或者一系列基本的原则以及一组相互之间联系紧密的制度安排，它可以制约绝对权力并保障"有限政府"。现代宪政的本质内涵是用宪法来限制政府权力，以保障公民的基本权利。美国著名的宪法学家麦基文（C. H. McILwain）强调宪政就是对国家权力的法律限制。他指出："宪政的核心本质就是对政府的法律限制，是对专政的反对，它的反面是专断，即恣意而非法律的统治。"④

民主（democracy）一词起源于古希腊文的 demokratia，由 demos（人民）和 kratos（统治）组成。从词源上看，民主的原意就是"人民的统治"。在古希腊，民主主要用来表示一种政体类型，是"一种既区别于君主制，又区别于贵族制的政府形式，在这种政府形式中，人民实行统治"。⑤ 在雅典的民主政体中，公民主要通过参加城邦最高权力机关公民大会来讨论和决定城邦公共事务，通过抽签轮流执政的方式直接行使权力，通过法院以及担任陪审员来对官员进行严格的监督和控制，以实现人民的统治。人民的统治意味着由人民即古代希腊城邦的公民（不包括妇女和奴隶）直接行使权力。这种由人民直接行使权力的民主政治只存在于古希腊城邦，而城邦是一个人口和地域都十分有限的微型政治单位。随着城邦的消逝，民主作为一种政体形式几乎销声匿迹。进入现代以来，是卢梭重新唤醒了人们对民主的记忆和追求。卢梭是近代第一个民主理论家，人民主权是卢梭民主理论的核心内容。但卢梭对民主的阐释并没有离开古代希腊城邦的政治经验，在他看来，民主就是一种人民通过集会形成公共意志并通过公共意志进行统治的一种政治形式。为了坚持民主，他坚决反对代议制，主张人民直接行使统治。卢梭企图在当代社会重建城邦条件下的直接民主，但他也不得不承认，在现代国家条件下，实行直接民主政治制度几乎不可能。"就民主制这个名词的严格意义而言，真正的民主制从来就不曾有过，而且永远也不会有。多数人统治而少数人被统治，那是违反自然的秩序的。我们不能想象人民无休止地开大会来讨论公共事务。"⑥同时，卢梭也认识到，实行民主制度存在着许多苛刻的条件，如小国寡民、极其淳朴的风尚、地位和财产上的高度平等、没有奢侈等。现代民

① ［美］萨托利：《宪政疏议》，载刘军宁等《市场逻辑与国家观念》，三联书店1995 年版，第113 页。
② ［英］詹宁斯：《法与宪法》，龚祥瑞等译，三联书店1997 年版，第6～7 页。
③ 转引自［美］C. H. 麦基文《宪政古今》，翟小波译，贵州人民出版社2004 年版，第2 页。
④ ［美］C. H. 麦基文：《宪政古今》，翟小波译，贵州人民出版社2004 年版，第16 页。
⑤ ［英］戴维·赫尔德：《民主的模式》，燕继荣等译，中央编译出版社1998 年版，第2 页。
⑥ ［法］卢梭：《社会契约论》，何兆武译，商务印书馆1980 年第二版，第88 页。

主政治最常见的形式是代议民主，公民在一般情况下并不直接行使权力，而是通过选举官员来作政治决策，制定法律以及实施各项有关公共利益的计划。现代民主保留了人民的统治或权力的理想目标，但人民的统治并不是指人民直接行使权力，而是通过代议制的形式间接行使权力。不管是古代民主还是现代民主，民主总是与一定程度的人民统治联系在一起的，正如意大利著名民主理论家萨托利所指出的那样："为了拥有民主，我们必须建立在一定程度上的人民统治。"①

从词源上看，宪政与民主并非同义词，而是两个不同的概念，具有不同的内涵。宪政是与宪法和法律联系在一起的，宪政的内涵是通过宪法和法律限制政治权力，而民主的本质含义则是"人民的统治"。

### 三、宪政与民主：两种不同的理论

从理论上讲，宪政与民主的关系比较复杂。这种复杂性一方面源于民主理论本身的复杂性。因为宪政理论存在着一个统一的理论传统即近代自由主义。相对于宪政理论，民主理论要复杂得多。事实上并不存在一个统一的民主理论，而是存在着各式各样的民主理论。萨托利指出："民主则不服从单一的论说，鹤立鸡群的、唯一重要的民主论学者是不存在的。"② 另一位美国学者赫尔德也指出： "民主理论的领域充溢着广泛的思索和争论。"③ 另一方面源于近代许多宪政理论家本身又是民主理论家，在他们的思想中糅合了限制政府权力的宪政因素与强调人民主权的民主因素。

宪政理论与民主理论有着一个共同的目标，即反对近代兴起的君主专制主义。但是在如何限制君主的专制权力，保障臣民或人民的权利的问题上，宪政理论与民主理论却在此分道扬镳。在反对近代专制主义的斗争中，近代自由主义宪政理论以个人拥有自然权利为基本诉求，要求限制权力，保障个人权利。自由主义宪政理论的基本政治主张可以概括为两个方面即个人权利的保障和有限政府。自由主义强调个人权利，在个人权利与国家权力的关系上，强调个人权利是本源，政府权力产生于个人权利的部分让渡。个人权利在位阶上要高于政府权力，政府权力的目的是保护个人权利。为了保障个人权利，自由主义要求建立有限政府，一是主张通过宪法确定国家与社会个体关系的基本框架，一方面确立公民个体的一些不可剥夺的基本权利，另一方面限制政府权力，防止任意专断的权力对公民个人权利的侵犯。二是强调法治，反对人治，以法律来限制政治权力，保障公民个人权利。三是基于对人性的悲观看法，强调分权与制衡的重要性。

近代产生的民主理论本质上也是一种反对专制主义和君主专制制度的革命理论。民主理论强调政治平等，试图通过把政治权力掌握在人民自己的手中，以达到保障个人权利的目标。近代民主理论的主要理论资源来源于卢梭的人民主权理论。人民主权理论是卢梭对近代国家主权理论的反思的结果，也是对自由主义理论的一种发展。在卢梭看来，国家只不过是一个人民共同体，国家主权在本质上存在于共同体的全体成员之中，主权者只能由组成主权者的各个个人所构成。国家是人民的集合体，国家主权即人民主权。卢梭的人民

① 〔美〕萨托利：《民主新论》，冯克利等译，东方出版社1998年版，第97页。
② 〔美〕萨托利：《民主新论》，冯克利等译，东方出版社1998年版，第3页。
③ 〔英〕戴维·赫尔德：《民主的模式》，继燕荣等译，中央编译出版社1998年版，第8页。

主权理论是近代最具革命性的理论，这个理论一经提出，便被确立为近代政治的一项基本原则，为近代政治发展树立了一个新的里程碑。但卢梭强调人民主权是不可分割的、不可转让的、不能代表的。为此，他既反对代议制，也反对分权学说，而是强调把一切权力掌握在人民手中。在他看来，权力掌握在人民手中，专制权力便可消弭，因为人民是不会自己迫害自己的。"主权者既然只能由组成主权者的各个个人所构成，所以主权者就没有，而且也不能有与他们的利益相反的任何利益；因此，主权权力就无需对于臣民提供任何保证，因为共同体不可能想要损害它的全体成员，而且我们以后还可以看到，共同体也不可能损害任何个别的人。"① 与宪政理论不同，民主理论强调一切权力属于人民，通过实现平等的政治权力来取代君主个人的独裁统治。因此，人民主权、代议制、选举、平等等构成民主理论的主要话语。

这两种理论的差异也表现在英国革命与法国大革命的差异上。在英国，革命的目的很明确，就是解决议会与国王之间的主权之争，革命也最终以国王失败而告终。革命后建立了稳定的立宪政体，即确立了"王在议会中"的宪政原则，有效地限制了专断权力，保障了英国人的自由权利。英国革命可以称为一场比较成功的宪政改革。而在法国，经由卢梭加以阐述的人民主权学说在法国大革命中发挥了显著的作用，成为广大人民群众推翻专制制度的主要理论武器。反对专制王权的斗争一开始就采取了民主革命的形式，但是却很难称之为一场成功的宪政革命。不受限制的多数权力带来的是不断地革命和动荡。尽管两种理论从反对专制主义这个目标来看是一致的，但是，其结果却可能截然不同。

宪政理论与民主理论之所以表现出不同的实践品格，其中一个重要原因在于两种理论在有关人性预设和基本政治价值上存在着根本的差异甚至冲突。在人性问题上，自由主义宪政理论持一种悲观看法，这种悲观看法来源于基督教的幽暗意识。"所谓幽暗意识是发自对人性中或宇宙中与生俱来的种种黑暗的势力正视和省悟：正因为这些黑暗势力根深蒂固，这个世界才有缺陷，才不能圆满，而人的生命才有种种的丑恶，种种遗憾。"② 以幽暗意识为出发点，基督教不相信人在世界上有体现至善的可能，靠着自己的努力和神的恩宠，人可以得救，但人永远无法变得完美无缺。人性既然不可靠，权力在人手中，便很容易"泛滥成灾"，因此，权力变成了一种很危险的东西。正是由于基督教的这种幽暗意识，英国19世纪的史学家阿克顿得出了这样一个结论："权力容易腐化，绝对的权力绝对的腐化。"由于人性是不完善的，有与生俱来的罪恶性和堕落性，有自私和滥用权力的倾向，自由主义特别强调对权力的制约。美国立宪主义者认为，结党营私是人类的通性，我们必须正视这种通性的存在。政治制度设计必须正视这种现实的人性。可以说，政府的存在正是针对这种自私的人性。因为"如果人都是天使，就不需要任何政府了。如果是天使统治人，就不需要对政府有任何外来的或内在的控制了。"③ 相反，民主理论则对人性充满乐观精神，卢梭认为人性是善的，是可以不断趋向完善的和可以改造的。正因为对人性采取了这种非常乐观的态度，民主理论不认为对多数人的权力进行限制是必要的。在

① ［法］卢梭：《社会契约论》，何兆武译，商务印书馆1980年第二版，第28页。

② 张灏：《幽暗意识与民主传统》，载刘军宁等《市场逻辑与国家观念》，三联书店1995年版，第80页。

③ ［美］汉密尔顿等：《联邦党人文集》，程逢如等译，商务印书馆1980年版，第264页。

引导法国革命的理性主义理论家看来，"控制国家的权力只有在君主制度中才是必要的。在一个人民已经接管政权的共和国中，这种约束不但是不必要的，而且确实是有害的"。①

自由与平等是近代政治价值的核心部分。自由主义宪政理论与民主理论都主张自由与平等，但两种理论对自由与平等的体认是不同的。自由主义理论的核心价值是个人自由，要求政治权力不要干预个人私人生活领域，为个人提供一个最低限度的自由空间，这种个人私人空间构成政治权力的边界。而在平等问题上，自由主义并不整体地反对平等，事实上，自由主义内含有平等的预设。"自由主义国家的政治实践已经明白地含摄了特定的平等的预设和许诺，那就是个人与公共权威在位阶上的平等，以及个人作为权利拥有者地位的平等。"② 但是，自由主义理论仅仅许诺公民以平等的法律地位与政治地位，反对社会经济地位的平等诉求。而民主理论则把平等作为自己核心价值和主要目标。在民主理论中，平等意味着公民在政治公共事务中具有同等的分量，享有同等的权力。民主理论强调政治参与，为了实现充分的政治参与，民主理论还要求实现一定程度的社会经济平等，以便为公民平等的政治参与创造条件。这样就使得平等权利的诉求溢出政治公共领域，进入社会经济领域。

### 四、宪政与民主：两种不同的制度安排

宪政与民主还是两种不同的制度安排。宪政是为了解决政治生活中的个人不受限制的专断权力而产生的一种政治制度安排。一般认为，英国是第一个实现宪政的国家。早在1215年，英国贵族对于英王侵犯了他们传统的封建特权怒不可遏，他们纠集了一支军队，打败了英王，并强迫后者签署大宪章。大宪章的签订是英国宪政发展的一个重要标志。大宪章共有63项条款，大部分都列明一些有利于拥有土地的贵族和教会的权利。例如，大宪章明确规定，国王在所有国家重要事务上，包括征税，必须征求贵族的意见并且得到他们的同意。大宪章的许多条款最初是保护贵族的权利不受国王侵犯，但在以后的几个世纪里，这些条款却应用到英国全体人民身上了。封建时代的贵族会议逐步演化为具有广泛代表性的政治机构——近代议会，与此同时，大宪章里的封建贵族的权利逐步演化成普通人民的宪法权利。大宪章中有关国王征税必须通过贵族大会议的同意的条款转变为国王在未得到议会这个代表全体人民的机构同意之前，不得通过任何法律或征收赋税的条款。到1688年"光荣革命"后，英国成功地成为近代第一个宪政国家，国王的权力受到了有效的控制。

作为一种政治制度，现代宪政的核心要素有两项，那就是有限政府和个人权利的保障。宪政关注个人权利，尤其是财产权。在近代宪政制度的建立过程中，个人权利尤其是私人财产权确实是一个最为重要的推动因素。封建贵族反抗国王是基于国王侵犯了贵族的封建财产权，而近代英国革命和美国革命的直接导因是政府对公民财产权的任意侵害，由此产生了限制政府权力的宪政思想。个人权利保障要求制定宪法，通过国家的最高法律来

---

① ［美］斯科特·戈登：《控制国家——西方宪政的历史》，应奇等译，江苏人民出版社2001年版，第8页。

② 许国贤：《财产与政治：政治理论论文集》，台北桂冠图书股份有限公司2001年版，第61～62页。

保障公民的基本权利，使近代宪法成为公民权利的保障书。宪法既然要保障个人的权利，就必须限制政府权力，因为根据近代以来的政治经验，对公民权利尤其是财产权侵害最大的是政府的专断权力和绝对权力。宪政要求通过法治与分权建立有限政府。有限政府要求通过分权、制衡、司法独立、法治这些制度要件加以保证，并通过国家与市场社会的二元分立来界定政治权力的行使范围。

在现代民族国家范围内，民主要在政治制度上加以落实，需要实现民主从理想到现实的发展，即实现由"人民的统治"向"人民同意的统治"的发展。现实中的民主并不等于"人民的统治"。人民是个集合名词，在政治生活中，政治分化是不可避免的，总是存在着统治者与被统治者的区分。政府意味着统治者与被统治者的区分，意味着掌握有官方职位的人代表国家行使权力。这个二分法不仅适用于一切非民主的政治制度，也适用于民主的政治制度。特别是在民族国家的范围内，权力与支配构成政治关系的主要特征。权力、统治、命令、政府、国家这些政治术语主要反映了这种权力不平等的纵向政治关系。现实的民主就是"人民同意的统治"，强调一切权力来源于人民，由此决定了一切政治权力的产生必须经由人民通过自由选举所表达的同意。所以，美国经济学家熊彼特从现实出发，把民主界定为一种政治方法，即"为了达到政治——立法与行政的——决定而作出的某种形式的制定安排"。① 在民主制度下，选举是一个重要的制度构件。没有哪个国家公共职务不是经由人民选择产生而敢宣称为民主制度的。"因为民主过程正是集中体现在选举和选举行为之中。"② 现代民主与选举是分不开的，人民的自由选举一方面确立了一切权力来源于人民的政治原则，为政治权力提供合法性基础。另一方面，选举也是人民参与政治、表达政治意愿的一种最有效的方式。民主要求实现自由的选举，通过选举来控制政府。在现代民主政体中，公民在一般情况下并不直接行使权力，而是通过选举官员来作政治决策、制定法律以及实施各项有关公共利益的计划。

## 五、宪政与民主：政治实践的选择

自 20 世纪以来，发展中国家的政治发展面临宪政和民主的双重压力，形成政治制度的选择困境。这种两难选择又导致宪政与民主在发展中国家双双落空。一方面，尽管制定和颁布宪法成为一股世界潮流，以宪法控制政府权力的宪政的精神却没有落实，导致宪法与宪政的普遍背离，"所有的国家都有一部'宪法'，但只有某些国家是'宪政'国家"。③ 另一方面，人民主权思想的普遍流行，民主制度所具有的无比的道德感召力和合法性使民主已成为一个标签，可以任意地被应用于各类政治形式之中。事实上，对于发展中国家的政治实践而言，宪政还是民主，有一个按顺序发展的问题，这个问题对决定发展中国家是否会有稳定或成功的政治体制至关重要。

首先，宪政与民主作为两种不同的制度安排，具有不同的历史演进和生成逻辑。从近

---

① ［美］约瑟夫·熊彼特：《资本主义、社会主义与民主》，吴良健译，商务印书馆 1999 年版，第358 页。

② ［美］萨托利：《民主新论》，冯克利等译，东方出版社 1998 年版，第 97 页。

③ ［美］萨托利：《宪政疏议》，载刘军宁等《市场逻辑与国家观念》，三联书店 1995 年版，第106 页。

代西方政治制度发展的历史过程来看，先是建立了自由主义宪政制度，然后才有在宪政体制内的民主扩张。正如有学者所认为的那样，"自由主义国家确实是先行于自由主义民主，并且前者是后者得以孕育的胎盘。"① 宪政并不排斥民主。在近代宪政制度的政治结构中，议会是一个中心环节，是国家与社会互动的转换装置，在分离的国家与社会之间架起了沟通的桥梁。在宪政制度下，普选权的实现是在宪政制度框架中实现民主的关键。虽然民主并不仅仅是普选权，但选举权的普遍化是民主的一个重要指标。民主主要表现为人民主权的落实，其基本特征就是普选权的实现。政治民主化首先表现为一种争取政治参与的普选权运动。政治参与得到了制度化的回应，民主作为一种政治制度在自由主义国家得到确立。自19世纪后期民主时代来临以来，近代宪政制度在属性上已经迈向新的范畴，即发展成为宪政民主制度，宪政民主制度是自由和民主两大理念体系在实践上的综合体。可见，宪政与民主存在着实践上的先后次序。

其次，宪政是为了解决政治生活中的个人不受限制的专断权力而产生的一种政治制度安排。从逻辑性上看，宪政在形式上并不要求普选，并不排斥等级，并不要求实现人民主权。但是，在政治实践中，如果统治者不受被统治阶级的制约，即被统治者对于统治者的选择和统治者行使权力的方式没有任何制约措施，那么在统治阶级内部的分权并不能保障有限政府，并不能达到保障多数人的权利的目的。从近代宪政发展的历史来看，实际上只有少数有产者才能参与政治，广大人民群众被排斥在政治过程之外，这就使得它难以保障广大人民群众的政治与经济利益。对此，马克思尖锐地揭示出了资产阶级宪政国家的阶级本质："现代的国家政权不过是管理整个资产阶级的共同事务的委员会罢了。"② 这使得近代建立起来的宪政制度面临巨大的挑战和合法性危机。要应对这种挑战，走出制度困境，民主是唯一的途径。在宪政制度下，通过选举权的扩大，使社会各阶级、阶层能通过议会这个转换装置，把自己的利益、愿望和要求转换成国家的公共政策，从而得到实现或维护。民主的实现使宪政制度从维护少数有产者的利益的政治工具转化为维护全体国民的利益。只有实现民主，才能保障最广大人民群众的根本利益，才能最终巩固宪政制度。

再次，良好的政治安排必须在宪政与民主之间达成平衡。如前所述，宪政的缺陷必须通过民主来克服。但是，民主制度也有其固有的缺陷，这种缺陷从宪政角度来看就是容易形成多数专制。以色列耶路撒冷大学的塔尔蒙（J. Talmon）教授的《极权民主的起源》揭示了民主与极权统治之间的亲和性，而法国大革命则为我们提供了一幅有关民主走向专制的历史图景。民主既是专制的对立面，但不受限制的多数人的权力同样可能转变成专制的权力。自从19世纪民主时代来临以来，西方政治思考的主题就是从防止个人专制独裁问题转变为如何防止多数专制的问题上。贡斯当对卢梭人民主权的反思，主张有限的人民主权思想；托克维尔提出了防止多数人的专制问题；约翰·密尔在社会权力与个人自由之间划出了一条明确的界线。另外，民主强调民意的统治，政治统治必须反映民意，而民意主要体现了多数人的意见和偏好，透过选举，民主就把未来数年内的集体决策权授予在选举中获得多数选票的政党和政治候选人。因此，从决策机制来看，多数原则在实际上很容易沦为一种数量优势原则，这也是民主一直在现代遭受批评的一个重要因素。总之，民主

① 许国贤：《财产与政治：政治理论论文集》，台北桂冠图书股份有限公司2001年版，第51页。
② 《马克思恩格斯选集》第1卷，人民出版社1995年版，第274页。

的局限性必须通过宪政制度来解决。没有宪政的民主有走向专制的危险，并最终将断送民主。这说明，宪政与民主两种制度各自的缺陷使得宪政与民主既可由结合而相辅共生，又可由分立而相互冲突。当宪政处于主导地位时，能有效地控制民主的多数统治，从而使宪政与民主和谐共存。一旦民主挣脱了宪政的控制，民主本身就会变成一种专横的权力。对于发展中国家而言，制度建设的智慧在于如何处理宪政与民主这两种制度因素之间的关系。可以说，维持政治制度的长盛不衰，取决于宪政与民主两种制度因素保持一定的张力，能维持着动态的平衡。

（蒋永甫　广西大学公共管理学院副教授）

政治思想评论

# 儒家的政治冲突观念考察

尚重生

**摘要：** 政治冲突是指各个政治主体之间为了争取获得、维护强化、扩大增加他们自己的诸种物质和精神利益，围绕国家公共权力或以公共权力为核心所发生的分歧、矛盾、对立、对抗、摩擦和斗争等敌意或敌对现象。政治冲突观念，是指包括关于政治秩序和政治妥协在内的政治冲突现象及其作用和价值的思想、意识、认知、理解以及观点的总和。儒家学说认为，政治问题实际上是人的思想道德问题，治理国家根本上是一种道德实践活动。政治冲突就是道德冲突。孔子认为，克己、修己、自戒、自讼、自省、自责、正心、无争等道德修养是治国平天下、建构社会秩序的根本条件。孟子认为人性本善，施仁政则天下太平，秩序井然，"仁者无敌"，"仁政无敌于天下"。荀子则认为人有性、情、欲，其本质是恶的，是人性恶的欲望实现和扩展破坏了社会的正常秩序，导致了政权的不稳定，因而，在礼分的基础上实行礼治、法治和人治。只有这样，才能不争、不乱、不穷。

**关键词：** 孔子 孟子 荀子 克己 仁政 礼分

传统中国政治思想流派虽然纷繁复杂，但在源头上决定了中华文化精神气质以及民族整体意识脉络的思想学说只有儒家、法家和道家。它们关于政治冲突的观念和价值取向深藏在以伦理、"法、术、势"、"法自然"为中心的政治思想体系之中。特别是以孔子、孟子和荀子为主要代表的儒家学说，可以说是中华文化的源头之源，脉络之根。

在儒家博大精深的政治思想体系中，隐含着关于政治冲突和政治秩序的复杂观念。以文本为依据，挖掘和研究传统儒家的政治冲突观念，不仅有利于探析当代中国政治过程中既定政治冲突观念的得与失，而且有助于传统政治冲突观念向现代转型。

事实上，关于政治冲突的思想观念主要属于政治哲学的范畴。而"政治哲学所讨论的问题不是现实的社会生活'是什么（to be）'的问题，而是人类社会生活'应该是什么（ought to be）'的问题。人们在政治哲学的范围里所做的判断是对本质上价值的判断，而不是事实的判断"。① 任何对于政治冲突的认知、情感态度和理性判断都是基于对人类社会生活状况的理想假设的，"历代思想家所追求的'理想社会'是通过逻辑的方式建构出来的，在某种意义上，这种社会生活是对于现实生活的批判和超越。不满足于现实的社会

① 孙晓春：《中国传统政治哲学》（上），吉林人民出版社2003年版，第2页。

41

生活而追求更加优良的社会，是人类思维的普遍本质。"① 因此，无论是"天下为公"的"大同社会"与"鸡犬之声相闻，老死不相往来"的小国寡民社会，还是仓廪实、衣食足的小康社会以及"天理行"的"王道"社会，抑或是均贫富、等贵贱的无差别社会，都是思想家们所认为的正义的社会或者是所谓"组织良好（well ordered）"的社会。为了实现这样的社会，传统中国儒、法、道三家提出了许多预防、遏制、调控、消解、解决甚至铲除政治冲突的种种理论和具体方案，本文主要考察儒家的政治冲突观念。

儒家政治思想以伦理道德为中心，把先王之道作为自己的旗帜，使人在不同的贵贱亲疏关系中，差序格局化。仁、义、礼、智、忠、孝、信、爱、和、中等是儒家诸派的共同概念。儒家主张"美政"，渴望实现"天下为公"、"世界大同"没有冲突的政治理想，所有的人都按照礼制的规定，贵贱有等，上下有序，各出其位，各称其事，"君君，臣臣，父父，子子"（《论语·颜渊》）。

儒家认为政治问题实际上是人的思想道德问题，治理国家根本上是一种道德实践活动，只要坚持一定的伦理原则，一般不会发生冲突。如果有冲突，那也只是"礼崩乐坏"，也只会出现在君臣、父子、兄弟、朋友这四种关系之间，只要通过贯彻和实施以礼、仁为纲的仁、义、忠、恕、孝、信、智、勇、温、良、恭、俭、让、慎、直等道德理想和规范，就可以加以规整、协调甚至克服。因此，孔子强调克己、修己、自戒、自讼、自省、自责、正心、无争等道德修养的极端重要性，并且把它视为治国平天下建构社会秩序的根本条件。

## 一、孔子：道德修炼构造社会秩序

孔子（公元前551—前479年）是儒家学派的创始人。儒家内部虽然派别林立，彼此间经常争论不休，但都宣称自己是孔子学说的正宗传人，可见孔子在儒家思想体系中不可撼动的至尊地位。因此，弄清楚孔子的政治冲突思想，对于我们了解把握整个儒家关于冲突的观念是极为重要的。

除了提出具有普遍意义的关于政治生活的政治原则以外，作为一个政治思想家，应该建构自己的政治理想国理论，而对理想秩序的憧憬和描述以及对达到这样秩序的途径和手段设计，体现了一个政治思想家深层次的政治冲突观念。孔子生活在"礼坏乐崩"、动荡不已的变革年代。他崇尚周礼，把先王之道作为自己的理论旗帜；认为理想的社会秩序就是所有的人都按照礼制的规定，贵贱有等，上下有序，各出其位，各称其事，不管社会多么复杂，"然其序君臣父子之礼，列夫妇长幼之别，不可易也"（《史记·太史公自序》），此所谓"君君、臣臣、父父、子子"（《论语·颜渊》）。然而，由于人心叵测，这样以礼制为基础的社会秩序也存在着被破坏和颠覆的可能，所以，要在破裂和对立的"分"中注入"和"与"仁"。"礼之用，和为贵。先王之道，斯为美。"（《论语·学而》）所以，"其为人也孝悌，而好犯上者，鲜矣。不好犯上而好作乱者，未之有也。君子务本，本立而道生，孝悌也者，其为人之本欤？"（《论语·学而》），由此可见，由《礼记》所阐释的"六十者坐，五十者立侍，以听政役，所以明尊长也，六十者三豆，七十者四豆，八十者五豆，九十者六豆，所以明养老也。民知尊长养老，而后乃能入孝弟"（《礼记·乡饮酒

① 孙晓春：《中国传统政治哲学》（上），吉林人民出版社2003年版，第3~4页。

礼》）的周礼秩序是孔子所渴望的人际格局和社会等级秩序，这种理想的社会秩序基本上是没有冲突的。

贫富差距不仅其本身就是社会矛盾和利益冲突现象，而且最容易引起新的社会矛盾和利益冲突。任何政治统治秩序的建构和形成都不得不面对客观存在的贫富差距现象，与此同时，一个人怎样认识、对待贫富差距，是观察把握其冲突观念和秩序观念的基本方式之一。孔子认为在周初形成的社会经济结构是原有氏族制度和统治体系的重要基石——"不患寡而患不均，不患贫而患不安"（《论语·季氏》）。孔子反对追求和聚敛财富，认为这样的动机和行为不仅会损害君臣父子的既定秩序和氏族贵族的人格尊严，而且是极为羞耻不道德的。"富与贵，是人之所欲也，不以其道得之，不处也，贫与贱，是人之所恶也，不以其道得之，不去也。"（《论语·里仁》）"士志于道，而耻恶衣恶食者，未足与议也。"（《论语·里仁》）"季氏富于周公，而求也为之聚敛而附益之，子曰：非吾徒也，小子鸣鼓而攻之，可也。"（《论语·先进》）"吾犹及史之阙文也，有马者借人乘之，今亡已夫。"（《论语·卫灵公》）"衣敝缊袍，与衣狐貉者立而不耻者，其由也欤。"（《论语·子罕》）这些都反映了孔子的君子爱财，取之有道，甚至君子根本就不应该爱财、而应该清心寡欲、安贫乐道的思想观念。

孔子不仅在观念上建构了一个没有冲突的理想社会，而且还指出了到达这个秩序井然社会的途径和方法，这就是尊奉以礼、仁为纲（核心价值观）的伦理政治及政治伦理。孔子把人际关系主要归结为君臣、父子、兄弟、朋友四个方面，只要处理好这四个方面的关系，人与人之间的矛盾冲突就自然会化解。而要处理好人际关系，就必须奉行仁、义、忠、恕、孝、信、智、勇、温、良、恭、俭、让、慎、直等做人原则，具体来讲就是"正礼"、"为仁"。

正礼即正名，也就是做人首先要明确人际关系背后的行为规范，而行为规范的核心就是分清楚等级、贵贱、上下等差序格局。"为仁"是为了"护礼"和"达礼"，"为仁"即"仁者爱人"、"克己复礼"。

"克己"就是克制自己，在孔子看来，在社会生活中，为人首先要克己，为人一定要克己，为此，首先，克己就要"修己"，"修己以敬"，"修己以安人"，"修己以安百姓"（《论语·宪问》）。"修"乃"装饰"、"整治"之意，仍属于自我修炼的范畴。其次，克己就要"约己"即约束自己。孔子说，"以约失之者鲜矣"（《论语·里仁》），意思是以礼约束自己，犯错误的可能性就很少了。"君子博学于文，约之以礼，亦可以弗畔矣夫！"（《论语·雍也》）孔子的学生颜渊也说："夫子循循然善诱人，博我以文，约我以礼，欲罢不能。"（《论语·子罕》）在这里，孔子所讲的"约"都是指以周礼为行为准则，对自己进行约束。孔子认为颜回是特别能约束自己的楷模："贤哉，回也！一箪食，一瓢饮，在陋巷，人不堪其忧，回也不改其乐。贤哉，回也！"（《论语·雍也》）在这里，自己约束自己成为安于现状不思变革的代名词。再次，克己还要做到"自戒"、"自讼"、"自省"、"自责"。孔子认为，"君子有三戒：少之时，血气未定，戒之在色；及其壮也，血气方刚，戒之在斗；及其老也，血气既衰，戒之在得"（《论语·季氏》）。有一次，孔子的学生樊迟问孔子，应该如何"辨惑"，意即怎样才能辨别是与非，但是，孔子答非所问，仍然告诫樊迟要自戒，他说："一朝之忿，忘其身，以及其亲，非惑与？"（《论语·颜渊》）他认为要控制自己的情感和情绪，尤其要防止一时的冲动和愤怒，只有这样，才能自戒防患。为了自戒，孔子谆谆告诫："君子食无求饱，居无求安，敏于事而慎于言，就有道而正焉，可谓好学也矣。"（《论语·学而》）"自讼"、"自省"、"自责"主要是基于人会犯错误，所以他指出："吾日三省吾身，为人谋而不忠乎？与朋友交而不信乎？传不习乎"？（《论语·学而》）这些为人处世的东西就成为"自讼"、"自省"、"自责"的基本内容。最后，克己尤其要做到既慎言又慎行，不可鲁莽行事。怎样才能做到慎言慎行呢？这就是"无争"。"君子无所争"（《论语·八佾》）、"君子犯而不校"（《论语·泰伯》）、"君子矜而不争"（《论语·卫灵公》）。"无争"虽然是比较消极的克己方式，但其也是最彻底的克己原则。与此同时，孔子还强调，克己还要"忠恕"亦即"爱人"。"己欲立而立人，己欲达而达人"（《论语·雍也》）是"忠"，"己所不欲，勿施于人"（《论语·颜渊》）是"恕"。也就是说，只要人人都做到"自己希望达到的，也希望别人能达到，我自己不喜欢的，也不要施于别人"，那这个社会就会秩序井然，趋于和谐。

孔子的"克己"，无论其道德动机多么高尚，而客观效果都是教导人们安于专制统治的秩序。孔子看到了每个人都是社会中的人，没有克己的道德黏合，社会生活将是混乱无序的，这无疑是对的。但孔子想使每个人都把自己作为斗争的对象，去私、无争、止邪、抑恶乃至寡欲，就是在引导人们不求上进、不思变革，安于现状和传统。孔子无比怀念过往年代的旧有秩序以及这种秩序带来的平衡，而没有看到旧的秩序的解体和颠覆意味着新的秩序的生成。孔子看到了人性的邪恶以及这种邪恶实现的可能性和对既定秩序的破坏性，断然反对人们去作恶，但他看不到统治阶级和专制制度的大恶对人性的摧残和对真正秩序的毁损。

孔子把政治统治和理想秩序的形成看做是弘扬某种道德的宏大事业，政治中的根本问题是道德问题。在谈到道德和刑政的关系时，孔子认为："道之以政，齐之以刑，民免而无耻；道之以德，齐之以礼，有耻且格。"（《论语·为政》）意即在政治生活中，道德是起决定作用的，政治过程就是道德化的过程，统治者始终应该以道德为主、刑政为辅。"季康子问政于孔子。孔子对曰：'政者，正也，子帅以正，孰敢不正？'"孔子又说："子为政，焉用杀？子欲善而民善矣。君子之德风，小人之德草。草上之风，必偃。"（《论语·颜渊》）孔子还说过："其身正，不令而行，其身不正，虽令不从。""苟正其身矣，于从政乎何有？不能正其身，如正人何？"（《论语·子路》）"君子笃于亲，则民兴于仁。"（《论语·泰伯》）有人问孔子："子奚不为政？"孔子曰："书云：'孝乎惟孝，友于兄弟，施于有政。'是亦为政，奚其为政？"（《论语·为政》）在孔子看来，从政未必要做官，讲孝道就是参政。很显然，无论是"犯上"，还是"作乱"，都是对统治秩序的颠覆，都应该严加防范，而从根本上解决问题，就是"正身"、"崇孝"。在君臣关系的处理上，礼、忠、信等道德情感和道德态度也起着至关重要的作用。"君使臣以礼，臣事君以忠"（《论语·八佾》）讲的就是这个道理。对为政者重在进行道德训练和培养："多闻阙疑，慎言其余，则寡尤；多见阙殆，慎行其余，则寡悔。言寡尤，行寡悔，禄在其中矣。""居之无倦，行之以忠。"（《论语·为政》）因此，孔子多言处世之道和官场之术，而很少讲统治之理。

可以看到，任何政治冲突观念都是某种政治思维方式和方法的产物和体现。在礼坏乐崩、秩序顿失、新旧杂陈的混乱年代，面对贫富贵贱、君臣上下、过去未来等纷纭复杂的矛盾和冲突，孔子既不希望矛盾统一体破裂，又不希望它转化，而是积极而又执着地寻找既有权力以及利益格局不发生根本变化条件下矛盾双方的连接和均衡。他坚持保守的边际平衡式政治思维，认为包括政治生活的一切社会生活中，"执两用中"、保持"适度"、避免"过"和"不及"的"中庸"方法，不仅不会引起过多的矛盾和冲突，而且是解决矛盾冲突的最佳方式方法。"中庸之为德，其至矣乎！民鲜久矣。"（《论语·雍也》）孔子认为君子"周而不比"、"泰而不骄"、"和而不同"，应该懂得："好仁不好学，其蔽也愚；好知不好学，其蔽也荡；好信不好学，其蔽也贼；好直不好学，其蔽也绞；好勇不好学，其蔽也乱；好刚不好学，其蔽也狂。"（《论语·阳货》）面对富贵与贫贱的对立，君子要以"孝、忠、知、信、仁、义"等伦理规范来化解。

圣贤政治和道德治国是孔子永远的统治秩序和政治理想，认为天下安定太平与否，取决于每个人道德修炼的程度。"修身"乃治国平天下之本。在收入《礼记》的《中庸》和《大学》中，孔子说："知所以修身，则知所以治人；治所以治人，则知所以治天下国家矣。""身修而后家齐，家齐而后国治，国治而后天下平。""一家仁，一国兴仁；一家让，一国兴让；一家贪戾；一国作乱，其机如此。此谓一言偾事，一人定国。"要想叫"民从"，就要树立道德的标杆和榜样，"所谓平天下在治其国者，上老老而民兴孝，上长长而民兴弟，上恤孤而民不倍"。"尧舜帅天下以仁，而民从之；桀纣帅天下以暴，而民从之；其所令，反其所好，而民不从。"（《大学》）

总之，孔子承认有一个君臣、父子等差序格局的理想政治秩序的存在，认为实现这一秩序的途径就是所有的人都要修炼得像君子一样"克己"、"复礼"。应该说，孔子看到了道德对于秩序生成和化解冲突的重要性，也看到了道德形成的主体能动性。但是，孔子把政治关系等同于道德关系，把政治问题等同于道德问题，因而，政治过程就成了道德人格的重铸和建构过程。孔子渴望秩序，但害怕混乱，惧怕变革，厌恶冲突以及新事物对旧事物的取代和颠覆，强调人内在的道德修炼。孔子没有也不愿意正视人性的复杂性，所以，他所建构的政治冲突观念必然为他人所发展和补充。

## 二、孟子：仁政无敌于天下

孟子（约公元前 371—前 289 年），自称是孔子的孙子子思的私塾弟子。孔子死后，孟子把自己视为孔学的传人，立志恢复儒学。因此，孟子的"亚圣"地位沿袭了数百年。孟子生活在战国后期，古老的氏族制度已彻底破坏。他对"争地以战，杀人盈野；争城以战，杀人盈城"（《孟子·离娄上》），导致"民之憔悴"的"虐政"，很是不满。于是，他跻身于大夫之列，虽未任实职，但以招收生徒为业，奔走各国进行政治游说，欲平治天下。

与孔子一样，孟子对优良社会生活的构想也是基于某种等级差别的集权和大一统国家的实现。集权和大一统不仅是一种政治统治模式，而且是一种政治秩序状态。"在传统儒家看来，理想中的国家只能有一个权力中心，而只有在君主掌握最高的而且是最有效的权力的时候，国家才有可能实现秩序。"① 当然，这种秩序的终极理想是消弭了差别和冲突、"天下为公"的大同世界，而次级目标则是"天下为家"的小康社会。

与孔子不一样，孟子认为，要构建优良的政治统治秩序和社会生活秩序，统治者必须

---

① 孙晓春：《中国传统政治哲学》（上），吉林人民出版社 2003 年版，第 297 页。

施"仁政"。它包括：经济上是恢复井田制。"夫仁政，必自正经界始"（《孟子·滕文公上》），亦即"为民制产"："仰足以事父母，俯足以畜妻子，乐岁终身饱，凶年免于死亡"；"五亩之宅，树之以桑，五十者可以衣帛矣。鸡豚狗彘之畜，无失其时，七十者可以食肉矣……"（《孟子·梁惠王上》）。政治上，"尊贤"与"故国乔木"并举。"尊贤使能，俊杰在位。"（《孟子·公孙丑上》）"不得罪于巨室。"（《孟子·离娄上》）而总目标则是"保民而王"，一统天下。那种"庖有肥肉，厩有肥马，民有饥色，野有饿莩，此率兽而食人也"（《孟子·梁惠王上》）的现象，是不应该出现的。不考虑百姓死活的"今之所谓良臣，古之所谓民贼也"（《孟子·告子下》）；军事上，"善战者服上刑"（《孟子·离娄上》）。"不嗜杀人者能一之"、"可使制梃以挞秦楚之坚甲利兵"（《孟子·梁惠王上》）。社会结构上，"死徙无出乡，乡田同井。出入相友，守望相助，疾病相扶持……"（《孟子·滕文公上》）总之，"仁政"必须与广大民众的利益相联系。

然而，能够使天下太平的"仁政"何以成为可能呢？

孟子认为人性本善，"人皆有不忍人之心"（《孟子·公孙丑下》），即"恻隐之心"、"羞恶之心"、"辞让之心"、"是非之心"，因此，应该在对人的仁、义、礼、智、道、德、信、忠之教化上下工夫，因为"仁义礼智根于心"（《孟子·尽心上》）。仁者，爱人，但爱人首先要爱父母、讲孝道。此外，还要从兄、敬长、先君，学会自我节制。在孟子看来，人走向迷途，社会走向混乱的根本原因是由于人心与人欲的矛盾。所以，必须使人心战胜人欲以保住善性和良心。孟子认为，若能保住善性，就是君子；保不住善性，就是小人。而要保住良心，就要对外来事物的刺激"不动心"（《孟子·公孙丑上》），而要"不动心"就要"寡欲"。如果人人都能够保住善性，清心寡欲，这个社会就既不会有社会冲突，也不会有政治冲突。

与此同时，在划分君子和小人的基础上，孟子又把人分成劳心者与劳力者。他说："或劳心，或劳力。劳心者治人，劳力者治于人；治于人者食人，治人者食于人。"（《孟子·滕文公上》）这种劳心与劳力的阶层差别，表面上看仅仅是一种社会分工，实际上是一种不可易移的社会政治秩序。但是劳心者，特别是治人的君主也不能太过分，他应该懂得："民为贵，社稷次之，君为轻。"（《孟子·尽心下》）"有不忍人之心，斯有不忍人之政矣。以不忍人之心，行不忍人之政，治天下可运之掌上。"（《孟子·公孙丑上》）为此，就要给民以恒产，赋税徭役有定制，轻刑罚，救济穷人，保护工商。

众所周知，封建社会的政治冲突往往会表现为君臣冲突和君民冲突，如何处理君臣、君民关系是建构理想政治秩序的重要方面。一般来说，在等级森严、人心险恶的政治生活中，君臣之间具有绝对的鸿沟，君是君，臣是臣。君主不仅代表最高的权力，而且代表着对知识和真理的垄断，是最高尚的道德楷模，臣只能绝对地服从君，不存在君臣双向沟通的问题。而孟子却认为君臣同属人类，在君臣的相对关系中，他反对臣对君的绝对服从，因为"君之视臣如手足，则臣视君如腹心；君视臣如犬马，则臣视君如国人；君视臣如土芥，则臣视君如寇仇"（《孟子·离娄下》）。君主应该重视臣在政治生活中的作用，因为没有哪一个君主不是在贤臣的辅佐下成就霸业的，"不用贤则亡"（《孟子·告子下》）。各级官吏都应该由贤能者担任，"贤者在位，能者在职"；"尊贤使能，俊杰在位"（《孟子·公孙丑上》）。与此同时，君主还应该向臣子学习，养成俯首听臣的良好习惯，孟子说："将大有为之君，必有所不召之臣，欲有谋焉，则就之。其尊德乐道，不如是，不足与有为也。故汤之于伊尹，学焉而后臣之，故不劳而王；桓公之于管仲，学焉而后臣之，故不劳而霸。"（《孟子·公孙丑下》）对于臣来说，真正的仁义并不表现为"顺上"或以顺为上，他提倡为臣者为道义献身不向权势低头的"大丈夫精神"和"浩然之气"，此之谓"天下有道，以道殉身，天下无道，以身殉道；未闻以道殉乎人者也"（《孟子·告子下》）。"居天下之广居，立天下之正位，行天下之大道；得志，与民由之；不得志，独行其道。富贵不能淫，贫贱不能移，威武不能屈，此之谓大丈夫"（《孟子·滕文公下》）。可见，孟子认为，君主不管多么英明，还是应该给臣子以话语权，这也许是平治天下、遏制谋反叛乱等流血冲突的重要策略。

对于君民关系的处理，他认为，如果对于统治者必须先仁义而后获利，那么，对于民来说，就只有在他获得恒产与衣食这种实际的物质利益以后，才可能讲仁义与行仁义。他说："今之制民之产，仰不足以事父母，俯不足以畜妻子，乐岁终身苦，凶年不免于死亡。此惟救死而恐不赡，奚暇治礼义哉？"（《孟子·梁惠王上》）又说："民之为道也，有恒产者有恒心，无恒产者无恒心。"（《孟子·滕文公上》）这是因为，民的存在不仅是统治者取之不尽的财产之源，而且民心之向背直接决定了国家的兴盛与衰亡。

总而言之，孟子认为施"仁政"则天下太平，秩序井然。"仁者无敌"（《孟子·梁惠王上》），"仁人无敌于天下"（《孟子·尽心下》）是谓也。人性本善，是孟子仁政思想的基本假设。他认为人天生具有仁、义、礼、智四心，而四心会生出四端，即"恻隐之心，仁之端也；善恶之心，义之端也；辞让之心，礼之端也；是非之心，智之端也"（《孟子·公孙丑上》）。社会的混乱都是由人的感官欲望蔓延无度所引起的，统治者要构造良好的政治秩序和社会秩序，避免冲突和麻烦，就要教导人们"尽心"、"存心"、"保住良心"，遇到外来事物的刺激，关键是要做到"不动心"，要与内心的"欲望"做坚决的斗争，只要做到"寡欲"，仁政之秩序就自然形成。

### 三、荀子：圣人改造人性恶，不争才能不乱

荀子（公元前298—前238年）在批判地吸取诸子百家特别是法家思想的基础上，建构了礼法一体的政治思想，可谓儒学之集大成。与孔孟儒家一样，荀子也渴望格局固化、等级森严、差序有治的政治秩序和社会生活秩序，对矛盾重重、冲突不断、纷争无序的政治生活和社会生活十分拒斥和厌恶。但是，荀子到达理想秩序的路径既不同于孔子的"克己复礼"——修炼道德以缔造秩序，也不同于孟子的"仁政无敌于天下"——仁政自然形成秩序，而是先去寻找社会生活和政治生活之"争"、"乱"（失序）的根源，然后再去对症下药，构建礼治、法治和人治并重的政治秩序和社会秩序。

荀子认为政治统治的对象是人，认识人的本性是一切统治的前提。他认为，人类并非神造之物，不可捉摸，而是物质自然界本身运动的产物。人不同于万物的特别性在于：人有"血气"、"义气"、"知觉"、"智慧"以及"结群"的品质和能力，"有血气之属莫知于人"（《荀子·礼论》）；"水火有气而无生，草木有生而无知，禽兽有知而无义；人有气、有生、有知，亦且有义，故最为天下贵也"（《荀子·王制》）；"人之所以为人者，非特以其二足而无毛也，以其有辨也"（《荀子·非相》）；人"力不若牛，走不若马，而牛马为用，何也？曰：人能群，彼不能群也"（《荀子·王制》）。荀子认为人的本性就是人的自然属性即人的本能，它与生俱来，所有人都是一样的。"性者，本始材朴也"（《荀子·

礼论》);"凡性者,天之就也,不可学,不可事"(《荀子·性恶》)。然而,问题的关键不在于共同或共通的人性,而在于扎根于人性之中具有无限扩展倾向的人情和人欲的存在,它包括:感官的欲望——"目好色,耳好声,口好味,心好利,骨体肤理好愉佚,是皆生于人之情性者也","今人之性,饥而欲饱,寒而欲暖,劳而欲休,此人之情性也"(《荀子·性恶》);对财产的无限追求和占有的欲望——"人之情,食欲有刍豢,衣欲有文绣,行欲有舆马,又欲夫余财蓄积之富也,然而穷年累世不知足,是人之情也"(《荀子·荣辱》);排他性和忌妒心——"生而有疾恶焉"(《荀子·性恶》);虚荣心和权力欲——"夫贵为天子,富有天下,名为圣王,兼制人,人莫得而制也,是人情之所同欲也","名声若日月,功绩如天地,天下之人应之如景向,是又人情之所同欲也"(《荀子·王霸》)。可见,人的情欲中包含和浸透着恶的本能。

但是,人性恶的内在本能,如果不向外部扩展,不加以实现或者没有条件实现,这种恶仅仅是一种可能性而已,这样的恶,它并不引起矛盾和冲突以及秩序的混乱。然而,人性恶的本能又有着向外扩展的必然性倾向,它在人们行为上的体现自然导致混乱、贫穷、对抗以及对正常秩序的颠覆。"今人之性,生而有好利焉,顺是,故争夺生而辞让亡焉;生而有疾恶焉,顺是,故残贼生而忠信亡焉;生而有耳目之欲,有好声色焉,顺是,故淫乱生而礼义文理亡焉。然则从(纵)人之性,顺人之情,必出于争夺,合于犯分乱理而归于暴。"(《荀子·性恶》)"欲恶同物,欲多而物寡,寡则必争矣。"(《荀子·富国》)那么,既然冲突、无序与人性恶以及人性恶的向外扩展密切相关,那就要想办法对邪恶的人性进行改造,使之去恶从善。

可是,谁才有资格和能力去改造人性恶呢?还有,人性恶具有可改造性吗?荀子认为人人都可以为尧舜,而且只有圣人才可以起伪以化性,改造人性恶,"圣人化性而起伪,伪起而生礼义,礼义生而制法度。然则礼义法度者是圣人之所生也"(《荀子·性恶》)。在这里,荀子把人分成圣人和一般众人,他们之间在人性恶的问题上,是改造和被改造的关系,言下之意圣人不同于一般人,其人性不会邪恶,也不需要谁来改造,只需要他去改造别人。也就是说,在人群中,有些人天生具有道德上的圣洁性和优越感(这些人往往就是君王等统治者),有些人天生道德卑鄙龌龊,实际上,这已经是一种固化的不可易移的秩序论。荀子认为,除了圣人"起伪以化性"这一改造人性恶的根本办法以外,还可以通过教育、环境和习俗的熏陶以及修身(主要是以"道"和"理"节制人的本性)等办法来改造人性的恶。他说,"人无师法,则隆性矣;有师法则隆积矣;而师法者,所得乎情,非所受乎性,不足以独立而治"(《荀子·儒效》)。他又强调:"注错习俗,所以化性也。""习俗移志,安久移质。""居楚而楚,居越而越,居夏而夏,是非天性也,积靡使然也。"(《荀子·儒效》)

到此为止,荀子通过对人性恶的发现和改造,终于与孟子对人性善端的引导,走向了同一个终点——人人都可以成为像尧舜一样的圣人,人人都应该甚至必须成为尧舜这样的圣人。人人都是尧舜,都是圣人了,政治生活和社会生活就自然没有了矛盾和冲突,无论物质多么短缺,人们也会不争不斗,相互谦让,秩序井然。这显然是永远不可能实现的政治理想。

当然,荀子也看到了改造人性恶,特别是平抑矛盾、遏制冲突、形成秩序的复杂性。荀子发现,一方面,人的欲望是无限的,而满足欲望的物质却是有限的;另一方面,人在有欲望这一点上是平等的(欲望的数量和强度都差不多),而人所处的社会关系格局却是不平等的。因而"争→乱→穷→更争→更乱→更穷……"是必然的，要治穷，就要治乱，要治乱，就必须止争，而要止争，就要"礼分"。他知道，秩序的形成需要制约和平衡，而制约和平衡的前提就是"分"，没有"分"，就没有制约，也就没有秩序。抽象地讲，荀子的制衡与分割的理念无疑是正确的，但遗憾的是，荀子讲的"分"并不是现代政治意义上的国家分权，而是基于先王君主制定的礼义、礼法基础上的对人的"分等"。与孔孟的差序思想一脉相承，荀子也主张首先要"明礼"，其次要把人从群体中分割开来，不过，荀子注重"细分"。

荀子深信礼的极端重要性，认为礼为治国安民之本。"礼之于正国家也，如权衡之于轻重也，如绳墨之于曲直也。故人无礼不生，事无礼不成，国家无礼不宁。"(《荀子·大略》)。礼有很多，诸如祭礼、养生、送死、婚嫁、军旅、冠礼以及日常行动之礼，虽不能穷尽，但可以说"顺人心者皆为礼"，而所谓的人心也并不是没有根据的主观漫游，而是要遵从"三本"的规定性："礼有三本。天地者，生之本也；先祖者，类之本也；君师者，治之本也。""故礼，上事天，下事地，尊先祖而隆君师，是礼之三本也。"(《荀子·礼论》)在知礼、明礼的基础上，只有"分"才能平衡"欲与物的矛盾"。荀子说："贵贱有等，长幼有差，贫富轻重皆有称者也。"(《荀子·礼论》)"君君、臣臣、父父、子子、兄兄、弟弟，一也。"(《荀子·王制》)"贵贵、尊尊、贤贤、老老、长长，义之伦也。行之得其节，礼之序也。"(《荀子·大略》)除此之外，荀子认为不同职业的分工，诸如农、士、工、商等，要依据礼分的原则和要求各守其业，即"农农、士士、工工、商商一也"(《荀子·王制》)。还有，君子和小人要分；劳心和劳力要分；智慧和愚蠢要分；能者和不能者等都要分。有了"分"，就有了"别"，有了"分"和"别"，秩序就在其中了。

礼之分、礼治虽然能够解决冲突，形成秩序，但没有法治，还是会乱套。而要行法治，就要把"法义"即法理、"法数"即具体的法律和"类"即律例区别开来，且要有法必依以及严于执法，不能徇私乱法。荀子说："怒不过夺，喜不过予，是法胜私也。"(《荀子·修身》)"君法明，论有常，表仪既设民知方，进退有律，莫得贵贱，谁私王？"(《荀子·成相》)然而，在强调法治的同时，荀子更注重人治的重要性，因为"法不能独立，类不能自行；得其人则存，失其人则亡。法者，治之端也；君子者，法之原也"(《荀子·君道》)。又说："无君子，则天地不理，礼义无统，上无君师，下无夫子，夫是之谓至乱"。《荀子·王制》)可见，君王高于法律，他们的存在才是天下秩序井然的根本保证。

总之，荀子认为人有性、情、欲，本是恶的。是人性恶的欲望实现和扩展破坏了社会的正常秩序，导致了财权和政权的不稳定。他一再强调："人生而有欲，欲而不得，则不能无求；求而无度量分界，则不能不争。争则乱，乱则穷。"(《荀子·礼论》)"欲恶同物，欲多而物寡，寡则必争矣。"(《荀子·富国》)"争则必乱，乱则穷矣。"(《荀子·王制》)同孔、孟一样，荀子认为治理国家也是一种道德事业，只有改造人性，才能造就秩序。荀子甚至设计好了改造人性的具体办法，他首先假设了一个圣人的优先存在，其肩负着改造人类性恶的伟大使命。此外，教育、熏陶、修身、节制等措施也是改造人性的好办法。荀子认为，无论是法治还是人治，都不如礼治，只有"礼"才是治国安民之本。这不仅是因为只有"礼治"、"礼法"更注重人，而且还在于"礼"的本质在于"分"或"别"。如，对于人，荀子把其分为小人、君子、顺民、奸民；对于臣，荀子把其分为谄、顺、贼、篡、忠、谏、争、辅、拂、圣等；对于士，荀子将其分为公士、通士、直士、法士、处士、小人等；对于儒，他将其分为俗儒、小儒、贱儒、散儒、雅儒、大儒等。人分三六九等，无非是"君君、臣臣、父父、子子、兄兄、弟弟，一也"（《荀子·王制》）。"贵贵、尊尊、贤贤、老老、长长，义之伦也。行之得其节，礼之序也。"（《荀子·大略》）只有贵贱有等，长幼有差，上下有序，才能做到不争不乱，秩序井然。

### 四、儒家政治冲突观念的特点及其评价

综上所述，无论是孔子的克己、孟子的仁政，还是荀子的礼治和法治，他们都不愿意看到社会关系的紧张、对抗和冲突，他们认为由利益的争斗所引起的权力格局的颠覆，以及秩序的混乱，是对理想社会的背离。儒家对大同世界和小康社会有着极为强烈的渴望。"大道之行也，天下为公。选贤与能，讲信修睦，故人不独亲其亲，不独子其子，使老有所终，壮有所用，幼有所长，鳏寡孤独废疾者，皆有所养……如有不由此者，在执者去，众以为殃。是谓小康。"（《礼记·礼运》）这就是说，大同世界是最完美的，万一实现不了，退而求其次，小康社会也不错。前者既没有政治冲突，也没有社会冲突，因为它消灭了差别和矛盾；后者虽有诈巧的奸谋和争夺的交战发生，但是禹、汤、文王、武王、成王、周公这六位君子已经给人们做出了遵守礼法道德的榜样。可见，在思维方式上，儒家不是向前看而是向后看的，认为最好的秩序社会以及最伟大的君子，在历史上早已存在过了，后来的人只有学习的份。

儒家认为政治问题抑或社会问题，归根结底都是道德问题，因为一切问题的主体和关键都是人，制度、法律、环境、行为等都是人制定和塑造的，是以人为轴心的，所以解决了人的问题，一切问题就迎刃而解了。而人的问题的关键是人的道德品质的问题，人们的道德修养水平高，政治生活和社会生活自然会有条不紊、井然有序。在人群中，君子和圣人是客观存在的，他们的道德觉悟最高，因而他们才有资格和能力去教育和教化别人，而且，大家通过道德修炼，都可以成为圣人和君子。

相比较而言，如果说法家极为重视政治统治的目的和效能，认为统治君王只要懂得人性逐利的秘密，并且善于使用法、势、术、刑、罚、利、公、私、耕、战等道理和手段，一切政治冲突、社会冲突都可以解决，天下太平不是什么难事；如果说道家对人类建构秩序的渴望和努力持绝对悲观主义的怀疑态度，认为"道法自然"，天道运行固有秩序，主张"无为"政治，认为任何有为的企图和行动本身不但是冲突的，而且会导致惨烈的政治冲突从而使社会失序，那么，儒家政治冲突观念的最大特点就是：一方面对现实政治冲突问题的蔑视和取消，它假定了君主、帝王掌控国家权力的天然合法性，把包括政治冲突在内的一切冲突道德化、伦理化，实际上，是把现实社会的冲突引向了人的内心世界甚至自我的道德情感，从而导出了一个至高、至纯、至善的圣人君子的存在，他是知识完备、道德完备的人间楷模。事实上，道德冲突是现实社会各种利益冲突演变的较高境界，道德冲突既不可能代替和消解政治冲突，也不可能抵消和遮蔽其他冲突。

（尚重生　武汉大学政治与公共管理学院教授）

# 西方契约理论评析

申建林

**摘要**：现代民主制度是随着西方契约观念的孕育和传播而产生的，西方契约论分为政治契约论和道德契约论，政治契约论者在休谟等功利主义思想家的质疑下，通过非历史的合理性假设理论与默许理论作出了回应，但这两种回应仍然无法摆脱理论困境。契约论证的有效性在于，它不只是一种武断性的规范，同时也是对政治权威的历史形成过程进行事实描述的方法。在道德契约论中，有霍布斯主义和康德主义两种典型的理论形态，前者因坚持互利原则而深受欢迎，但通过私利来解释道德偏离了道德的性质，而康德式的契约论则通过对立约环境的限定而将道德契约建立在理性和个人固有价值原则之上，但康德式契约论证带有直觉主义成分。西方契约论难以避免理论上的困难，但这并没有影响它在道义上的吸引力，因为它将个人作为实践理性推论的前提和出发点，现代民主制度的建立是西方契约理论的最大实践成果。

**关键词**：契约  同意  民主

到目前为止，人类的政治想象力和制度实践经历所能提供的最文明而又最可行的制度形式是民主法治制度，尽管民主法治制度因其本身的缺陷也受到质疑，而且在特定情况下民主与法治还存在一定的紧张关系，但让人类继续停留（主要指政治落后国家）或者重新回到（主要指政治文明国家）非民主、非法治的状态，恐怕是人们的政治道德情感无法接受的。现代民主与法治制度发源于西方，而西方民主与法治的制度设计灵感则源于契约观念，契约内含了个体成员之间的意志自由与平等以及个体成员意志（民意）对于国家权力的优先性，正是西方的契约理论开辟了一条民主与法治之路。

虽然西方的契约思想渊源已久，却没有"一个统一的契约论传统或统一的契约模式"。① 古希腊思想家们就常常求助于人民彼此之间以及人民与统治者之间的"契约"观念来论证特定的政治和道德主张，到了 17 世纪，契约的解释方法和论证模式已成为主流，它的盛名一直持续到今天。这一方法告诉我们：如果要寻求政治或道德问题的答案，就要问问一群理性的人们一致同意的是什么。

然而，人们很少意识到，近几个世纪以来究竟有哪些不同的契约观念的用法。最初运用契约论主要是为了论证和解释国家；而后来，尤其是 20 世纪 70 年代以来，契约论论证

---

① ［英］戴维·鲍彻 保罗·凯利：《社会契约论及其批评者》，载迈克尔莱斯诺夫等《社会契约论》，刘训练等译，江苏人民出版社 2005 年版，第 401 页。

的则是某种道德观念，尤其是正义观念的合理性。尽管契约论者都坚持"理性的人所能'同意'的东西"这一相同的逻辑开端和反思起点，因而被归于同一思想流派，但不同的契约论者之间也存在着分歧与争议。当我们解释何为正当的国家和合理的道德时，每个人都可以出于自己的立场和利益而反对其他人，究竟谁的观点具有特权和权威性？于是，契约方法因能成为从分歧中寻求共识和答案的有效方法而备受欢迎。但问题正在于，为什么契约主义者同时以契约设想为论证前提和逻辑起点，最终却得出了不同政治和道德结论？看来，契约论证的方法也是多种多样的。

本文力图分析契约设想背后所隐含的东西，并阐明各种不同的契约论证形式。首先探讨的是，契约方法被用于论证国家、政府的合理性时（即政治契约论）所遇到的理论困难，契约论者所作出的回应以及该回应的脆弱性，然后通过分析规范性的契约论同时也是一种事实描述方法而说明契约论证的有效性。最后探讨了契约方法被用于解释和捍卫道德观念时所具有的意义和存在的问题，并说明契约观念对政治社会产生的影响。

## 一、政治契约论的道义力量与理论难题

契约理论既可用于论证某种政治结论，也可用于论证某种道德主张，由此，存在两种契约论：政治契约论和道德契约论。在西方思想传统中，社会契约论更多地属于政治契约论，它被用于解释并捍卫某种形式的国家，被用于论证统治者对臣民承担的政治义务的性质与责任的类型。如伊壁鸠鲁、霍布斯、洛克、卢梭和康德等思想家认为，在前政治的"自然状态"里（pre-political state of nature）（霍布斯也认为该状态属于前社会状态），人类因感到生活的艰难与不便而彼此之间以及与未来的统治者之间达成协议，从而创立了政治机构，他们这样做有利于改善自己的命运。但是，我们何以知道创立国家的社会契约究竟是什么？或者说契约条件是什么？当人们同意服从统治者时，他们如霍布斯力图论证的那样，① 放弃（surrender）自己的权力而将它交给统治者？还是如洛克所主张的那样，② 只是将自己的权力授予（lend）统治者，而保留着他们认为适当的时候收回的权利？该问题在中世纪就得到了讨论，当时的一些思想家为《查士丁尼学说汇编》中的《王权法》里的这样一段契约论的表达而感到不安："国王的意愿具有法律效力，因为根据订立的有关国王权威的《王权法》，人民将他们的全部权威和权力授予了他。"③ 假如人民把权力"授予"（confer）了国王，人民只是把自己的权力借给（loan）他，如果他违背了借用的附加条件，对他的反抗是可以宽恕的。但是，如果将人民授予权力解释为放弃或转让了（surrender or alienation）自己的权力，则不存在这一条件，当人民通过革命而收回权力时，则是不正当的。在近现代史上，更多的人觉得洛克比霍布斯的回答更合理，更合乎逻辑。洛克的回答可称为"委托"契约论（"agency" contractarian theory），而霍布斯的回答

---

① T. Hobbes, *leviathan* (1651), ed. Richard Tuck , Cambridge：Cambridge University Press, 1990.

② J. Locke, *Two Treatises of Government* (1690), ed. Peter Haslett , Cambridge：Cambridge University Press, 1991.

③ J. B. Morrall, *Political Thought in Medieval Times*, London：Hutchinson, 1971, p. 46.

则称为"转让"契约论("alienation" contractarian theory)。①

委托契约论更符合我们的道义感,为更多的人所接受,对于解释和建构民主与法治的政治生活具有不可替代的意义,因为它将社会的政治结合视为个人之间和个人与统治者之间实际协议的产物,这些社会契约是任何被视为正当的政治社会里真实存在的协议。根据该观点,既然我们与统治者已经就某些事项订立了契约,这些契约条件也就成为我们对统治者负有服从义务的理由,而统治者同样受到契约条件的约束,并被迫以确定的方式进行统治。所以,委托契约论通过我们的明确同意而解释了我们何以承担对政治服从的义务问题,也解释了政权的合法性问题。

但委托契约论也受到致命的挑战,因为委托契约论隐含了这样的前提:国家和政府是个体成员的创造物,个体成员先于国家而存在。卡尔·马克思等社会主义思想家和当今社群主义者都反对以这种方式来建构个人与政治、社会共同体之间关系的观念。而最初明确反对这种契约观的是功利主义者,如18世纪英国思想家大卫·休谟曾指出,实际上我们这些社会成员谁也没有订立这种契约或表示这种同意。"假如你询问国内大部分人,他们是否曾经对统治者们的权威表示过同意或者许诺要服从统治者们,那么他们会认为你这人很奇怪,并且一定会回答说,这件事并不取决于他们的同意,他们生来就是这样服从的。"②

如果我们从来就没有订立过这样的契约,也没有对政府或政权明确地表示过同意,那么社会契约论证完全缺乏逻辑力量,根本无助于理解我们的政治义务的必要性和国家政治统治的正当性。

休谟的质疑暴露了契约论的理论难题。为了解决这个难题,一些契约论者(如卢梭)对休谟的质疑进行了回应,他们强调:契约讨论只是为了解释某种正当性观念而进行的合理性假设,社会契约论在性质上并不是对合理政权的起源做出历史解释,而是对一种政权在何种条件下才能成为可以接受的正当权威这一问题进行思考的方式。但是,对于契约论的批评者来说,这一回应并没有充分的说服力,因为虚构的契约又何以对实际政治义务提供有效的解释?以某种方式理想化地设想各种政权如何应该成为人民同意的产物,这一思维方式并没有触及更无法解释:为什么现实政权对于服从的人们进行了合法的政治控制?显然,这些政权的建立与公民的同意毫无关系。正如德沃金所言:"假设的契约不只是现实契约的苍白形式,它根本就不是契约。"③

另一些契约理论家则寻求其他回应方式,他们并不把契约视为假设,而是力图找到所有政治社会中所隐含的较弱的契约形式(attenuated form of a contract)来捍卫自己的观点。他们承认,共同体中几乎从来没有明确的订约行为,但当社会成员接受并从事某些行为时,也就暗示达成了协议,因为他们通过自己的行为而"默许"了(tacit consent)统治

---

① J. Hampton, *Hobbes and the Social Contract Tradition*, Cambridge: Cambridge University Press, 1986, ch. 5.

② D. Hume, *A Treatise of Human Nature* (1739-1940), ed. L. A. Selby-Bigge and revised P. H. Nidditch, Oxford: Clarendon Press, 1978, Ⅲ, Ⅱ, Ⅴⅲ, p. 548.

③ R. Dworkin, "The original position", *in Reading Rawls*, ed. N. Daniels, New York: Basic Books, 1976, pp. 17-18.

权。但是，哪些行为可视为默许的表示则是不确定的，存有争议的。如柏拉图和约翰·洛克等思想家认为，接受了利益即足以表明了默许，但另一些思想家（如罗伯特·诺齐克）则认为，如果我们对那些将我们并不需要的利益硬塞给我们的人表示感激则是不当的。①假如默许契约成立，当某人仅仅默许了政权，他要承担多少义务也是不清楚的。而洛克认为，那些已明确同意成为社会一员的人与只默许成为社会一员的人之间，政治义务是不同的，他认为，默许只意味着"服从国家的法律，在法律之下安定地生活，享有权利和保护"，但还不足以使人们成为正式的政治社会成员。②

看来，默许理论仍然存在困难，当人们对某一政权没有以任何方式明确地表达同意，仅仅凭借默许，留下了太大的争论空间，因为他们何时默许，对政权默许了什么是有争议的。公民政治义务的性质还是含糊不清的，国家统治的正当性还是没有得到充分地解释和论证。然而，论证国家的社会契约论（即政治契约论）并未真的走到末路，我们可以找到某种方法解释契约论证的有效性，从而让契约论具有承担证明政治统治合法性的能力。我们可以通过契约的描述性因素和假设因素来说明。

## 二、政治契约的规范形式与描述形式

契约论受到的最大理论挑战是脱离现实的政治关系，不考虑合法权威形成的现实原因，而以假设为前提来武断地规范现实。但是我们正是需要探讨，契约理论是否仅仅是一种政治秩序的规范形式（prescriptive form），而对现实政治社会的性质毫无描述作用（descriptive function）？

事实上，契约论者也承担了描述政治社会性质的理论工作，甚至当代理论家们认为契约论者的这种描述性工作已司空见惯，不值得关注。对霍布斯和洛克等契约理论家来说，他们当然意识到本国的国民并没有对任何统治者明确地表示过同意，但他们援引人们之间的社会契约作为国家的起源，在一定程度上作出了这样的事实陈述，即权威的政治社会是人的创造。到 17 世纪，人们至少可以看到三种国家的历史起源：自然起源、神圣起源和人为起源。自然起源论认为，国家的权威来源于优越于他人的人们所拥有的某种自然的权威，或者国家是自然征服的结果；神圣起源论认为，政治权力因得到圣经的支持和上帝的认可而产生的。人为起源论认为，国家的权威是由其成员创造的，人们制订了规则或权威性的规范，这些规则或规范规定了国家的合法制度，确立了任职者的义务，由此，出现了政府和官员。

契约论者并不认为，所有的权威都是人的创造，他们也看到了政权的自然起源和神圣起源，但是，他们描述和考察的是，社会成员创造国家及其制度的这样一种事实。我们不能否认，在某种时空中，在某种意义上所出现的社会成员参与讨论和制订规则，并参与创

① See Plato, *Crito*, in *Euthyphro*, *Apology*, *Crito*, trans. F. Church, Indianapolis: Bobbs-Merrill, 1956, pp. 61-62; J. Locke, *Two Treatises of Government* (1690), ed. Peter Haslett, Cambridge: Cambridge University Press, 1991, pp. 347-349, Sections, 119-122; D. Gauthier, "David Hume: contractarian", *Philosophical Review*, 88 (1979), p. 12; R. Nozick, *Anarchy, State and Utopia*, New York: Basic Books, 1974, pp. 90-95.

② See J. Locke, *Two Treatises of Government* (1690), ed. Peter Haslett, Cambridge: Cambridge University Press, 1991, p. 349, Section122.

造国家这一事实，社会契约论者描述的恰恰是这一事实，他们之所以要描述这一事实，是因为他们只承认这一事实才是合法的。契约论者所提出的契约创立政治权威既为政治合法性提供了评判标准和规范要求，也是对国家起源的某种事实和历史进行了描述。权威的政治社会是人的创造这一命题在 17 世纪特别激进，它对自然起源论和神圣起源论带来了直接冲突。正是契约论所描述的这种人造政府的观念促使人类从强权政治和神权政治走向民主。

这里还需要更具体地说明，在历史上，或者事实上契约如何创造政治生活。只有当我们具体描述人们何以相互影响，并共同创造和维护了政治与法律制度，我们才能承认规范性的契约论同时也是一种事实描述方法。如果仅仅声称，人们通过明确承诺或默许而创造或支持了某种政府组织，那么这种简单化观念因缺乏历史形成过程的描述和论证而容易引起人们的质疑。通过对契约论者论证细节的分析可以看出：他们将政府组织理解为通过"传统"而形成的（conventionally generated）。① 而对于"传统"，他们作出了契约性质的解读。某种规则和制度在社会生活中试行，随着人们的认可和接受而广为流传，从而形成了传统。当人们继续认同和支持时，传统继续风行，并扩展到该国家的政治与法律体系中。霍布斯进行了这方面的分析，他认为每个人都应该重视这样的方式：只要他人愿意遵守政府的命令，我们也应遵守，这对我们有利。② 大卫·休谟明确地把某些政治制度（如财产制度）视为由传统而形成的，并得到了传统的支持，因为这些制度被认为对各方有利。③

可见，传统的形成包含了契约的性质，一种行为规范和制度唯有得到众多人们的默许和认可才得以广泛流传，从而被融为传统。制度是通过传统而形成的，而传统的形成已经融进了契约意识，传统的形成以及对传统的遵循离不开人们的认可和自觉参与。看来，契约论者对国家及其制度的起源进行这样的描述性解释是可以接受的。契约论不完全是一种武断性的规范，它同时也是一种对传统形成政治秩序和政治权威的历史过程进行事实性描述的方法。而将政治社会合理描述成由传统形成的人类的创造物，这比神圣权力观念（divine power）或自然征服理论（natural subjugation）更具有说明力。

"传统"包含了弱意义上的"同意"概念（conception of consent），从而使契约论发挥了对政治社会的描述性解释的作用，那么这些论证又是如何发挥规范性的效力的呢？人类创造传统的活动既描述了国家事实上是如何产生的，也解释了国家合法性的理由，即传统之所以孕育了国家和政府，是因为它能服务于个人，满足个人的需要和愿望。某种政治组织和政治规则之所以能成为传统因而具有合理性，是因为它有益于个人而被个人所接受。同样，如果让我们有机会重新确定共同生活的传统时我们会同意什么，我们就能够确定我们现在的传统可被共同接受的程度以及根据它而行动的合理程度。

---

① See J. Hampton, "The contractarian explanation of the state", *in Midwest Studies in Philosophy*: *The Philosophy of the Human Sciences*, ed. T. Ueling, Minneapolis: University of Minnesota Press, 1990; see also Kavka, G.: *Hobbesian Moral and Political Theory*, Princeton, NJ: Princeton University Press, 1986.

② See T. Hobbes, *leviathan* (1651), ed. Richard Tuck, Cambridge: Cambridge University Press, 1990, chs14、15.

③ See D. Hume, *A Treatise of Human Nature* (1739-1940), ed. L. A. Selby-Bigge and revised, P. H. Nidditch, Oxford: Clarendon Press, 1978, III, II, Viii, p. 548.

由此看来，契约论者提出了不同的契约含义，他们既运用了实际的契约（确切地说，是传统），也运用了假定的契约（它设想什么传统会"得到各方同意"）。前者即是他们所认为的政治生活**事实**上是什么，后者是他们所认为的政治生活**应该**是什么。对于契约论者来说，我们"能同意"的东西具有规范的效力，并非因为虚构世界中的虚假承诺对我们具有约束力，而是因为这种同意作为一种方法告诉我们：达成一致的结果对于所有的人是合理的。过去的历史事实如此，我们也应该遵照这样的方法确定我们的未来。假如我们能够公正地重新评价和创造包括国家在内的传统，只有当这些传统是我们能够同意的那种传统时，它才是合法的，我们才负有服从的义务。

### 三、霍布斯式和康德式的道德契约论

契约论者力图通过契约设想来解释合乎道德的政治秩序和政治结构的问题。但在逻辑上，这里存在两个不同的、有时并非对应一致的问题，即人们通过契约既可以规范政治权力和政治结构，也可以决定应该得到普遍遵循的道德规则，前者被称为政治契约论，后者被称为道德契约论。规范性的道德契约论有两种主要类型：基于利益和欲求的契约论和基于理性和价值的契约论，前者源于霍布斯，后者源于康德。

霍布斯主义者（包括霍布斯，也包括大卫·高西尔（David Gauthier）① 和詹姆斯·布坎南（James Buchanan）② 等当代理论家）坚持认为，有价值的东西是人们实际欲求或喜爱的东西，而不是人们应该欲求或应该喜爱的东西，后者根本就不能成为具有规范性力量的对象。理性的行为是满足或最大化地满足欲求或偏好的行为。他们进一步推断，当且仅当道德行为促使欲求或偏好的满足时，人们从事这种道德行为才是理性的。反过来说，由于道德行为带来和平与和谐的生活，这种生活几乎有益于满足每个人的欲求或偏好，因而道德行为作为一种合理的东西而能得到人们的"相互同意"。当然，道德行为只能是相互的，否则某些合作者就可能成为不道德的受害人，为此，霍布斯主义者认为，道德行为只能成为共同体的传统规范，以便每个人都能预期到：如果自己参与合作，其他人也会如此。

由此看来，霍布斯主义的契约道德理论与契约国家理论的结构是完全对应的。道德亦如政治，是一种人为的制度，唯有当它有效促进人类的利益时才是正当的，人类社会的这两种制度的合理性取决于这些传统如何有效地满足个人的欲求或偏好。想一想我们的利益和欲求是什么，我们会同意什么，我们就会知道我们的道德生活应该如何塑造。对于霍布斯主义者来说，我们"能同意"的道德之所以具有规范的效力，不是因为虚构世界中的虚假承诺具有什么约束力，而是因为这种同意作为一种方法，揭示了道德的性质：彼此互利的规范才能成为道德，才能成为实践理性推论的有效前提。

霍布斯式的道德契约论因为坚持明智的利益和欲求原则而深受欢迎，正如它并不将政治社会建立在万能之神的基础之上，不建立在某些人所特有的某种神秘的优越自然禀赋的基础之上一样，它也不愿意将道德建立在不可思议的非凡能力基础之上，人类并不存在麦

---

① See D. Gauthier, *Morals by Agreement*, Oxford：Oxford University Press，1986.

② See J. Buchanan, *The Limits of Liberty：Between Anarchy and Leviathan*，Chicago：University of Chicago Press，1975.

凯所称的能够"从那里"辨识道德真理的"神奇"力量。① 相反，契约论将道德视为人类为了自身的利益而进行的有益创造，这正是它受到推崇的原因。

但这种过于世俗的契约道德观在一定程度上却背离了人们的道德观。正因如此，当《利维坦》出版时，读者们，尤其是那些同情亚里士多德观念的读者对于将利益视为人们彼此之间的纽带的观念感到震惊，他们认为霍布斯的理论过于极端地认为我们与他人之间完全分离，只有当人们将他人视为自己利益的实现者时，才需要他人。正是这一观念引起了当时人们的担忧，也引起了包括女权主义者在内的20世纪的批评家们的担忧。他们强调，任何恰当的道德理论必须考虑我们与他人之间的情感联系以及我们是由社会而规定的存在这一事实。②

霍布斯式的道德契约论的问题在于，它无视人们的情感纽带和社会性事实，但它难以令人满意的更深层原因则是没有承认个人具有的"固有价值"（intrinsic value）。我们可能还没有充分地意识到霍布斯主义者的真正问题所在，即当他们借助于私利来回答"何谓道德"时，他们仅仅赋予合作行为以及与之合作的人以单纯的工具性价值（instrumental value）。也就是说，我之所以在道德上关注你，只是出于我自身利益的考虑，我对你的重视纯粹是因为你的工具性价值，而不是你本身就值得尊重。正如霍布斯所言："一个人的**价值**或**身价**正如其他任何东西的价值一样，是他的价格，也就是说当使用他的力量时所付给他的那么多，因此，人的价值不是绝对的，它取决于他人的需要和评价。"③ 霍布斯的这种观点令人忧虑不安，我们尊重道德命令的全部理由只在于这些道德命令在我们追求自己需要的东西时具有工具性价值。但如果我们强大到完全可以自给自足，不需要他人的合作也能成功地实现自己的利益，或者我们拥有盖吉斯的隐形戒指（Ring of Gyges），到商店行窃可逃脱惩罚，那么我们也就没有接受道德约束的必要。霍布斯式的道德契约论实质上是将他人视为自己的"猎物"，这表明它并没有从最根本的方面抓住道德的本质。我们的道德直觉通常会认同这样的观念：一个人无论是否会从事有益于他人的合作行为，仅凭他（或她）是人这一事实，我们就应该尊重地对待他（或她）。无论一个人是否具有工具性的价值，我们都认为他（或她）始终具有内在的价值，这是道德生活的基本要求。

另一种道德契约论源于20世纪德国思想家伊曼努尔·康德的理论创造，康德力图通过原初契约的观念来确定正义的社会政策，④ 但当康德通过人们的同意来证明行为或政策的合理性时，他所指的并非是现实的人的现实的同意，而是指假设的人所订立的假设的契约，现实的人可能受到偏见或激情的影响，虚构的契约因为设想完全理性的人所订立的契约，因而更具有道德启发性，也更具有道德约束力。

当代政治哲学家约翰·罗尔斯正是受到康德契约程序思想的启发，对原初状态中的立约人进行了精心设计和限定，所谓"无知之幕"的立约状态的设计是为了消除立约人的

① See J. L. Mackie, *Ethics: Inventing Right and Wrong*, New York: Penguin Books, 1977, ch. I.

② e. g. see C. Pateman, *The Sexual Contract*, Stanford, Calif: Stanford University Press, 1988; and even Gauthier, D. : "*Social contract as ideology*", Philosophy and Public Affairs, 6 (1977), pp. 13-64.

③ T. Hobbes, *leviathan* (1651), ed. Richard Tuck, Cambridge: Cambridge University Press, 1990, chapter 10, paragraph 16, p. 63.

④ e. g. see I. Kant, *Kant's Political Writings*, H. Reiss, ed. , Cambridge: Cambridge University Press, 1970, pp. 61-92.

由文化所决定的观念和政见等方面的特定知识，消除他们的有关种族和性别等个人特征的信息。罗尔斯的这些限定，是为了创造正义的契约环境，使立约人能理性地思考，而不受道德腐化和偏见的玷污，不受非正义的社会制度所灌输的腐蚀性观念的影响，以确保达成的协议具有道德合理性。

当然，这种对契约环境和立约人的限定也会陷入理论困境，因为既然无知之幕使原初状态中的每个人毫无区别，众多的人被纳于同一生活环境和条件、同一思维方式、同一选择原则之中，这种方法又何以称为契约主义？此外，作为理论前提的契约环境和限定条件的假设本身已经隐含了所推出的结论，而前提只凭直觉而缺乏进一步的证明。

尽管康德式的道德契约论存在以上理论问题，但它对于人们的道德实践具有特别的意义，因为只有将契约限定为理性的人所达成的协议，才能走出霍布斯式的基于利益和欲求的契约论，从而把强调个人固有价值，强调将每个人作为"他自身的目的"来尊重的政治秩序视为正当合理的。霍布斯主义者的契约语言所表达的是，道德应该是各方互利的人类创造；而康德的契约语言旨在表明，道德原则和道德观念是很难通过个人利益原则来说明，只能通过个人尊严和价值来证明的命题。

迄今，还不存在完全令人满意的契约理论。但众多思想家和学者仍然能够从道义上接受契约主义思维方式，而这种思维方式包含着个人主义的原则，即：当道德准则和政治安排优先考虑并适应个人的需要而不是社会团体、民族国家或其他形式的共同体的需要时，这些准则和安排才是正当的。正因如此，契约理论遭到了"共同体主义者"（communitarian）的指责，因为后者坚持道德与政治应该按照最有利于共同体的方式来确定。契约理论也受到功利主义理论家的抨击，这些理论家的道德准则是共同体效用的最大化，而不是个人需要或偏爱的相互满足。而契约论者则认为，这两种理论都没有严肃对待作为个体的人之间的区别和作为个体的人所固有的尊重和价值。契约主义理论强调的是，个人是一切道德和政治推论的出发点，道德与政治秩序的安排必须对每个人的合法利益和需要负责。

## 四、契约理论与制度实践

西方契约理论内部存在契约解释的分歧，同时整个契约方法又受到来自外部思想流派的质疑。契约理论还没有，似乎也不大可能达到完善的程度。但就契约论对人类的观念和政治法律制度实践的影响来看，它已经取得了惊人的成就。

契约理论最伟大的成就是推动了近现代民主制度的产生。在近现代以前的制度形成和制度变迁中，就已经反映了某种契约精神和契约力量的作用。制度无论是通过传统渐进演化还是因革命一时催生，都包含着契约因素。传统是因人们的自觉选择和广泛认同而形成的，由传统所孕育的制度，在很大程度上融入了人们的认同。而革命更是民众直接基于自己的意愿而创造政府的极端表现，它展现了人民裁决政府、人民推翻不称职的政府并创造自己所需要的政府的历史过程。革命最集中地宣告了这一契约原则：人民创立政权，并宣布政权的合法性。

但西方近现代契约理论并不是简单地为革命而论证，更不是将革命视为改变政治统治的主要方式。革命是人民无法认同现政权时而推翻统治者或者改变政治统治的行为，就此而论，革命包含了契约论者的人民创造政府的原则。但革命是通过暴力而强制性地改变不合意的政府的，革命加剧了社会的动荡和冲突，需要以生命的丧失和秩序的破坏为代价，而且革命因受到现政权的反抗可能难以成功。所以，契约主义思想家主张更换不称职的政府，但不主张通过革命更迭政府。政治契约既然是人民之间以及人民与统治者之间订立的协议，人民可以通过协议确定获得授权的条件、违背条件而收回权力的方式等，这就是民主与法治。这样，通过和平而稳定的方式就能实现革命所要求的政府更替，也就是说，民主制度使"革命"成为一种有组织的、定期发生的政治过程，成为一种合法化的、政治社会运行的日常内容。民主使不流血地、和平而无痛苦地，或者说以最小的破坏和代价而迅速地变更统治和统治者成为可能。

所以，民主的追求者受到契约理论的吸引和启发。契约主义者力图表达和论证：政治社会是由该社会中受统治的民众创造和维持的，但一个确定无疑的事实是，人民不可能在政府中，至少大多数人不在政府中，官员或统治者毕竟是少数，那么人民何以持续地控制创造和维持政权的过程？为此，人们设计了以投票为基础的现代民主制度，人民不能统治，却能以投票的方式确定统治规则，掌握选择官员和更换官员的权力。所以，投票是一种受到控制的革命行为方式，并被 20 世纪初期的社会主义激进分子称为"纸上的石头"（Paper Stones）。①

现代民主制度作为一种有效的运行机制，不可能是人民的统治（或人民当家做主），而是人民选择的代表进行统治，而人民拥有选择代表、监督代表和更换代表的权力。现代民主采取代议制的形式，"代表"（representation）是整个民主制度运行的支柱，它具有特定的含义，当选的代表并非从任何意义上都能代表公民。代议制中的代表实际上是一种代理形式（agency），它只在授权人授予权限的范围之内发挥代理作用，它反映的是授权人与代理人之间的关系，现代民主制正是根据授权人与代理人之间的关系来解释和规范人民与统治者之间的关系，这一洛克式的解释奠定了现代民主制度的基本原则。

还有一种与民主精神背道而驰的"代表"观念，该观念把"代表"解释为"委托"（trust），② 人民与统治者之间的关系也就成为委托人与受托人之间的关系（trustor/trustee relationship），这种关系完全不同于授权当事人与代理人之间的关系（client /agent relationship），因为委托人缺乏足以解雇受托人的资格，通常他被认为劣于受托人或缺乏受托人的那种能力，他必须听命于受托人的照管，正如小孩离不开监护人一样。反过来说，受托人因其本身的优秀品质和卓越能力而理所当然地享有统治或照管委托人的权利，统治者代表人民的利益而统治，正如家长代表小孩的利益而管教小孩一样。这种对委托人无能的假设与现代民主社会中公民的能力与权利的假设无法相容。现代民主制度中的代表在性质上类似于雇员，既然雇主（人民）掌握着定期免去雇员（统治者）的权力，雇员才可能以对雇主利益负责的方式进行统治。

因此，唯有现代民主制，才能确保统治者为人民服务。如果一个政府拥有被称为人民政府的资格，只能基于这一事实：人民不仅自主地确立了统治者或官员必须遵从的政治体系运作和结构的规则，而且确立了人民若想以较小的代价创造和废除部分政治体系就可以

① see A. Przeworski and J. Sprague, *Paper Stones：A History of Electoral Socialism* , Chicago：University of Chicago Press，1986.

② See H. Pitkin, *The Concept of Representation* , Berkeley：University of California，1967.

创造和废除的权力的规则。

尽管西方契约论也存在理论上的问题，但人类还是普遍接受了唯有契约政府才是合法政府的观念，人类进入近现代以后的最主要的政治成就在于诞生了一批基于人民彼此之间、人民与政府之间的契约而建立起来的受到契约条件约束的政府。这一成就还不断扩大，不仅更多的国家内部建立了契约民主政府，而且出现了诸如欧洲共同体这样的超国家的契约组织形式。

（申建林　武汉大学政治与公共管理学院副教授）

# 密利本德的改良主义民主观述评

陈　刚

　　**摘要：**密利本德是英国著名政治学家，他的研究发展了马克思主义有关国家是阶级统治工具的论断，同时又为其增加了经验的论据和补充了国家相对自主性的观点。在此基础上，密利本德批判了资本主义民主制，认为它的最大功用不是增进民主，而是减轻底层压力、缓解阶级冲突，以及赋予资产阶级的统治以合法性。除此之外，密利本德还对民主与社会主义的关系问题进行了思考，他指出民主是社会主义的基本特征和构成之一，而社会主义民主政权的建设既依靠改良主义战略，又需要重大的制度变革。

　　**关键词：**民主　国家自主性　社会主义　改良主义

　　拉尔夫·密利本德是英国著名政治学家，工具主义国家观的代表人物。出生于比利时的他曾长期在伦敦政治经济学院学习，受教于哈罗德·拉斯基。拉斯基给他的影响非常大，而很多人也把他视为拉斯基的接班人。由于从小受到的对犹太人身份的歧视，密利本德很早就对政治活动产生了浓厚兴趣，他是英国各种"左"派集团的成员，并于1951年加入工党，还积极投身于和平运动、反越战运动。密利本德的著作很多，其中的代表作《资本主义社会的国家》、《马克思主义与政治学》及《英国资本主义民主制》都已有中译本。不过，总体来看国内对其政治思想的关注仍然不够。本文将主要介绍密利本德的改良主义民主观，并试作简要评析。

## 一、资本主义国家与民主

　　在其学术研究生涯中，密利本德侧重于阐发马克思主义的国家观，这里我们先来看看他对资本主义国家性质与功能的分析。

### 1. 资本主义国家的工具性与自主性

　　按照密利本德的看法，马克思、恩格斯对国家性质的认识可以用《共产党宣言》中那句著名的表述来概括，即"现代的国家政权不过是管理整个资产阶级的共同事务的委员会罢了"。① 立基于此，他认为资本主义国家不外是资产阶级维护自身利益的强制机器，是资本家借以控制生产资料及榨取剩余价值的工具。因此，资本主义国家与之前的奴隶制国家、封建制国家一样都具有阶级性，这种性质并未因目前发达资本主义国家诸方面的调整而有所变化，虽然也急需用新的经验材料来证明如下两点：第一，在当代资本主义国家

---

　　① 《马克思恩格斯选集》第1卷，人民出版社1995年版，第274页。

仍然有一个经济上居支配地位的资本家阶级；第二，这个资本家阶级仍然能够依靠国家机器来有效维护其利益。

为了使第一点得到证明，关键在于回答如下问题：当代资本主义国家所实行的国有化、人民资本主义、所有权与管理权分离等措施以及下属阶级部分成员进入精英队伍的现象是否已使存在一个"统治阶级"的提法变得不再恰当？密利本德认为并非如此。首先，密利本德指出，尽管发达资本主义国家确实将一些对经济生活非常重要的工业和服务设施国有化了，国家干预范围也日益扩大，但这没有改变大部分经济活动仍为私营企业控制的状况。更何况雇主由个别资本家转变为国家既不会改变资本主义私有制的经济基础，也不会改变工人被剥削和压榨的地位。其次，密利本德指出，发达资本主义国家推行的"人民资本主义"表面上看似乎使广大劳动人民群众拥有股票和成为股东，但实际上它并不能使所有人都成为资本家，因为下层民众拥有的股票只占极小的比例，绝大多数股票仍为上层分子垄断。故此，资本主义社会财富的分散化并不能说明其经济控制权已被社会大众所分享，毕竟少数人拥有国家极大数量财富的这种状况未曾改变，经济上的极端不平等不仅没有缓和，反而更加严重。再次，就所有权与管理权分离及经理阶层的出现来看，密利本德指出，所有权与管理权分离的程度并不像资产阶级学者宣称的那样大，因为经理往往在自己所管理的企业同时是大股东。此外，这种分离远非"超越资本主义"的，不仅经理大多与其他高收入者、富豪来自相同的社会阶层，而且"无论现代经理人员是多么聪明和有光彩，他们都必须服从于他们所控制并为之服务的那个制度所固有的强制性要求；而其中最重要的要求就是他必须谋求'最大限度'的利润"。[1] 最后，就下属阶级成员进入精英队伍这一现象来看，密利本德指出，工人阶级因为受教育程度较低，其进入上流社会而成为精英的机会非常少，况且少数工人阶级的"优异分子"进入上流社会往往伴随着他们的资产阶级化，因此精英流动并无损于精英统治。

那么，这个在经济上居支配地位的资本家阶级是否能够依靠国家机器来维护其阶级利益？如果能，又是通过什么样的途径呢？密利本德对于上述问题进行了详细的论述。首先他肯定道："根据马克思主义的见解，资本主义社会的'统治阶级'是一个拥有和控制生产资料的阶级，它凭借给予它的经济权力这一优势，能够把国家作为它统治社会的工具。"[2] 但是，密利本德继续补充道，资本主义国家虽然是资产阶级维护其利益的工具，却不是资本的简单工具，因为经济精英不能自动地凭借其经济控制权而获得政治控制权，国家权力是存在于国家各机构中的，是由这些机构中居领导职位的人来行使的。绝大多数经济精英并没有同时成为国家权力执掌者，而国家权力执掌者也没有直接根据经济精英的指令来行事。经济精英与国家权力执掌者这两者之间存在若干重要的差别，例如经济精英关心的只是最大限度地获取利润和榨取剩余价值，以实现其财富的积聚，而国家权力执掌者则要从缓和社会矛盾和冲突、维护社会秩序出发来采取行动，这就需要向下层压力作出回应和让步。因此，要使国家工具性特征得到更好说明，就必须对经济精英与国家掌权者

---

① ［英］拉尔夫·密利本德：《资本主义社会的国家》，沈汉等译，商务印书馆1997年版，第38页。

② ［英］拉尔夫·密利本德：《资本主义社会的国家》，沈汉等译，商务印书馆1997年版，第27页。

之间的关系进行准确的说明，特别是要说明资本主义国家推行的政策为何有时会损害个别企业家的利益，甚至与经济上占统治地位的阶级的现时利益相左。为了解释这种关系，密利本德着力探讨了他所认为的马克思主义政治学理论的重要问题，即国家的相对自主性问题。这个问题在他看来是马克思、恩格斯之后的许多马克思主义者都没能给予足够重视的，当然普朗查斯除外，尽管两者对国家自主性问题的看法并不一致。密利本德所指的国家自主性主要是指国家相对于统治阶级而言所具有的一定的独立性，这种独立性之所以必需是因为统治阶级内部包含着许多不同利益集团和派别，他们的整体利益虽然一致，却在个别利益上相互冲突。因此，"在国家自动地按统治阶级的利益而行动与国家按那个阶级的命令行动这两者之间是有区别的，后者是对'马克思和恩格斯思想的粗鄙歪曲'"。①

密利本德进一步解释道，资本主义社会的经济精英需要国家权力的执掌者来维护他们的利益，而国家权力的执掌者正是这些私人经济权力的政治代理人。但是，由于阶级权力与国家权力的非同一性，经济精英并不能直接对其政治代理人下达指令，而且这种指令实际上也不存在，因为经济精英自身亦是多元的。这种状况很好地说明了资本主义国家除工具性外还具有相对自主性，并且这两者是辩证统一的。一方面，国家自主性不是对工具性的否定，而恰恰是为了履行工具性职能而必需的。另一方面，控制生产资料的资本家阶级与掌握国家权力的公职人员来自相同的社会背景，拥有共同的生活方式和阶级意识，这常常促使后者自觉维护前者的利益。更何况资本家阶级的经济实力强大，国家机器在制定公共政策时必然要优先考虑他们的利益，这是由资本主义经济结构的客观基础决定的。即使资本主义社会中有组织的利益集团之间能够开展竞争，但是这种竞争是不平等的，实业家集团通常具有更大优越性且能更有效地使政府维护其利益。虽然进入后工业社会后西方国家为维护统治而对其生产关系和政治过程作出了种种调整，但是日益增多的利益集团政治并不能说明国家是协调诸种利益争端的"中立"仲裁者，相反种种数据说明统治阶级和精英阶层的存在是不容否认的。

## 2. 资本主义民主与统治合法化

在密利本德看来，民主应当意味着广大民众分享统治权和积极参与社会公共事务的重大决策，就此而言，资本主义国家远非民主的，其表现就是资本主义国家时至今日仍存在的经济社会生活领域的诸多不平等。不过，自19世纪中叶以来，资本主义国家已先后实现了普选制，再加上政党轮流竞争、合法反对权、定期选举及有限政府理念的确立，其政体形式已逐渐被视为民主制。它虽然有着资产阶级的局限性，但仍然比以往的各种政体形式要更为优越。例如，在这样的民主制下，当权者需要顾及选民可能的报复，因此对民众的意愿作出适当回应是不可少的，赋予其某些形式上的自由亦在可容忍的范围内。与此同时，作为被统治者的底层民众可以利用这种民主制所提供的一切渠道来有效开展与资产阶级的斗争，以保障自己的权益。因此，密利本德肯定资本主义民主具有积极意义，指出"资本主义民主意味着民主形式的存在，它使对政府和国家施加一些压力成为可能，它也使当选官员的撤换，包括政府更替成为可能"。②

然而，不应忘记的是，资本主义民主制作为政体是服务于资产阶级统治需要的，是与

---

① Ralph Miliband, *Class Power and State Power*, Verso, 1983, p. 64.

② Ralph Miliband, *Socialism for a Sceptical Age*, Polity Press, 1994, pp. 25-26.

维护资本主义私人占有制相适应的。为了实现上述目的，它就要千方百计地缓和阶级矛盾和冲突，疏导愤恨和不满，以维护有产者的特权统治秩序，这就是资本主义民主制的最大功能。建立在这个论点基础上，密利本德选取了自己所居住和熟悉的英国政治进行个案研究，着重说明了资本主义民主制度的不同构成是如何遏制和减轻民众压力，以赋予资本家统治合法性，并通过鼓励保守、稳健的思维模式及行动方略来确保其长治久安。

首先，从议会制度来看，通过肯定普遍选举的权利和贯彻政府应获议会多数支持的责任政府原则，维护资本家经济剥削的这个非法政府的合法性不再成为问题。也就是说，英国的工人运动因为议会制度的确立而倾向于越来越多地选择温和的体制内斗争路线，流血的革命、起义包括带有政治目的的罢工都日益被看成非法的手段。争取使工人自己支持的政党赢得议会大选，以实施社会主义性质的政策，这成为唯一的备选策略。由于选举权范围的扩大及议会的改革，权力重心从非民选上院转向民选下院，加之主权在民理念的影响，民众开始相信自己能够参与既有游戏并从中获益，游戏规则自身虽有缺陷却已被看做是合理的，是可以加以完善的。如此一来，过于激烈的冲突得到化解，工人的斗志趋于平缓，服务于既有资本家统治的秩序也更加巩固。这样的制度不是资产阶级夺取政权后就设计好的，而是工人长期斗争和资本家对其统治手法一点点作出调整的结果。资本家作出这样的调整并非因为他们想要推行人民的统治，而恰恰是因为他们想要限制民主，想要遏制民众进一步的压力。因此，在密利本德看来，"议会制度的实质是它在政府和人民之间起着缓冲作用。它赋予人民以选举他们的代表和从事多种形式政治活动的权利；但它又叮嘱人民让他们的代表承担起支持或反对当时的政府这一重任"。① 为了避免冲击秩序的危险行动，民众的有限参与甚至被认为是代表工人的政党都被议会制度所容纳，但与此同时，为了抵御底层民众想改变秩序的愿望，议会制度又通过各种措施来保障议员的独立性，使其摆脱激进的社会主义变革的要求。

其次，从工会和工党来看，经过立宪主义的驯化，它们都放弃了在体制外与资本家对抗的路线，转而求助于在前述的议会制度框架内开展合法斗争。作为资本主义国家重要的工业组织和政治组织，工会在资本主义发展早期被排斥在体制外，其所采取的自发行动常常极大地破坏工业生产，从而也损害到资本家的经济利益。随着资本主义民主制走向成熟，资产阶级发现与工会合作不仅有利于维护秩序，而且能够软化其战斗精神。工会也因为民主制的有效运作而接受了现有秩序的合法性，其表现是：工会相信完全抛弃现有秩序的做法只会严重损害自身利益，工会相信其要求能够通过代表及合法途径上升为国家意志，甚至工会相信既有秩序的任何改变都应该遵循民主制规则。在阶级合作观念的指引下，在资本家所营造的民主氛围中，工会领导人慢慢成为维护既有秩序的得力帮手——这种作用在经济衰退及失业率攀升等危机时刻表现得更为明显，其方式是强调工人的纪律和负责任的行为，鼓励温和的、稳健的、克制的精神，他们因为这样做而获得了地位和声誉。与此同时，工党领导人在工会领导人的帮助下也走上了谨慎调整和渐进改革的道路，他们尽力抑制积极分子更为激进的主张，或者把它改造得"无害"。虽然工党领导人需要依靠积极分子，因为其活跃的、自愿的行动是工党组织性的保障及力量的源泉，但是工党

---

① ［英］拉尔夫·密利本德：《英国资本主义民主制》，博铨，向东译，商务印书馆 1988 年版，第 47 页。

自成立之初起便是一个以参与现有的政权争夺游戏为宗旨的党，而非要彻底推翻既定秩序的党，此点决定了其领导人与积极分子之间在思维方式和行动取向上的根本分歧。在前者看来，后者某些过于极端的行为需要约束，以杜绝不负责任的做法，避免尖锐对抗给工人利益造成损害（尽管资本家利益毫无疑问会受到更大损害）。由于工党党内表面上的民主而实际上的集权，以及其领导人对政策制定权的严格控制，底层积极分子对工党行动方向的影响常常微不足道。在工党领导人温和斗争路线指引下，体制化的工党也开始把选举胜利看做第一位的目标，它不仅主动寻求更多的自制，极力阻止狂热分子的极端行动，还在上台执政时自觉接受秩序的合理性，满足于边际的政策调整和工人生活水平的改善。不仅如此，工党领导人还为了防范左翼同伴夺取其政权竞争者的地位而自觉地排斥共产党，并抵制其彻底社会变革的要求。这种排斥和抑制都说明了如下这点："工党一心想要培植的，只是社会主义因素少得不能再少的政治传统，它事实上是由改良社会的主张和费边社的集体主义组成的，不过其中掺杂一些好的提法罢了。"①

最后，就国家机构的不同部分来看，密利本德认为它们合力铸成了一种保守主义色彩极浓的情境，其间略为激进些的左翼观点和行为都被指为异端，是在破坏安定团结。政府不论其党派归属，总是充当资本主义企业的盟友，甚至工党政府在满足于部分基础行业国有化的前提下也把私有企业的繁荣看成经济政策的头等大事。当然，作为民选机构，政府最直接地承受着下层民众的压力。为了防止民众从选票箱走向街头，政府会适时作出某些让步，有时甚至损害到资本家的短期、暂时利益。但是，政府的这种自主权是相对的，它无损于政府服务于资本需要的宗旨。虽然这种最低限度的让步常被看做是政府回应民众利益表达的结果，但它事实上反映的是资产阶级在为其整体利益而消弭潜在的危机，因而是其灵活而高明的统治手段的体现。政府高级文官是保守主义的大本营，在既定的社会流动机制下，他们的出身、教育都使其必然倾向于对自由经济和私有企业有好感，他们因循守旧，成为政府及大臣剧烈变革的制动力量。不过，在大臣自身大多属稳健派的时候，文官们发现与大臣通力合作并非难事，后者则发现前者的帮助有助于减轻自身面对的民主压力。当然，更关键的是，"英国的公务人员从来还没有碰到一个奉行'社会主义纲领'的政府；或者至少他们没有为形势所迫须面对一个决心贯彻这种纲领的政府"。② 军队和警察作为国家暴力机器并非像通常所宣传的那样仅仅关注公共安全，平息罢工、迫害左翼积极分子等行动表明，对不平等的阶级统治秩序的维护才是其重要任务。法官虽因其独立的、不偏不倚的公众形象而备受褒扬，但从其所作出的通常不利于工人的裁决中可以很明显地看出，"他们对法律理解的结果总是倾向于有效地帮助雇主、财产主以及一般的保守势力"。③ 君主和上议院本来是英国旧有封建因素的遗留，随着资本主义民主的发展，它们在政治生活中的重要性在下降，但其有限的权力运用表明其并非超脱的、无党派的机

① ［英］拉尔夫·密利本德：《英国资本主义民主制》，博铨，向东译，商务印书馆1988年版，第89页。

② ［英］拉尔夫·密利本德：《英国资本主义民主制》，博铨、向东译，商务印书馆1988年版，第118页。

③ ［英］拉尔夫·密利本德：《英国资本主义民主制》，博铨、向东译，商务印书馆1988年版，第139页。

构，而是与其他国家机构、制度一道致力于遏制民众压力，抵消政治生活中的民主影响，阻止剧烈社会变革及损害有产者利益的行为。这些机构和制度共同构成了资本主义民主制的一个整体，而资本主义民主制这个用语在密利本德看来是自相矛盾的，作为有产者的民主，它把权力集中于少数人手里却又在表面上维护人民的主权者地位，因而"在事实上是以民主形式调节的寡头统治"。①

## 二、社会主义民主与改良主义战略

密利本德的研究领域较为广泛，在前面我们概述了他有关资本主义国家工具性和自主性的观点，探讨了他对资本主义民主虚伪性的批判和对其本质的揭示，这一节我们主要介绍他对社会主义民主的构想及对改良主义斗争路线的看法。

### 1. 民主与社会主义

在密利本德的前几部著作中，有个关键问题没有得到回答，即社会主义的含义到底是什么？对此，他在《怀疑时代的社会主义》里进行了详细说明。作为其毕生学术研究的最后思考，该书弥足珍贵。当然，限于主题，我们在这里将着重介绍书里有关民主与社会主义的观点。

（1）民主是社会主义的基本特征和构成之一

在密利本德看来，民主是社会主义的基本特征和构成之一，同时"社会主义自身必须被看做是远早于它的民主运动的一部分"。② 社会主义意味着社会秩序的根本改造，它包括三个核心主题，即民主、平等主义和主要经济成分的社会化。它们相互联结、密不可分：没有平等和各种社会歧视的消除，即使具有形式民主也不会有实质民主；没有主要经济成分的社会化，平等和民主的社会秩序就缺乏必要的经济支撑。针对苏东剧变以来国际上散布的有关社会主义前景的悲观主义和怀疑态度，密利本德强调，苏东共产主义政权的失败并不能说明社会主义是空想，它说明的只是缺乏民主的社会主义模式不具有可行性。苏东政权不尊重公民权、压制公民自由、搞官僚特权，并且为了维护少数人对权力的垄断而建立庞大的警察机构、镇压不同政见者，这种不民主的实践是对社会主义的否定，因而必然被民众所抛弃。密利本德指出，虽然当前资本主义国家通过福利国家政策提高了普通工人的生活水平，但这是资本家为巩固其特权统治而作出的让步，并不能掩盖制度本身的不公正性。资本主义存在着诸多的隐忧，例如社会底层有大量的人仍然贫困，各类社会问题在日渐增多，公民的权利常常受到肆意侵犯，等等，此类病症只有在社会主义制度下才能够得到更好的解决。另一方面，虽然资本主义被认为是民主的，但从其生产过程和社会生活来看，广大民众并未分享决策权，因此这种民主只是一种霸权的产物，是一种虚构的神话。尽管如此，社会主义民主仍然需要借鉴资本主义国家已经确立的民主形式，并且建立更具有优越性、真正体现人民统治的民主制度。密利本德强调，社会主义民主既不能完全否定资本主义的民主形式，也不能局限于它，而是要在发扬和深化这些民主形式的同时赋予民众更多的自主权，特别是要通过社会化的措施来减少公司权力对国家政策的不当影响，克服社会生活中性别、种族等方面的歧视。正是在这个意义上"社会主义民主既代

---

① Ralph Miliband, *Socialism for a Sceptical Age*, Polity Press, 1994, p. 91.

② Ralph Miliband, *Socialism for a Sceptical Age*, Polity Press, 1994, p. 56.

表着对资本主义民主的扩展，也代表着对其的超越"。①　密利本德还认为，资本主义民主尽管有诸多局限，但这种重视选举的形式民主还是为工人阶级的民主斗争和左翼政党的上台执政提供了机会。不过，左翼政党上台执政并不意味着其必然推行社会主义的纲领和政策，正如社会民主主义所表明的那样，满足于获得政权而不致力于社会的根本改造只会带来资本主义的适应性调整，它无助于社会的平等化和民主化。因此，社会主义要实现，就必须寄望于一个左翼政府上台后推动激进的变革，特别是主要经济成分的社会化，并且真正赋予广大民众以重大决策的参与权。这样的民主有别于社会民主党那种温和的、只对资本主义作微调的社会民主（social democracy），它体现在社会生活各领域并被密利本德称为社会主义民主（socialist democracy），只有它才是资本主义民主的替代选择。

（2）社会主义民主政权建设

如前所述，密利本德终生都在致力于研究马克思主义的政治理论，而他对社会主义民主政权建设的见解也颇有独到之处。密利本德反对列宁的无产阶级专政思想，认为它不讲法治、无视民主，只会导向官僚极权，他拥护社会主义的宪政民主制，认为它能实现强大的国家权力与必要的权力制约相结合。为了建立这种新的宪政民主制，就需要无产阶级在夺取政权后继承宪政主义的精神，并推动重大的制度变革，具体来说包括如下方面的主要内容。②

第一，实行分权原则，以防止政府权力被滥用。密利本德认为像巴黎公社那样议行合一的做法对于国家政权的组织来说是不现实的，立法功能和行政功能的分立必然伴随着议会与政府的分权。当然，在这两者之间议会作为代议机构代表着民意，因而政府应积极争取稳固的议会多数，以使其所推动的激进变革始终得到强有力的支持，同时议会和专门委员会应被赋予足够的权力，以使其更好地监督和控制政府。密利本德还特别强调行政权力不应当由某一个人所垄断，相反"社会主义民主政权应当铭记'集体领导'的原则"。③

第二，尊重法律程序，保障司法审查权的有效行使。密利本德指出，司法审查的范围应当受到限制，以避免政府和议会所制定的重要政策为司法机关所阻挠，从而使民主程序得不到应有的尊重。当然，在公民的权利受到国家机关及其工作人员的非法侵犯时，司法审查应当为其提供救济，就此而言它也具有非常积极的意义。

第三，官僚组织必须受制于更为严格的规范，并强化其责任意识，以避免前苏联那种官僚主义的集权。为了做到这点，高级文官应听从部长的指挥而不应自行其是，低层级的行政活动则应接受国家立法机构和地方各类主体的制衡。密利本德还提出，法官、警察局局长及担负重要职责的政府官员都应当由选举产生，这样能够确保对他们有紧密的民主控制。

第四，实行一定限度的地方分权，建构良好的中央与地方的关系。密利本德承认，在社会主义政权组织体系中，由于民选的地方机关常常能更好地代表其所在区域人民的利益和意愿，故此一定限度的地方分权是必要的。但是，地方分权本身并不必然意味着是要加强自我管理或参与民主，因为它会碰到一些理论上的难题。例如，一个推动激进变革的全

---

①　Ralph Miliband, *Socialism for a Skeptical Age*, Polity Press, 1994, pp. 68-69.

②　Ralph Miliband, *Socialism for a Skeptical Age*, Polity Press, 1994, chapter 3 "Mechanisms of Democracy".

③　Ralph Miliband, *Socialism for a Skeptical Age*, Polity Press, 1994, p. 81.

国政府是不能容忍地方政府借自治等名义而规避中央政策的，因为前者代表着全国多数民众的支持。这说明在中央机关与地方机关之间的关系处理上需要慎重行事，以平衡各自的权力。

第五，保障表达自由，推动政治多元化。为了防止政权走向封闭和独裁，防止权力滥用和专断，密利本德提出应当摒弃像前苏联那样由国家和政党直接操纵媒体的做法，实行新闻和通讯自由。他还强调，左翼政党上台后仍应延续代议民主的基本原则，允许政党之间的自由竞争并接受选举程序的结果，特别是反对党在批评政府和监督政府方面所发挥的作用应当受到尊重。

第六，改革选举制度，确保民意表达不被歪曲。有鉴于当代欧洲各国选举制度存在种种缺陷，密利本德提出社会主义民主应当选择恰当的选举制度，以确保议会中的代表构成能较为精确地反映民众所投的选票。这种选举制度不能够是英国那样的第一名当选制，在实践中它常常使获得选票较少的政党得以上台执政，而纯粹的比例代表制则会使小党在只获微弱多数支持的政府联盟中拥有与其地位不相符的权力。因此，社会主义政权应该在这两者之间设计某种混合型的选举制度，以使选民的意愿得到尊重，更好地体现人民统治的精神。

除此之外，密利本德还就两院制、经济民主、社会不平等问题进行了阐述，他的基本观点是国家机器不能被打碎，但要使其真正体现民主就必须实施重大的制度变革，就此而言，国家政权的组织非常关键。

（3）社会主义民主是代议民主与参与民主的结合

在社会主义思想史中，有的理论家更强调国家政权组织的民主，坚持完善代议民主，有的理论家更注重分享决策权力的民主，主张推进参与民主。密利本德则强调，社会主义民主应当很好地结合代议民主与参与民主这两者。事实上，在早期的一些民主理论家如密尔等人看来，参与民主本就是与代议民主紧密相联的，因为作为国家政治体制的代议民主并不妨碍公民通过普遍享有选举权利来参与政治。然而，自20世纪60年代以来参与民主的内涵有了很大改变，像巴伯等人都提出应更为广泛地赋予民众直接参与各类决策的权利，以使其在影响自身利益的事项上能够发表意见。与此同时，越来越多的参与民主论者批评代议民主将公民的持续参与排除于决策过程之外，并且因为使代表脱离人民的直接控制而易致腐败。对于参与民主的这种强势地位，密利本德指出，如果参与民主意味着直接民主的话，那么为其辩护就很难站住脚，因为缺乏中间环节的直接民主是非常不现实的，某种代议机制即便对于地方层次的治理来说亦是必需的。然而，代议民主自身也并非没有局限性，从主权在民的角度来说它所导致的代表与选民之间的距离确实会使责任控制问题和民意表达问题凸显出来。有鉴于此，社会主义政权应在坚持代议民主的前提下提供更多的参与渠道以促使代表更为负责，并鼓励基层公民社团在决策过程中能更好地发挥作用，例如提供参考信息及批评意见。与此同时，政府应赋予民众更多的自我管理权，尽可能地多向基层公民组织授权，并在教育、医疗、住房等与民众生活息息相关的事项上推动有效参与，而"有效参与无疑是社会主义民主的一个界定性特征"。① 密利本德认为，社会主义民主既不能局限于国家的民主化，也不能局限于社会的民主化，而应是这两者并重。其中国家的民主化意味着定期的选举过程及健全的责任机制，而社会的民主化则意味着公民

---

① Ralph Miliband, *Socialism for a Skeptical Age*, Polity Press, 1994, p. 91.

直接参与范围的扩大及各类组织管理方式的民主化，它们所共同要达到的目标就是让民主精神遍及社会生活的每一个领域。那么，发达资本主义国家近些年来所出现的新社会运动是否有助于推动社会主义民主的发展呢？密利本德对此作了专门点评。他虽然肯定新社会运动有其积极的一面，但也指出将社会主义的前景寄托在新社会运动上是不正确的。新社会运动关注男权统治、生态破坏、同性恋歧视等具体问题，这与后现代反对普遍主义、宏大叙事的解构观相契合，但是从根本上看它们不能破除资本主义社会固有的不平等。密利本德强调，新社会运动所着力批判的各种歧视和压迫都源于资本主义制度，不彻底废除私有制和资本家的剥削就不可能实现社会成员的真正平等。正因如此，社会主义民主的推进最终取决于左翼政党能否上台及是否能实施大规模的、激进的社会变革纲领，以改变当前不公正的社会制度。密利本德还指出，新社会运动为争取更多人的支持而标榜自己非阶级、无党派的特性，这也是错误的。资本主义社会的各种强制和不平等本来就是与阶级统治紧密相联的，受到诸多方面歧视和压迫的人常常都是工人，因此"规避阶级的维度只会使资本主义社会现实最重要的方面模糊起来"。①

**2. 改良主义的斗争路线**

为了实现社会主义理想，革命者应该采用什么样的斗争策略，这在密利本德的政治学研究中同样是一个非常重要的问题，而密利本德给出的回答显然有别于经典马克思主义的看法。

（1）社会主义革命的两种战略

密利本德认为，在马克思主义传统中实际存在着两种理论形态的社会主义革命战略，它们可以分别被称为起义战略和改良主义战略。起义战略以 1914 年以后的列宁主义为代表，它主张把握已经成熟的革命形势，通过武装斗争来夺取政权，然后打碎原有的资产阶级国家机器，并用新的建立在苏维埃基础之上的政权来代替它。这样的政权在列宁看来属于无产阶级专政，它将使国家开始消亡，并最终废除资本家的压迫而实现民众的自我管理。与此不同，改良主义战略反对暴力而遵循符合宪法的斗争方式，它不拒绝改良，也不低估捍卫工人利益的日常斗争之重要性。与此同时，它主张参加选举，以促使自己的代表当选和控制国家的政权，然后实施激进的社会变革，推行反资本主义的政策纲领。

严格来说，起义战略和改良主义战略在斗争目标方面并无本质的差异，它们都要求改变现存不平等的社会结构，推翻既有的不公正的社会制度，也都倡导建立一个新的没有剥削和压迫的社会主义社会，因此两者的不同更多体现为实现目标的手段不同。也就是说，"主要的理论分歧是：一种方案设想通过主要的政治机构——最明显的是指从资产阶级民主继承下来的议会，来完成社会主义的转变，尽管这些机构在或大或小的程度上需要朝着更加民主的方向进行改革；而另一种方案则设想现存政治机构的彻底变革（即'打碎'国家机器）是社会主义革命必要的和主要的组成部分"。②

在密利本德看来，起义战略的内在逻辑是有问题的，而且在实践中也从未被第三国际和发达资本主义国家的共产党所采用过。起义战略假定在打碎国家机器后能够立即以革命

---

① Ralph Miliband, *Socialism for a Skeptical Age*, Polity Press, 1994, p. 136.

② ［英］拉尔夫·密利本德：《马克思主义与政治学》，黄子都译，商务印书馆 1984 年版，第 189 页。

过程中建立起来的苏维埃组织来取代国家,从而实现无产阶级专政。然而,这种设计过于理想化,苏联的实践表明现存国家打碎后并未出现马克思、恩格斯和列宁等人所称颂的那种能够很好处理指导和民主关系的无产阶级专政,而是出现了与被打碎的国家同一类型的"原来的国家",仅仅因为在革命后阶段一个强大的国家是必需的。密利本德批评列宁和斯大林用党的专政来等同于无产阶级专政,一味强调自上而下的指导而压制公民的政治自由,因此"他们在'打碎'现在的国家同他们所设想的'无产阶级专政'之间建立起来的联系是一种虚幻的联系"。①

（2）改良主义与民主

在密利本德看来,与起义战略相比,改良主义战略不仅在理论上更为合理,在实践中也更具可操作性。正因如此,它在战后西欧国家已获得左翼政党和底层民众的普遍认同,尽管它也隐含着危险,即可能过于看重温和改良的手段本身而放弃激进变革的根本目标。不过,密利本德特别区分了只追求局部政策调整的改良和作为全局战略的改良主义,他指出后者通常易招致的批评源于其被等同于前者,而这是错误的。改良主义战略既不排斥改良,也不像社会改良党那样局限于改良。社会改良党缺乏"不间断地进行革命"的魄力和勇气,它把改良视为目标本身,其温和路线决定着它不可能是推进社会主义革命的依靠力量。因而,社会改良党在本质上是维护现有秩序的党,通过改良来从现有秩序中获得最大利益是其宗旨,而这样的改良是作为统治者的资产阶级愿意接受和作出让步的。与此相对照,改良主义战略只以改良为基础和依托,它致力于推翻资本主义制度和实施大规模的社会变革,"这种战略要求彻底卷入'平常的'政治生活中去和寻求改良,把它同他们长期关切的推进革命的目标联系在一起,这个革命目标自然远远不是任何种类的改良主义者所能想像得到的"。② 密利本德还强调,改良主义有别于英国费边社所倡导的渐进主义,即把向社会主义过渡视为一连串改良的叠加。费边社认为,渐进的、一步步的改良事实上是量变的积累,它会最终造成质变的后果,即实现对资本主义制度的超越。密利本德不赞同这种观点,他指出费边社的观点过于理想化,是不符合马克思主义的,而且费边社过于看重自上而下的指导,易于低估各条战线斗争的重要性。

密利本德相信,作为一种斗争手段的改良主义事实上是经典马克思主义所赞同的,并且马克思、恩格斯还曾在革命实践中身体力行地为取得改良而从事各种工作。与起义战略倡导的打碎国家机器不同,改良主义战略的最重要特点是支持左翼政党利用资产阶级的民主制度来达到自己的目的,它强调既有的民主形式是民众长期斗争而争取到的,无产阶级在斗争时应受制于基本的宪政规则,并积极推举自己的代表去参加竞选。不仅如此,在改良主义战略中,左翼政党赢得选举后仍应继承原有的宪政民主制,多党制会被保留,而且包括反社会主义政党在内的反对党的权利也将得到尊重。与此同时,由于强有力的国家的权力是通过选举程序而被赋予合法性的,因此在选举失败时左翼政党也必须接受下台的命运,以避免政权脱离民主的控制而走向专制独裁。当然,夺权成功后的左翼政党为了增强

---

① ［英］拉尔夫·密利本德:《马克思主义与政治学》,黄子都译,商务印书馆1984年版,第200页。

② ［英］拉尔夫·密利本德:《马克思主义与政治学》,黄子都译,商务印书馆1984年版,第168页。

民众对自己的支持，以便大规模地实施社会主义的政策纲领，就应在社会生活的方方面面推进民主，建立广泛的人民参与的基层自治组织，并维护和不断扩大公民的政治自由。

尽管对民主形式较为成熟的发达资本主义国家而言,注重宪政和选举的改良主义战略具有积极意义,但是奉行此一战略的左翼政党并不是只看重选举获胜的选民党,它不应忘记工人运动等其他斗争形式的重要性,也不应为改良而改良,甚至不讲原则地退让。换言之,改良主义战略之所以接受既有的民主游戏规则是因为它为社会主义性质的政权提供了上台执政的合法渠道,而这样的政权所要追求的是现有社会制度的彻底改造,包括其借以上台执政的资本主义民主制度。因此,改良主义战略并非排他性的求助于温和的体制内参与,而毋宁说它是适合西欧国家政治现状的一种选择,在那里形势有利于合宪性的斗争。同样,起义战略虽然被放弃了,但是"这种放弃并不包括放弃对资本主义进行全面改革的纲领,不包括放弃在不同战线的斗争,不包括放弃必须用暴力对付保守派的暴力的可能性"。①

### 三、改良主义民主观评析

作为西方马克思主义流派中最引人注目的政治学家,密利本德既坚持以马克思、恩格斯等人的著作为依据,又不完全拘泥于经典文本,其严谨的学风很好地诠释了马克思主义是非教条的、不断发展的科学。究其一生,密利本德是位真诚的马克思主义学者,并持有坚定的社会主义信仰。他以笔为武器,批判了不公正的资本主义制度,同时又在如何实现社会主义方面提出了不少建设性的意见。作为一位多产的作家,密利本德受到东西方学者的广泛重视,那么他的理论贡献何在呢?

首先,密利本德发展了马克思主义有关国家是阶级统治工具的论断。在今天,许多左翼学者纷纷放弃阶级话语而寻求理论的非阶级化时,他不仅坚持阶级分析方法,而且还将其应用于当代资本主义国家的社会结构,这是非常难能可贵的。密利本德的研究表明,当代资本主义社会仍然是两极分化现象非常严重以及资本家剥削、压迫工人的社会,而资本主义国家也仍然是维护资本家利益的国家,因此所谓的多元国家观和中立国家观都是错误的。为了对国家的这种工具性进行更加清晰的阐述,他以严谨的态度做了大量的实证研究,而其侧重点在于回答这样一个问题:既然资本家并不能依靠经济控制力而直接成为国家权力的执掌者,同时掌权者也的确偶尔会损害到资本家利益,那么说资本主义国家是资本家统治的工具是否恰当? 密利本德的回答是肯定的。他指出,资本家和掌权者事实上同属统治阶级,在资产阶级文化霸权的支配下,他们的思想意识是一致的,而且在出身、教育等方面都具有共通性。资本家以掌权者作为自己的政治代理人,而掌权者由于认同资本主义制度的完善性和不可替代性也会自发维护经济精英的整体利益,因此两者角色的相对分离并不影响资本主义国家的阶级属性。当然,由于资本家在生产过程中处于相互竞争的地位,因而其内部必然会有派别和利益的分化,于是"如果国家要为实际上是拥有不同的和互相冲突的利益的资产阶级的不同成分和不同部分进行调解和调停的话,那么国家显然必须对'统治阶级'有一定程度的自主权"。② 另一方面,在社会矛盾激化的时候,为了不使剧烈的阶级对立给资本家利益带来过大的破坏,从长远角度来考虑问题的国家掌权

---

① [英]拉尔夫·密利本德:《马克思主义与政治学》,黄子都译,商务印书馆1984年版,第183页。
② [英]拉尔夫·密利本德:《马克思主义与政治学》,黄子都译,商务印书馆1984年版,第73页。

者也会采取一些缓和冲突的措施，这些措施虽然会损害到资本家的暂时利益，但其最终目的是要维护资本家能够借以榨取高额利润的统治秩序。从总体上来看，密利本德的工具主义国家观既肯定了国家的阶级本质，又为其增加了经验的论据，还补充了国家相对自主性的观点，这不仅使其理论更为生动和有说服力，也使之更为丰富和完善。

其次，密利本德批判了资本主义民主制并揭示了它的虚伪性。与那些一味称颂现行民主规则且对此心满意足的人不同，他自始至终保持着清醒的头脑，并用科学的方法分析了其是如何服务于资产阶级统治需要的。密利本德指出，作为广大民众长期斗争的产物，资本主义民主制有其合理性，比如它赋予了工人以普选等政治权利，为左翼政党的上台执政提供了可能性，等等。然而，资产阶级作出这样的让步不仅仅是因为迫于压力，也是因为他们发觉民主制的外衣具有腐蚀作用，它能够遏制下层的抵抗，以便更好地维护既有的统治。换言之，资本主义民主制的实际功用不是像资产阶级所宣称的那样是要实现所谓的人民主权，而是要用这样一种形式上的外观来欺骗民众，磨灭工人的斗志，使其放弃更激进的斗争方式。在此基础上，资本家们还可以利用它来疏导阶级对立的情绪，缓和剧烈的社会冲突，赋予当权的政府以合法性，从而确保不公正的资本主义制度得以长存。当然，许多民众常常无法理解这一点，因为在市民社会中处于支配地位的是资产阶级的文化价值观，它通过舆论的宣传和思想的灌输而制造出了人民的主权者地位。尽管如此，这种文化霸权并不能改变资本主义民主制伪善的性质，毕竟在这样的制度中民众广泛参与政治是与他们的决策权被剥夺相伴的，主权并不属于人民，而属于控制经济命脉的资本家。

最后，密利本德提出了社会主义民主的构想和改良主义的战略。作为毕生追求社会主义事业的左翼学者，他非常重视民主对社会主义的重要性，坚信没有民主就没有社会主义，这是非常正确的。尽管密利本德批判了资本主义民主的虚伪性，但是他也同时指出，社会主义民主政治应当借鉴资本主义政治文明建设的有益经验，因此，"社会主义民主在许多情况下将吸收并极大地推进资本主义民主中已然发现的民主形式"。① 当然，资本主义民主的阶级局限性表明其必须加以改造而不能直接搬用，因此社会主义民主政权建设问题需要更深入的思考，特别是要思考如何有效结合代议民主与参与民主，以便在坚持代议机关权威的同时推动基层公民参与各类机构的运作，从而使民主遍及社会的各个角落。与主张议会主义道路的社会民主党人一样，密利本德也相信社会主义政权可以通过民主的方式来建立，因而鼓励参与资本主义民主政治。但是，他又对社会民主党进行了尖锐的批评，指出社会民主党是改良党而不是其所支持的奉行改良主义的党，其中的区别在于社会民主党为改良而放弃了通过激进变革来推翻资本主义的根本宗旨，他所倡导的改良主义战略则既注重改良也不忘夺权后推行社会主义的施政纲领。在密利本德看来，改良主义战略在战后欧洲已得到广大民众的认同，又能够最大限度地避免流血和暴力冲突，加之资本主义民主制的相对成熟和完善，因而它是更具可操作性也更有成功可能的战略。

总体来看，密利本德的政治主张是基于他对西方发达国家社会现状的观察而得出来的，代表着他对社会主义理想的探索，其中颇有可取之处。然而，不可否认的是，密利本德的观点也有片面的甚至错误的地方，而这多半出自其对马克思和列宁观点的误解。例如，马克思曾在总结巴黎公社经验时谈道："工人阶级不能简单地掌握现成的国家机器，

---

① Ralph Miliband, *Socialism for a Skeptical Age*, Polity Press, 1994, pp. 71-72.

并运用它来达到自己的目的。"① 这句话原本是指无产阶级革命不能继承既有的资产阶级国家机器，而必须全部打碎和摧毁它们，并代之以全新的人民的政权。密利本德却不是这样理解的，由于受到考茨基的影响，他认为这句话只说明接手过来的国家机器必须经过改造，而没有说明它们必须被打碎。于是，他认为只要无产阶级在议会夺权后及时地对国家经济、政治和社会制度实施激进变革，那么现成的国家机器也能够为其利益服务。显而易见，这种看法歪曲了马克思的本意，因为无产阶级革命后所建立的政权与资产阶级国家在性质上是根本不同的。在既往的社会革命过程中，一种剥削制度被废除后，取代它的是另一种剥削制度，于是作为奴役工具的国家机器可以简单地被掌控以服务于新的剥削需要。无产阶级革命则不然，它要消灭一切剥削和压迫，为此它必然要摧毁资产阶级用于镇压劳动人民的全部国家机器。与此同时，取代资产阶级国家机器的既然是真正由人民当家做主的政权，自然它的组织原则是全新的，因此议行合一原则必然要取代分权制衡原则。作为无产阶级的专政，这样的新政权已不再是"原来意义上的国家"，而是列宁所说的以自身消亡为其最终目标的"半国家"。在这样的国家，行政机关是隶属于代议机构的，代议机构的代表则应当向选民负责并且随时可以罢免，因此它既是新型的专政，从另一个角度看又是最广大民众所享有的新型民主。可是，密利本德对此不以为然，他认为列宁的无产阶级专政学说是对马克思思想的篡改，它或许可以取得革命的胜利，却无法贯彻社会主义民主，而其导致的后果就是俄国十月革命后建立的党的专政和官僚的集权，以及人民的表达自由权被剥夺。很显然，密利本德对列宁无产阶级专政学说的攻击是站不住脚的，其中所反映出来的是他不能够很好地看待民主与专政的辩证关系，也不能够理解民主不仅是国家形式还是国家本质。况且列宁并未像密利本德所指责的那样废除代议民主，更不用说是取消民主，列宁所要求的只是废除像资产阶级议会那样的清谈馆，真正代表人民的代议机构仍然是要保留的。那么，密利本德自己所拥护的是什么样的政权形式呢？从前面的介绍中我们可以看出，他所允许的仍然是原有政权组织原则基础上的国家机器的改造，亦即实行分权、倡导政治多元化、尊重代表的独立地位，等等。虽然在主张工厂委员会和公民委员会等参与民主形式方面密利本德有自己新的东西，然而这些参与民主形式如何与代议民主机构很好地协调起来，这是需要审慎思考的。不仅如此，密利本德对议会夺权方式的迷恋使他常常倾向于否定这样的结论：暴力革命是无产阶级革命的一般规律，是实现社会主义所必需的。然而，国际共产主义运动已经证明了上述结论的正确性，毕竟在实践中曾经成功过的无产阶级革命都是暴力革命，而议会主义道路从来没有成功地引领人们走向社会主义。马克思和列宁早就指出过，资产阶级永远不会心甘情愿地放弃政权，他们掌握着武装力量，在危机时刻会毫不犹豫地使用暴力对付无产阶级，因此工人要推翻他们的统治也必须使用暴力，就此而言密利本德的改良主义战略或许太过乐观了。

（陈刚　中央编译局博士后）

---

① 《马克思恩格斯选集》第 2 卷，人民出版社 1972 年版，第 372 页。

# 国民革命观念的结构

付小刚

**摘要**：革命观念在 20 世纪 20 年代国共合作后形成了在政治文化领域的独尊地位，但其内在的逻辑冲突最终导致了革命派的分裂。对于"革命"的尊崇，使得冲突中对立双方往往都站在革命话语之下展开斗争，而所争在于各自"革命"的正统性。"阶级革命"的含义要远远广于"国民革命"，它意味着中国的革命不能仅仅停留在统一中国、打倒几个军阀上，而是要在政治、社会经济领域继续一场更为深入、全面、彻底的革命。革命观念完成了从国民革命到阶级革命的过渡。

**关键词**：革命观念　国民革命　阶级革命

1927 年 7 月 14 日，是法国大革命 138 周年日，而当时在中国革命阵营中具有超然地位的宋庆龄发表声明，公开和武汉汪精卫国民政府决裂。宋庆龄作为孙中山的遗孀，在一定程度上是孙中山政治遗嘱执行的监督者。正在三个月前，宋庆龄与邓演达等人以国民党中央执监委员、候补执监委员名义联名通电讨蒋，号召全国民众及革命同志，起来推翻蒋介石这个"总理之叛徒、本党之败类，民众之蟊贼"，至 7 月 14 日与汪精卫政府决裂，孙中山的联俄、联共、扶助农工三大政策在国民党内就此宣告终结，亦宣告革命阵营破裂。曾同为革命派的国共两党，为何此时却反目成仇，并且都视对方为最大的反革命？对此国内外学界的有关研究汗牛充栋，本文则试图从"革命观念"入手，分析国民革命观念的产生，以及从国民革命发展到阶级革命的过程及其二者在逻辑上的统一和冲突。自国民革命开始后，对"革命"的尊崇，使得冲突中对立双方往往都站在革命话语之下展开斗争，而所争在于各自"革命"的正统性，[1] 同时也因此产生了革命与反革命的严重对立，这恰恰埋下了国共两党分道扬镳的种子。

一

孙中山在其《遗嘱》中首句话即为："余致力国民革命凡四十年，其目的在求中国之自由平等。"[2] 照孙中山的说法，他从 1885 年就致力于从事国民革命了。按这种革命叙事方式，"国民革命"的起源完全等同于"革命"的起源。目前台湾地区的一些历史书籍，

---

[1]　Hsieh, Winston, *Chinese Historiography on the Revolution of 1911*, *A Critical Survey and a Selected Bibliography*, Hoover Institution Press, Stanford University, 1975.

[2]　《孙中山选集》，人民出版社 1981 年版，第 994 页。

使用"国民革命"一词时，也把从孙中山建立兴中会一直到国民党败退到台湾，都纳入到时间段内。而在大陆的历史书籍中，"国民革命"一般仅特指20世纪20年代国共合作时期发生的革命。这两种命名方法，当然体现了双方在政治立场和"革命"观念上的巨大差别。

"国民革命"这个词究竟什么时候在汉语中首次出现呢？目前大陆有关著述普遍都把《军政府宣言》（1906）作为第一次提及"国民革命"的文献，但是笔者在资料的搜集过程中，发现早在1903年黄兴发表的《革命发难的方法——民元前九年十一月被推为华兴会会长之演讲》中，就出现了"国民革命"这一概念："本会皆实行革命之同志，自当讨论发难之地点与方法以何为适宜一种为倾覆北京首都，建瓴以临海内，有如法国大革命发难于巴黎，英国大革命发难于伦敦。然英、法为市民革命，而非国民革命。"①

黄兴认为英法革命都是"市民革命"，而非"国民革命"，意指其参与的人员是巴黎和伦敦市民，而不是整个国家的人民。就中国而言，北京市民"偷安无识"，不足为靠，只能靠外省率先发难。军人、市民、学生都是革命可以发动的人员，然后再联络各省民众，直捣幽燕，驱除鞑虏。从这篇演说的上下文可知，黄兴讲的"国民革命"，已经含有广泛发动国民参加革命的意义。

1905年陈天华在《民报》第1期发表《中国革命史论》，把历史上的革命分为"国民革命"和"英雄革命"两类革命。所谓"国民革命"者乃"革命而出于国民也，革命之后，宣布自由、设立共和"。所谓英雄革命者乃"革命出于英雄也，一专制去，而一专制来……"，陈认为中国历史上如秦汉之际的革命，其始未尝不是国民革命，结果却变为英雄革命。其根本原因，乃由于当时未闻共和之说，但有君主之制故也。因此从这些早期革命文献来看，国民革命之意与英雄革命相对照，前者出于国民，后者出于少数英雄；前者的前途是共和制政体，后者则归于君主专制。就陈天华的表述来看，当时还是主要从革命的主体和结果上区别革命到底是"国民革命"还是"英雄革命"。从这个角度而言，"国民革命"和"共和革命"意义相当接近，都是变"家天下"为"公天下"。可能受到陈文的影响，1906年同盟会《军政府宣言》采取了同样的分法，将革命划分为英雄革命和国民革命。《宣言》还对国民革命作了具体的解释。这个宣言的发布，使得国民革命的概念广为人知，直接构成了20年代国民革命观念兴起的历史来源，详引如下：

> "惟前代革命如有明及太平天国，只以驱除光复自任，此外无所转移。我等今日与前代殊，于驱除鞑虏、恢复中华之外，国体民生尚当与民变革，虽纬经万端，要其一贯之精神，则为自由、平等、博爱。故前代为英雄革命，今日为国民革命。所谓国民革命者，一国之人皆有自由、平等、博爱之精神，即皆负革命之责任，军政府特为其枢机而已。自今以往，国民之责任即军政府之责任，军政府之功即国民之功，军政府与国民同心戮力，以尽责任。用特披露腹心，以今日革命之经纶暨将来治国之大本，布告天下。"②

---

① 转引自罗家伦《黄克强先生全集》，台湾文物供应社1973年版，第15页。
② 《孙中山选集》，人民出版社1981年版，第77页。

紧接下文又出现"平民革命"的概念："今者由平民革命以建国民政府，凡为国民皆平等以有参政权。大总统由国民公举。议会以国民公举之议员构成，制定中华民国宪法，人人共守，敢有帝制者，天下共击之。"① 从上下文可知，国民革命与平民革命义相同，包括两层意思：（1）全体国民都应该负起革命的责任，积极参与革命。军政府不过是革命的领导机关，革命的主体是国民。（2）国民革命以建立国民政府为目的，且国民一律平等，享有参政权，选举总统和议员，制定宪法；同时国民革命坚决反对帝制。不过"国民革命"一词的使用并不及"种族革命"、"政治革命"、"社会革命"、"共和革命"等概念流行，究其原因，大体是因为当时革命的焦点集中在排满与共和上，国民革命的提法则显得较为生僻，不易引起人们关注。

辛亥革命后很长一段时间里，"国民革命"的概念都显得非常沉寂，直到20年代初，共产党和国民党才开始大规模宣扬国民革命的思想主张。1922年9月20日，在《向导》周报第2期上，陈独秀发表了题为《造国论》的政论文，提出要进行"国民革命"的主张。他认为，"英雄时代、贤人政治时代都快过去了"，而"无产阶级的革命时机尚未成熟"，只有无产阶级和资产阶级"两阶级联合的国民革命（National Revolution）的时机是已经成熟了"。② 这篇文章的发表被公认为20年代国民革命观念再度兴起的标志。所谓"英雄时代、贤人政治时代都快过去了"，明显是上承陈天华《中国革命史论》和1906年《军政府宣言》关于英雄革命和国民革命含义的区分。值得注意的是，在陈独秀的原文中特地在"国民革命"后面加了一个括号，注有英文词组"National Revolution"。众所周知，"National Revolution"可以翻译为"民族革命"、"国民革命"，当然更直接的译法是"民族革命"。《向导》是中国共产党的机关刊物，主要面向国内读者，为何要加英文注解呢？李达曾在《中国共产党的发起和第一次第二次代表大会经过的回忆》中提出，1922年3月共产国际曾发来电报，指示中共在国内进行 National Revolution，③ 据此看来，陈独秀是用"国民革命"翻译了共产国际提倡的 National Revolution。为什么不直接使用 National Revolution 的中文直译——"民族革命"呢？可能是"民族革命"这个口号，经过辛亥革命前的广泛宣传，有着固定的比较狭隘的用法，特指推翻清廷统治。如果重新使用这个口号，会引起混乱，不利于革命宣传，而且当时孙中山的反帝意识还不是非常明确，国民党内部对于帝国主义的看法也有很大的分歧，把"民族革命"作为统一战线的口号可能会引发反对意见。因此，陈独秀使用"国民革命"来翻译 National Revolution，以代替中共二大提出的"民主革命"口号。他把国民革命的性质定为介于民主革命和社会革命之间："人类经济政治大改造的革命有两种：一是宗法封建社会崩坏时，资产阶级的民主革命；一是资产阶级崩坏时，无产阶级的社会革命。此外又有一种特殊形式的革命，乃是殖民地或半殖民地的国民革命。国民革命含有对内的民主革命和对外的民族革命两个意义。"④ 陈独秀对国民革命的解释既包含了原来中共二大的民主革命的纲领，又符合共产国际为殖民地和半殖民地的国家制定的民族革命的指导方针，因此这种表述得到了

① 《孙中山选集》，人民出版社1981年版，第78页。
② 陈独秀：《陈独秀文章选编》（中），生活·读书·新知三联书店1984年版，第207～209页。
③ 《"一大"前后》（二），人民出版社1980年版，第17页。
④ 陈独秀：《中国国民革命与社会各阶级》，《前锋》第2期，1923年12月1日。

共产国际的认可，也开始在各种宣传中被广泛地使用。

孙中山在"二次革命"以后，对革命失败的原因进行了反思。到了 20 年代，受到中共国民革命宣传的影响；孙中山在演说和著述中，也提出了一系列有关国民革命的主张。他给"国民革命"增加了三个方面的含义：（1）国民革命必须动员全体国民参加。经过"二次革命"、护法、护国等役的失败，孙中山逐渐认识到唤起广大民众参与革命的重要性。革命失败的原因在于国民党有太多旧官僚、伪革命分子，缺乏广大民众的支持。为什么民众不能支持他的革命呢？是因为他们不了解他的革命主义，若能充分了解，则实行起来必然容易："积四十年之经验，深知欲达此目的，必须唤起民众及联合世界上以平等待我之民族，共同奋斗。"① （2）国民革命必须以实现三民主义为奋斗目标。孙中山指出辛亥革命的教训在于没有实行他的三民主义的主张："十二年前，军力成功，不能实行主义，以至人民痛苦愈甚。"② "使多数人明瞭三民主义，五权宪法，则可不待军力革命，而亦告成功。"③ 在新的革命形势下，他对三民主义进行了重新解释：一是在民族主义的解释中，加入了反帝的内容。二是在民权主义中加入一些阶级分析的理论。他指出："近世所谓民权制度，往往为资产阶级所专有，适成为压迫平民之工具，若国民党之民权主义，则为一般平民所共有，非少数人所得而私也。"④ 三是在民生主义中加了节制资本一条原则。在他的五权宪法中又加入了权能分治以及四项直接民权等内容。孙中山的这些理论准备，改变了他自"二次革命"以来理论上的困境，从而吸引和动员广大人民参与革命，也真正使国民革命有别于其他军阀之间的混战。（3）孙中山主张以党治国，建设一个严格的革命党，并使革命党成为革命的中心，他曾说："在辛亥年假若有好方法能实行以党治国，我相信从南京政府以后，决不致弄到今日像这样的大失败。"⑤ 1924 年的国民党的"一大"前后，基本上建立了孙中山通过党直接对国家机构实行控制的系统制度。另外，孙中山吸取以前依靠军阀力量革命屡次失败的教训，决心建立一支革命军队。同时在军队中设立党代表、政治部等机构，实行以党治军。

1924 年 9 月，江浙军阀战争爆发，孙中山决定乘势北伐，18 日发表了《中国国民党北伐宣言》（以下简称《宣言》）。《宣言》首句话即开宗明义阐述了国民革命的目的："国民革命之目的，在造成独立自由之国家，以拥护国家及民众之利益。"⑥ 其后不久又发表《时局宣言》对国民革命进行了全面的阐述：（1）国民革命之目的在造成独立自由之国家，以拥护国家及民众之利益；（2）其内容分为对外政策与对内政策。对外政策主要废除不平等条约及特权，对内政策确立地方自治，保障人民自由，发展经济教育；（3）国民革命新时代与旧时代划分以武力与国民相结合进而使之成为国民之武力；（4）国民革命之要道在于国民自决，主张召开国民会议。⑦ 这时的国民革命不再是以共和政体的建立为奋斗目标，其意义侧重于以革命党为核心，发动广大国民，致力于三民主义之实现的

---

① 《孙中山选集》，人民出版社 1981 年版，第 994 页。

② 《孙中山选集》，人民出版社 1981 年版，第 553 页。

③ 《孙中山选集》，人民出版社 1981 年版，第 554 页。

④ 《国民党第一、二次全国代表大会会议史料》（上），江苏古籍出版社 1986 年版，第 85、86 页。

⑤ 《国民党第一、二次全国代表大会会议史料》（上），江苏古籍出版社 1986 年版，第 523 页。

⑥ 《孙中山选集》，人民出版社 1981 年版，第 943 页。

⑦ 《孙中山选集》，人民出版社 1981 年版，第 951 页。

革命。在孙中山逝世以后，国民革命进展迅速，工农运动也风起云涌，中国现代化的政治动员与政治参与都发展到了一个更为深入的阶段。

值得注意的是，由于受苏联和中国共产党影响，"国民革命"的内涵在其后期也出现了某些"阶级革命"的特点。孙中山逝世后，在鲍罗廷指导下制定的《中国国民党第二次代表大会宣言》指出："中国国民革命，为世界革命之一大部分。其努力之目标，在打倒帝国主义。"该宣言还强调："吾人所指为中国行路者则如下：其一，对外当打倒帝国主义。其必要之手段：一曰联合世界革命先进国。二曰联合世界上一切被压迫之民族。三曰联合帝国主义者本国内大多数被压迫人民。其二，对内当打倒一切帝国主义之工具。首为军阀，次则官僚、买办阶级、土豪。其必要之手段：一曰造成人民的军队；二曰护国内新兴工业；三曰保障农工团体，扶助其发展。"[1] 在这里，在革命对象和革命主体上，国民革命和阶级革命的区别已经不是很明显了。

## 二

国共两党在共产国际的帮助下对革命达成了基本共识，通过共产党党员以个人身份加入国民党的方式实现了两党合作，共同发动国民革命。在国内政治经济形势日渐恶化的情况之下，除国共两党外，当时还有青年党等其他党派也主张进行革命，革命逐渐成为各种政治势力共同的诉求，甚至连革命的主要对象——众多军阀也从没有直接反对革命，而只是以反赤化为号召，像冯玉祥、阎锡山等人后来还参加国民革命，从军阀一变为革命将军。1927 年阎锡山誓师讨奉的电文，开头即称"革命本不得已之举"，而张作霖发表的讨阎通电，则宣称山西地区倘被"赤徒恶化"，则地方不堪设想。在当时的思想界，对革命的讨论也非常热烈，据统计，在《新青年》1923—1926 年发表的 128 篇文章中，平均每篇出现"革命"一词达到 25 次以上。[2] 这无疑是人们对革命抱有热烈期望的一个表征。在辛亥革命之前，人们对是否应该进行革命还有很多争论，而到了 20 世纪 20 年代，对革命的任何怀疑都有可能马上被戴上一顶不革命甚至反革命的帽子。革命则逐渐变成不可置疑、高于一切的价值目标。它成为判断社会行为的规范和标准，在政治文化中取得了独尊地位。国民革命观念的结构中，革命与反革命的对立取代了原先革命与改良的对立。

革命与反革命的截然区别，使得革命与反革命之间没有丝毫多余的空间，人们对革命的态度如有怀疑，就成为反革命。"反革命"一词本源于苏俄布尔什维克的谴责性语言，后来被中国共产党频繁使用。毛泽东认为，在革命激烈的情形下，是不可能中立的，"像这样紧迫的时局，不但无弛缓希望，而且将继续紧迫。我们料到在不远的将来情况之下，中间派只有两条路走：或者向右跑入反革命派，或者向左跑入革命派（其左翼有此可能），万万没有第三条路"，而"那些中间阶级，必定很快地分化，或者向左跑入革命派，或者向右跑入反革命派，没有他们'独立'的余地"。[3] 这就使得人们极容易用革命与反革命的模式来区分与自己立场相左的政治派别。蒋介石曾宣称："我只知道我是革命的，

① 《国民党第一、二次全国代表大会会议史料》（上），江苏古籍出版社 1986 年版，第 154 页。

② 王奇生：《革命与反革命：1920 年代中国三大政党的党际互动》，载《历史研究》，2004 年第 5 期。

③ 《毛泽东选集》第 1 卷，人民出版社 1991 年版，第 4 页。

倘使有人要妨碍我的革命，那我就要革他的命。我只知道革命的意义就是这样的，谁要反对我的革命，谁就是反革命！"①他在上海发动清共之前，郭沫若写成讨蒋檄文《请看今日之蒋介石》。文章一开头就说："蒋介石已经不是我们国民革命军的总司令，蒋介石是流氓地痞、土豪劣绅、贪官污吏、卖国军阀、所有一切反动派——反革命势力的中心力量了。"文章历数蒋介石的反革命罪行之后，号召"现在凡是有革命性、有良心、忠于国家、忠于民众的人，只有一条路，便是起来反蒋！反蒋"！

既然是将与自己政治立场相左的党派视为反革命，那么革命者对待反革命，就必须毫不手软。1926 年中山舰事件以后陈独秀于 6 月 4 日起草了《中国共产党致中国国民党书》，他说："介石先生！如果中国共产党是这样一个反革命的党，你就应该起来打倒它，为世界革命去掉一个反革命的团体；如果共产党同志中哪一个人有这样反革命的阴谋，你就应该枪毙他，丝毫用不着客气。"这种态度后来强化到了专门设立反革命罪以惩治反革命的程度。在中国现代史上，最早规定惩治反革命罪的法律，是 1927 年 3 月武汉国民政府公布的《反革命罪条例》，它规定："凡意图颠覆国民政府，或推翻国民革命之权力，而为各种敌对行为者，以及利用外力，或勾结军队，或使用金钱，而破坏国民革命之政策者，均为反革命行为。" 1928 年 3 月 9 日国民政府正式公布了《暂行反革命治罪法》，对反革命的罪名规定得极其模糊，比如其中第六条规定：宣传与三民主义不相容之主义及不利于国民革命之主张者，处二等至四等有期徒刑。共产党在土地革命期间也曾公布了《中华苏维埃共和国惩治反革命条例》。中华人民共和国成立后，在 1951 年 2 月公布了《中华人民共和国惩治反革命条例》，规定："凡以推翻人民民主政权，破坏人民民主事业为目的之各种反革命罪犯，皆依本条例治罪。"直到 1997 年新刑法颁布，才正式废除了反革命罪。反革命的治罪化使得人们对待"反革命"行为不存在任何宽容的余地，其定罪的模糊性又导致了革命打击对象的随意扩大化。

国民革命观念中革命与反革命的二元对立还体现在政治权力的控制上，即革命党独掌政权。1924 年的国民党"一大"前后，基本上建立了孙中山通过党直接对国家机构实行控制的制度系统。1925 年 7 月 1 日，国民政府成立，《国民政府组织法》第一条规定：国民政府受中国国民党之指导及监督，掌理全国政务。党治体制正式确立，国民党以革命党的资格掌握了军政大权。1932 年 3 月，汪精卫跟"国难会议"代表之一王造时说："国难会议是政府召集的，我们是主人，诸位是客人，诸位如是不满意政府的办法，去革命好了！我们流血革命，打出来的政权，岂能随便说开放就开放！"王造时只能说："革命不是哪个人哪个党派的专利品，如果逼得人民无路可走，自然有人会去革命，不过困难这么严重，我们是不愿同室操戈来闹革命的。汪先生身为行政院院长，负最高政治责任，当此民族生死关头，应团结全国共赴国难才对，反叫人家去革命，我期期以为不可。"

## 三

自从邹容宣示革命为"天演之公例"，"世界之公理也"开始，革命被置于了世界普适价值的地位，衍生出了一种新的"天命"主导下的行动规则。而后来引进的马克思主

---

① 蒋介石：《在南昌总部特别党部成立大会上演讲词》，载《蒋介石言论集》第四集，中华书局 1964 年版，第 124～125 页。

义吸收黑格尔辩证法并将其运用于社会发展，提出了历史唯物论，阶级斗争成为推动历史进步的基本力量，从而得出了暴力革命不可避免、革命是历史发展的必然性结果等结论。革命者以被压迫者的身份构建了革命的合法性基础，将革命的暴力指向现政权。列宁在《国家与革命》第一章中说过："被压迫阶级要求得解放，不仅非进行暴力革命不可，**而且非消灭**统治阶级所建立的、体现这种"异化"的国家政权机构不可。"① 革命不仅要打破一个旧的世界，还要建设出一个美好新世界。从古代对"标新立异"、"好为新奇可喜之论"等对"新"的保守贬斥，一转为对新的强烈渴望和追求。从梁启超开始，配合着政治上的革新意识，其求新若渴，褒扬"新"义不遗余力，促成了"新"字的流行。这种对新世界的渴望，对未来社会的各种美好设想，甚至成为某种具有自己的殉道者和传道者的一种信仰。勒庞在分析法国大革命时指出："大革命最为重要的要素或许就是其神秘主义成分，因此，我们只有把大革命视为一种宗教信仰的构成，才能清晰地理解它，这一点怎么强调也不过分。"② "革命"同样构成了近代中国信仰的内核，并由此被赋予了深厚的道德要求，进而将革命与个人道德修养的要求与形式紧密整合起来了。在这种革命的世界观和人生观的指导下，人们出于政治理念的行动，可以超越个人作为经济人的理性，义无反顾为革命作出牺牲。

因此，在革命成为人们共同的行动规则以后，又日益渗透到革命者的精神世界。在总结以往革命教训的时候，孙中山曾说过："要做革命事业，是从什么地方做起呢？就是要从自己的方寸之地做起，要把自己从前不好的思想、习惯和性质，像兽性、罪恶性的一切不仁不义的性质，都一概革除，所以诸君要在政治上革命，便先要从自己的心中革起，自己能够在心理上革命，将来在政治上的革命，便有希望可以成功。"革命要渗入到人的生活当中去，甚至要改造自己的思想、生活习惯甚至对人性也要加以改造，这种人生观的确立，必然要求革命者把革命放在人生的第一位，不想升官发财，不顾身家性命，而只为国家、信仰而奋斗，这才不失为一个革命党的党员，才可以做革命军人。而年仅22岁的共产党员李硕勋在狱中给二哥李仲耘的信中说："我的人生观是革命，我的生活也就是革命了！革命的步骤当怎样呢？第一是宣传，第二是组织，第三就是武装暴动，夺取政权。"③ 在他那里革命与人生实现完全的合一，才能取得政治革命的成功。

革命渗透到世界观与人生观中的结果之一就是，一种壮烈的革命牺牲精神在革命者身上的闪耀。中国历史上，自古就不乏以身殉道者，但是以革命本身为道德理想，并通过将生命献给革命，从而获得生命的无限延伸，却是中国革命观念发展到近代以来才有的事情。古代革命观念实际上主要关注皇权的转移，所谓命系一姓，革命实质不过是一家一姓的私事，在精神气质上多体现为一种逐鹿天下舍我其谁的英雄豪气。只有到了近代，革命观念转化为大众内在的世界观和人生观的时候，这种壮烈的牺牲精神才能激发出来。另外，革命成为一种人生观和世界观以后，其他任何价值目标都要放在革命的观念中进行检验，以是否符合革命为取舍标准。比如孙中山曾经多次说："我们革命党向来主张以三民

① 《列宁选集》第3卷，人民出版社1995年版，第115页。

② 古斯塔夫·勒庞：《革命心理学》，吉林人民出版社2004年版，第137页。

③ 《李硕勋写给二哥的信》，载 http://www.scol.com.cn/nsichuan/bsxw/20030219/2003219170719.htm。

主义去革命，而不主张以革命去争自由。"他认为军人、官吏、党员、学生不但不应讲自由，而且应该牺牲自由，总之，自由"万不可再用到个人上去，要用到国家上去。个人不可太过自由，国家要得完全自由。到了国家能够行动自由，中国便是强盛的国家。要这样做去，便要大家牺牲自由"。

我们从个人微观的精神世界上，已经看到了革命已经深深地渗透到了革命者的人生观与世界观当中，并且最终表现出一种壮烈的牺牲精神。而从宏观的历史来看，正是由于人们把革命作为目的和手段，企图借革命解决一切政治和社会问题，使得中国革命整体上体现为一种波澜壮阔的社会剧烈变动的景象。林毓生曾认为，五四运动中的知识分子所具有的是"借思想文化解决问题"的思想模式，其基本观点认为"思想是政治和社会的基础"，历史进步与社会和政治秩序的变革和重建取决于人的思想道德的变革。① "借思想文化解决问题"的命题强调的是思想文化变革的优先性问题，落实到实践层面，人们往往是倾向于用革命的方式来解决近代面临的政治社会问题。可以朝着一个理想世界挺进，而要实现这种理想社会靠的是什么，清末以来的革命者认为靠的就是革命者的坚强意志、牺牲精神以及破坏一切、不计代价的铁腕手段，所谓"药不行用铁，铁不行用火"，在血雨腥风中创造一个新世界。

所以革命不仅要解决政治领域的问题，还要靠革命解决社会领域的问题。在近代革命观念形成之初，孙中山等人就将"社会革命"的概念摆在一个相当重要的地位。革命不仅仅是要推翻异族统治，建立共和政体，还要解决社会公正和社会发展的问题。孙中山等革命派在辛亥革命之前，就主张民族革命、政治革命和社会革命三位一体，毕其功于一役，在政治革命发生的同时，通过平均地权等手段，一举建设成一个平等富足的社会。在二次革命和护法护国运动失败以后，受到社会主义思潮的影响，孙中山又把节制资本添加到社会革命的纲领当中去。当然孙中山的"社会革命"在逻辑上和实践上都存在困难。为了解决这一困境，孙中山又把社会革命和社会建设等同起来，阐明革命的含义不仅是破坏，也是建设，这种转换当然就缓和了"社会革命"概念的激烈程度。而在共产党的思想体系中，社会革命发生的顺序、手段及地位就发生了变化。政治革命是社会革命的前提，社会革命是政治革命的必然趋势，政治革命的目的就是为了实现社会革命。俄国的社会主义革命正是这种革命的典型。李大钊在《法俄革命之比较观》中指出："法兰西之革命是十八世纪末期之革命，是立于国家主义上之革命，是政治的革命而兼含社会的革命之意味者也。俄罗斯之革命是二十世纪初期之革命，是立于社会主义上之革命，是社会的革命而并著世界的革命之采色者也。"俄国革命成为中国的模仿的对象，其意义特别在于社会革命上。像实业救国、科学救国、教育救国等路径，被统统认为是走不通的，而只能以阶级斗争的形式推动政治革命和社会革命。通过暴力推翻旧的政权实现政治革命，通过政治革命建立的新政权保障社会革命的实施，这样一个社会革命的过程同样含有暴力的因素。在国民革命后期，农民运动的发展使得社会革命的目标变得日渐集中和清晰，那就是建立农民掌握的政权，用暴力夺取地主占有的土地。正是由于在如何对待农村兴起的农民运动，以及革命究竟进行到何种程度等问题上，国共两党最终分道扬镳。就社会革命而言，共产党的革命理论要较国民党更为彻底。

---

① 林毓生：《中国意识的危机》，贵州人民出版社 1986 年版，第 61 页。

革命从政治领域过渡到社会领域，使得社会上大多数人卷入革命的浪潮当中，它比单纯的政治革命要广泛和深刻得多。借革命解决政治、社会问题的思维方式一旦确立，也就意味着革命在短时间并不会随着政治革命的胜利而结束，那只是革命开始的第一步。这种思维方式如果走到极端就会导致所谓的革命是可以解决一切问题的灵丹妙药。

## 四

国共两党都将革命视作解决政治社会问题的根本途径，但是两党的领导人对于革命应该进行到哪一步为止，并没有一个共同的答案。国民革命是否仅仅在于通过消灭军阀和取消帝国主义的特权而重新统一中国，或者，它是否还应当成为一场旨在解放劳苦大众的阶级革命？在孙中山逝世以后，国民党"左派"和右派发生了激烈的斗争。特别是工农运动的发展，成为两派矛盾激化的关键。毛泽东在1927年所著的《湖南农民运动考察报告》中，描述了国民革命中农民运动的宏大场景："很短的时间内，将有几万万农民从中国中部、南部和北部各省起来，其势如暴风骤雨，迅猛异常，无论什么大的力量都将压抑不住。他们将冲决一切束缚他们的罗网，朝着解放的路上迅跑。一切帝国主义、军阀、贪官污吏、土豪劣绅，都将被他们葬入坟墓。"农民运动兴起以后，阶级革命和国民革命潜在的冲突日益明显化。国民党右派代表人物戴季陶发表了《国民革命与中国国民党》和《孙文主义哲学基础》两篇文章，反对阶级斗争理论以及容共政策。戴季陶认为中共之理论来源及革命行动均受共产国际、苏联的指导，既无独立性可言，又超过了国民的需要，并提出团体的排他性论点来质疑容共政策。戴季陶的文章遭到共产党的激烈反驳，瞿秋白专门写了系统反驳戴季陶主义的文章——《中国国民革命与戴季陶主义》，认为戴季陶这种思想实质上是资产阶级的民族主义，要利用农工群众的力量来达到他们的目的，却不准农工群众自己有阶级的觉悟，实际上是把国民革命变成狭义的国家主义——民族主义。他批评戴季陶的主张就是要做民生主义和民权主义的运动，却又不许有阶级斗争，只许为"民族和国家的利益"；在组织上是要想把国民党变成纯粹资产阶级的政党，排斥共产党等革命力量。萧楚女也用马克思主义、列宁主义的原理分析批判戴季陶的言论。毛泽东等人通过专门到湖南等地实地考察农民运动，为农民运动辩护，认为农民运动并不过火："每个农村都必须造成一个短时期的恐怖现象，非如此决不能镇压农民反革命派的活动，决不能打到绅权。"[1]

也正是在这一背景下，毛泽东对"革命"下了一个著名的定义："革命不是请客吃饭，不是做文章，不是绘画绣花，不能那样雅致，那样从容不迫，文质彬彬，那样温良恭俭让。革命是暴动，是一个阶级推翻一个阶级的暴烈的行动。"[2]"阶级"是一个比"国民"含义要丰富得多的词汇。马克思主义经典作家基本上是从经济的原因分析阶级的产生。列宁说："所谓阶级，就是这样一些集团，由于它们在一定社会经济结构中所处的地位不同，其中一个集团能够占有另一个集团的劳动。"[3] 在马克思主义体系中，阶级实质

---

① 转引自解放军政治学院党史教研室编《中共党史参考资料》第4册，人民出版社1988年版，第208页。

② 《毛泽东选集》第1卷，人民出版社1991年版，第17页。

③ 《列宁选集》第4卷，人民出版社1995年版，第10页。

上是一个经济范畴。所以当毛泽东将"革命"定义为"一个阶级推翻另一个阶级的暴烈的行动"时，革命的含义已经发生了极大的拓展。首先，从革命的主体来看，发动工人阶级和广大农民参与革命就不再单纯是为了取得革命胜利的权宜之计，而是其学说内在的必然要求。"群众"一词被赋予了神圣的权威。其次，从革命的涉及范围看，革命不仅要推翻"反动阶级"的政治统治，更重要的是要确立无产阶级在经济上的统治地位，夺取政权只是革命的第一步，从这个角度讲，"阶级革命"必然是一场涉及整个社会领域的革命。第三，从阶级学说出发，把整个社会视为两大对立的阵营，也赋予了革命的彻底的颠覆性和不妥协性，革命要建立一个与以往截然不同的、全新的社会。第四，把革命与阶级斗争联系起来，也丰富了"革命"一词的用法，把"革命"的时代从近代推及到古代，出现了像"奴隶革命"、"农民革命"一类的词汇。从以上简单的分析中，我们可以看出，"阶级革命"的含义要远远广于"国民革命"，它意味着中国的革命不能仅仅停留在统一中国、打倒几个军阀上，它要求一场更为深入、全面、彻底的贯穿政治与社会领域的革命。

（付小刚　武汉大学政治与公共管理学院讲师）

社会变革与制度变迁

# 制度变迁过程中的制度知识增长与意识形态创新

柳新元

**摘要**：本文认为，制度知识主要是指有利于制度选择、设计和创新的社会科学知识以及各种专门的制度知识。正像自然科学及其各种专门技术知识的存量构成技术变迁的约束条件一样，社会科学知识及其各种专门制度知识的存量，也是制约制度变迁速率和方向的一个重要因素。因此，要提升一国有效制度供给的水平，就必须提高整个社会成员特别是引领制度创新的主体的制度知识水平。而要做到这一点，不断进行意识形态创新是关键。

**关键词**：制度变迁　制度知识　意识形态

## 一、引论

本文所讲的制度，可以定义为管束和引导人们行为的一系列有关约束与激励的社会性行为规范的总和。需要指出的是：首先本文所讲的制度主要指宪法、法律、条例、规章等成文的正式制度，而不把风俗、习惯、意识形态等纳入制度的范畴（诺斯称后者为非正式制度[①]）。因为这样做，不仅能改正制度概念泛化的倾向，而且有助于我们把制度本身与影响它产生、演进和实施的那些因素区分开来，从而有助于我们深化对制度及制度变迁的客观规律的认识。其次本文指的制度一词采取复数形式，即既可以特指某一具体的制度安排，又可以泛指某个社会由一个个制度安排组成的制度结构。这样做，主要是因为某种制度安排和其制度结构是相互联系和相互影响的。当我们谈到制度安排时，总是指嵌入制度结构中的制度安排；而当我们谈到制度结构时，总是指由一个个具体的制度安排所组成的有机的社会制度系统。而且，像其他系统一样，社会制度结构的功能不仅取决于每项制度安排的有效性，而且取决于整个制度系统的各项制度安排的兼容性或结构优化。

本文所讲的制度变迁，是指一项具体制度安排及其与之相应的制度结构被修正、创新和替代的连续性、长期性和整体性的社会过程。这一社会过程正如我国从计划经济向市场经济转轨过程中所能观察到的那样，是一项全面而深刻的制度结构的系统的创新过程。而本文所讲意识形态则"可以被定义为关于世界的一套信念，它们倾向于从道德上判定劳动分工、收入分配和社会现行制度"。[②] 这就是说，意识形态可以被定义为一组系统化和

---

[①] ［美］诺斯：《论制度》，载《经济和社会体制比较》，1991 年第 6 期。

[②] ［美］科斯等：《财产权利与制度变迁》，上海三联书店、上海人民出版社 1994 年版，第 379 页。

理论化的世界观体系，而不同的意识形态的差别主要表现价值观念体系的差别，尤其是作为其理论范式"硬核"的核心价值观的差别。

在本文中，我们抽象掉影响制度变迁的其他因素或假定这些因素不变，并假定只有参与制度变迁主体的利益因素、知识因素和意识形态因素是影响制度变迁的三个变量。进而，我们假设某种制度安排的创新或变迁存在着一个帕累托改进效应，即这一变迁人人受益而无人受损（这正如我国农村第一轮家庭联产承包所发生的情况那样）。在这种情况下，利益因素一般不会成为制度变迁的阻力（尽管有时相对利益的比较也会起作用），此时使有效制度变迁不能得以发生的制约因素就只剩下变迁主体的知识因素和意识形态因素了。换言之，此时是制度变迁主体的关于制度的社会科学知识的局限性以及意识形态刚性，制约潜在的具有帕累托改进性的制度变迁的实际发生；而提升制度变迁主体的相关制度知识水平，以及进行相应的意识形态的创新，则是解决问题的关键。在下面的分析中，我们将围绕上述的前提性假设展开论证。

## 二、知识的分类和制度知识界定

所谓知识，乃是人们对已经认识的事物的实然性的一种清晰的确信和判断，以及再确信、再判断和推理。这里有几点需要说明的是：（1）知识来源于经验但高于经验。知识更多的是指与客观实际相符合的、并从感性认识上升到理性认识的经验。（2）知识是以真为依据的对客观事物的主观确信。对客观事物的歪曲反映或模棱两可的认识并不构成真正的知识。（3）知识作为对客观事物实然性的判断，可以是关于"是"的判断，可以是关于"非"的判断，甚至可以是关于事物局部性质的判断而不必是全称判断（这是由事物的复杂性以及人们认识事物的渐进性决定的），但必须是清晰的判断。（4）知识表现为信息，但并不是所有的信息都构成知识。信息泛指所有的经过通讯系统和媒介传播的消息和信号，而知识是指经过人处理的系统的有组织的信息。换言之，信息比知识的外延更宽，知识只是信息的一种，那些未经过人处理的杂乱无章的信息最多只是组成知识的原材料，并不构成通常意义的知识。因此，在共同的既定的信息存量下，人们之间的知识差别主要体现在信息处理能力的差别上。（5）任何知识都具有相对真理性或不完备性，但这并不构成我们反对它成为"知识"的理由。事实上，由于人的有界理性以及人的生存环境的不确定性的普遍存在，单独的个人要获得关于现实世界的周延的或完备的知识是不可能的，而他断言能获取关于未来世界的完备的知识则更是一种妄想。但是，人类的知识及其增长仍然有"沿时间的互补性"和"沿空间的互补性"。[①] 前者是指同一类型的知识的不同片段之间在时间序列上的连续性和可叠加性，后者是指不同类型的知识或不同的知识传统在空间分布上的并存性和可兼容性，两者共同说明知识进步的可整合性和累进性。因此，人类的知识增长既可以表现为在原有的确信基础增加新的确信的历时性整合过程，又可以表现为在现有的并存的确信（但从不同角度来看是正确的确信）的基础上加以概括和总结，以形成新的更加周延的确信的共时性整合过程。这两个方面，都既有利于知识存量的巩固，又有利于知识增量的增加，而其中起关键作用的则是人的学习能力的普遍提高。

---

① 汪丁丁：《知识沿时空和定时的互补性及相关经济学》，载《经济研究》1996 年第 6 期。

根据本文的研究目的，我们可以简单地把知识分为两大类：一类是自然科学及各种专门技术知识；一类是社会科学及各种专门制度知识。管理学介于这两类知识之间，并借助于这两类知识达到管理自然和社会的目的；哲学则是这两类知识的概括和总结，并反过来为这两类知识的习得提供世界观和方法论的基础。此外，需要指出的是，我们把有利于制度变迁的社会科学知识等同于制度知识，是从社会科学知识与制度变迁的关系属性来讲的，并不意味着所有的社会科学知识都是关于制度的知识或必然变成制度知识。就像自然科学知识并不完全等于或必然变成技术知识一样，社会科学知识也不完全等于或必然变成制度知识。但是，正像自然科学的每一次巨大进步都给技术创新和变迁提供了理论基础和事实支持一样，社会科学的每一次巨大进步都给制度创新和变迁提供了思想基础和价值支持。因此，我们把社会科学知识等同于有利于制度变迁的知识或制度知识是有理论根据的。

需要指出的是，我们把制度知识定义为有利于制度选择、设计和创新的社会科学知识以及人们在社会化过程中习得的关于各种制度的专门化知识的总和，并不意味着这两类制度知识没有差别，更不意味着这两类制度知识在促进制度变迁过程中同等重要。我们可以把有利于制度变迁社会科学知识定义为原理性和价值性的制度知识，而把各种专门的制度知识定义为技术性和事实性的制度知识。无疑，在制度变迁或创新的过程中，它们都是必要的知识条件。尽管人们在社会化过程中习得的关于各种具体制度安排的专业化知识也是制度知识的一个重要组成部分，但它在促进制度创新和变迁方面往往不如社会科学知识重要。这是因为前者只是人们对现行某种制度及其运作方式的局部的事实性知识，并未说明为什么要建立这样的制度，即解决该制度的合理性和正当性的问题。而后者则是人们在总结人类全部制度实践经验基础上、经过科学抽象和概括形成的较周延的原理性知识，它能揭示出某种制度的合理性和正当性的历史的和现实的逻辑。社会科学知识在促进制度变迁中比人们关于各种制度的专门性和事实性知识更为重要的另一个原因是，社会科学知识往往是作为社会良知和大脑的先进知识分子在总结人类历史上的制度实践经验而生产和创造的，它具有较强的价值中立性和较少的个人偏见。相反，在既定制度下的人们在社会化过程所习得的专门制度知识则会因为自身的利益而难以保持价值中立和不带个人偏见。他们甚至会因为在旧的无效制度下有既得利益需要维护、而不断强化这种无效的制度知识，进而阻碍新的更有效率的制度知识的传播和发展。因此，我们把制度知识的主体部分定义为有利于制度变迁的社会科学知识不仅是恰当的，也会使我们对制度变迁与人的制度知识不断提高之间的关系的分析更加简练。

### 三、制度变迁与制度知识的不断增长

在制度变迁与变迁主体制度知识及其增长的相互关系上，已经有的理论成果主要有两点：（1）林毅夫等人从制度变迁的约束因素出发，认为制度变迁主体即使有心建立新的更有效率的制度安排，但由于有关的社会科学知识的储备不足，他们也可能不能建立一个正确的制度安排。① 因为从发生学的意义上来讲，任何社会的政治或经济制度的变迁，都是由那个时代占统治地位的思想诱发或形塑的。（2）W. 拉坦则从制度供给的角度出发，

---

① ［美］科斯等：《财产权利与制度变迁》，上海三联书店、上海人民出版社 1994 年版，第 400 页。

认为正如自然科学和各种专门技术知识的进步使技术变迁的供给曲线向右移一样，当社会科学知识和有关的各种专门制度知识的进步时，制度变迁的供给曲线也会向右移。① 这是因为社会科学和有关专门制度知识的进步，不仅会使人们发现制度不均衡所带来的潜在获利机会，而且会因此降低制度变迁的成本或增加制度变迁的净收益。一方面，制度变迁主体可以通过改善相关研究资源的配置，来加速有利于核心制度变迁新知识的供给，并降低有关制度知识的供给成本；另一方面，制度变迁主体可以通过应用这些新知识以使制度变迁的目标与实际实施的制度变迁之间保持准确的联系，并以此来降低制度变迁的实施成本。这两个因素的综合作用，使社会科学及有关的专门制度知识的进步不仅会直接促进制度变迁的发生，而且会直接降低有效制度变迁的总成本。总结上述两种观点，我们可以得出如下结论：制度变迁受到变迁主体的相关社会科学知识及各种专门制度知识储备的制约，而要提升一个社会有效制度的供给水平和速率，就必须努力提高整个社会特别是引领制度创新的主体（包括政治家、企业家及其他组织的管理者）的制度知识水平。这一结论，如果结合我们在本文第一部分提出的关于存在对现行制度进行帕累托改进的可能性的假设，可以得出一个关于制度变迁与变迁主体制度知识相互增进的假说：当一个社会的制度变迁主体的利益因素不存障碍时，他们的制度知识存量就成为决定或制约制度变迁的主要因素；此时通过加快对制度变迁主体的有关制度的社会科学知识的供给，将可以促使所有具有潜在的帕累托改进性质的制度变迁得以实际发生。

## 四、影响制度知识增长的主要因素

在上文中，笔者提出了一个初步的制度变迁与变迁主体制度知识相互增进的假说，但并未说明制度变迁主体现有的制度知识是怎样得来的，又如何能促进它的存量不断增长。根据人类的历史经验并结合我所能观察到的事实，笔者认为影响制度变迁主体的制度知识不断增长的因素，除了历史上的制度文明成果的积淀和传承而外，主要有如下几点：

其一，人们在社会实践中对人性的认识水平提高，从而对制度的社会功能的确信度的提高。假定人性都是善的，人类行为的取向都是利他的，那制定任何约束人类行为的制度不仅是多余的，而且也是对人的自由或主体性的束缚。事实上，人性并不必然是善的，人在整体上和本质上是利己的（尽管他们各自利己的方式和内容会有所不同）。因此为了防止一个人的利己行为对其他人和社会的侵害，需要普遍建立起约束人们的利己行为的社会性行为规范即制度。人们在总结人类历史上正反两方面的实践经验的基础上对人性的认识水平提高、以及对约束人的不良行为的必要性的认识的加强，正是人们的制度知识得以增长的一个根本的社会原因。

其二，社会资源的稀缺性，从而对有效利用资源的制度知识增长的需求压力增大。任何资源相对于人的需要及需要的满足来讲都是稀缺的，特别是在一个资源有限而人口众多的国度的更是这样。资源的稀缺性必然会衍生出这样一个基本的结论：要使有限的资源在各种不同社会用途加以合理配置和有效利用（以最大限度地满足社会需要），必须设计出一系列有效的制度安排。人类设计和使用的有利于产权界定与保护的财产制度、有利于资

---

① ［美］科斯等：《财产权利与制度变迁》，上海三联书店、上海人民出版社 1994 年版，第 336 页。

源流动及其流动安全的契约制度、有利于事故责任分摊的风险制度、有利于提升资源配置效率的市场制度等，都无一例外地是对有效使用稀缺资源的社会压力的一个制度性的回应。相应地，对有关制度的社会科学知识的需求"是由对更有效的制度绩效的需求中派生出来的"。① 可见，资源的稀缺对人类生存和发展的压力，是导致人类制度知识增长的一个根本的人类生存环境原因。

其三，社会制度安排和社会组织目标的内在冲突的加剧，从而引起组织内成员对原有制度及其结构的批判性反思的拓展。一般说来，社会组织总是为一定的目标而形成的，且只有在一定的制度安排下才能有效运行。但是，如果过去的实践与组织目标发生背离时，组织内成员尤其是组织的领导者对现存制度进行批判性的反思就是必然的。而且，过去的经验与制度设计的目标的反差越大，这种反思的可能性或强度也会越大。在这种反思过程中，人们为了保证组织的延续和组织效率，一方面会清理过去的无效的制度知识，另一方面会试图创新制度知识并借此对现有制度做出边际性的调整。相应地组织内成员的制度知识会在"边干边学"中得以提高。并且，如果新的试验与最初的预设目标越接近，则新的制度安排越容易被接受或被坚持。这样，一个学习型的组织往往会形成一个内生性和渐进性的有利于人的制度知识不断提高和制度变迁的扩展秩序。

其四，一个社会的开放水平的提升，从而促使该社会的制度学习和移植能力不断增强。一方面，社会开放水平的提高，为社会科学家们（如经济学家、政治学家、法学家、社会学家、管理学家）对有关制度的社会科学知识的研究水平的提高提供了较为宽松的环境和条件。比如，在这方面的研究较少意识形态僵化和较少的禁区，不仅会使人们对现有制度的根本缺陷的深入研究成为可能，而且会使人们对不同社会制度的比较研究成为可能，从而为大大增加一个社会的制度知识存量开辟了更加广阔的前景。另一方面，社会开放水平的提高还有利于一个社会与其他社会在制度知识的研究方面进行横向交流与合作，而制度知识的非专利性特征（即不像技术知识那样有知识产权从而移植需要付费）则使这种交流与合作变得容易和成本低廉。这样，制度知识落后的国家便可以充分利用先进国家的制度知识的"外溢效应"，以迅速提升整个国家的制度知识水平。

其五，人们的制度知识存量不断增加，从而对制度进行科学分类的水平不断提高。人类的制度知识的增长也像其他知识的增长一样，表现为，从量变到质变的不断累积的过程。随着人类制度知识的不断积累或存量的不断增加，人们对现存制度的分类水平会不断提高。一方面，对制度的科学分类水平的提高，不仅为社会科学家从事各种专门性的制度研究创造了条件，而且为政府对这些专门性的制度研究提供了经费等方面的火力支持创造了条件。这会大大提高一个社会对制度知识的研究水平和效率，从而使人类的制度知识的增长呈现出由专业化分工所带来的加速度特征。另一方面，科学的制度分类，不仅为人们科学界定不同制度的使用领域提供了可能，而且使人们对不同制度的更加精细的比较研究（例如建立在成本—收益分析基础上的制度绩效的比较研究）成为可能。这会使人们的制度知识更加理性化、科学化和精确化，从而为人们更加理性化地设计和选择更有效率且使用的制度开辟了广阔的前景。

---

① ［美］科斯等：《财产权利与制度变迁》，上海三联书店、上海人民出版社 1994 年版，第 352 页。

## 五、意识形态创新在制度知识增长中的关键作用

在上节中,我们较全面地分析了影响制度变迁主体的制度知识增长的主要因素。本节的任务是进一步阐明人们的制度知识不断提高与意识形态创新的关系。根据上节的论述,并结合我国 20 多年来改革开放的实践经验,我们认为意识形态创新在促进人们的制度知识的增长中,起着至关重要的作用。

首先,如果上述五个方面导致人们的制度知识不断增长的因素成立的话,都直接或间接与意识形态的创新有密切的关系。因为如果我们继续坚持"左"的立场或没有意识形态的创新,便不可能有对现实中人性认识的进步,不可能对资源稀缺压力从而人民生活水平提升有痛切反应,不可能允许对现存经济制度进行反思,不可能进行横向的制度比较和移植,不可能允许计划经济与社会主义基本经济制度的细分以及市场经济与资本主义制度的剥离。

其次,从我国 20 多年来改革开放的实践经验来看,每次重大的意识形态创新或理论创新,都会导致人们的观念更新和在实践中的制度创新,从而导致人们的制度知识的不断进步。党的十一届三中全会确立了实践是检验真理的唯一标准,使我们从个人崇拜的迷信和"文化大革命"的阴影中走出来,启动了解放思想和改革开放的伟大历史进程。十四大确立了社会主义市场经济目标模式,使我们从计划经济崇拜的误区中走了出来,开始了探索有中国特色的社会主义市场经济道路的新的历史。十五大确立了公有制占主体,多种经济成分共同发展的社会主义基本经济制度,使我们从所有制崇拜的桎梏中解放出来,迎来了大力发展非公有制的又一春天。这一过程昭示了这样一个意识形态创新与人们的制度知识良性地相互增进的一般逻辑:用意识形态或理论创新的成果来指导观念更新和制度创新,反过来,观念更新和制度创新的成果又促进了人们的制度知识的不断提高,并对进一步的意识形态或理论创新提出了新的要求。它对我们的启示就是:如果一个社会制度变迁的阻力不是来自于利益集团的压力,而是来自于意识形态刚性所导致的有效制度知识的供给不足,那么不断地进行意识形态或理论创新,使理论与时俱进,就是使制度创新主体有所作为和把制度创新不断引向深入的关键。

## 六、简单结语

在本文中,我们设定了一个特定的制度变迁环境,即先假定影响制度变迁的只有制度变迁主体的利益、制度知识和意识形态三个因素,又假设存在一个潜在的具有帕累托改进性质的制度安排,进而认为在这种情境下制约制度变迁的只有与之相关的变迁主体的制度知识和意识形态的局限性这两个变量。我们这样构造制度变迁的理论模型是为了突出制度变迁主体的制度知识对制度变迁的重要作用、以及意识形态创新对人们的制度知识存量不断增长的关键作用这两个基本观点。值得一提的是,尽管本文的分析前提过于抽象也谈不上分析过程精确化,但对于给定的帕累托改进条件而言,本文的结论是有事实根据或有益的。在中国现存的制度结构中,存在着许多具有帕累托改进效应的制度安排,但却未发生实际制度变迁。究其原因固然不止一端,但它们与制度变迁主体制度知识的贫乏,以及意识形态相对于社会存在的滞后性有直接的关系,则是可以肯定的。

(柳新元　武汉大学政治与公共管理学院教授)

# 法兰西人的"皇帝"情结
## ——试论拿破仑帝国的合法性

胡 勇

**摘要：**本文以政治学中的合法性理论作为一种政治史的分析工具，从合法性的来源与社会基础两个方面简要分析了法兰西第一帝国得以崛起和维持的契机，并从合法性的角度探讨了帝国迅速覆亡的历史教训。

**关键词：**法兰西第一帝国　法国大革命　合法性　程序民主　阶级均势

19 世纪的托克维尔认为，在当时的基督教世界里，"人民生活中发生的各种事件，到处都在促进民主。所有的人，不管他们是自愿帮助民主获胜，还是无意之中为民主效劳；不管他们是自身为民主而奋斗，还是自称是民主的敌人，都为民主尽到了自己的力量"。① 但是，在这个民主的时代，并且是在民主革命运动的中心——法国，却出现了拿破仑所建立的专制帝国。素以爱好"自由、平等、独立"著称，具有高度政治效能感的高卢人后代为什么会容忍这股"逆流"？帝国建立之初为什么获得了多数法国人的支持，甚至帝国崩溃后在政治生活中还长期存在着拥护帝制、追随皇帝的波拿巴主义者？

政治合法性理论为我们认识法国革命中的这种政治现象提供了一种分析工具。合法性亦即正当性（legitimacy），是指某一政权所得到的社会成员的认同和追随，也即社会成员对该政权正当性的认可。合法性理论有两种取向，即规范理论与经验理论。规范理论认为，只有符合某种伦理价值标准的统治才是合法的、正当的。因此，在自由主义者看来，实行军事独裁和对外扩张的拿破仑帝国毫无合法性可言。经验理论认为："合法性是指政治系统使人们产生和坚持现存政治制度是社会最适宜制度之信仰的能力。"② 根据经验的合法性理论，任何成功的、稳定的政治统治，无论是以何种政体形式出现，都必然是合法的，因为"不合法"的统治根本没有存在的余地，拿破仑帝国当然也存在着合法性的问题。我们就从帝国合法性的来源和合法性的社会基础两个方面简要考察第一帝国的合法性。

---

① ［法］阿列克西·德·托克维尔：《论美国的民主》（上），董果良译，商务印书馆 1997 年版，第 7 页。

② ［美］李普赛特：《政治人——政治的社会基础》，张绍宗译，上海人民出版社 1997 年版，第 55 页。

## 一、帝国合法性的来源

合法性是"保持社会政治秩序的基础。没有它，领导者就必须依靠压制来保持他们的权力，但是单靠这种压制又是不能保持系统的稳定的"。① 合法性意味着特定统治的生命力。对于具有高度政治敏感、强烈参与意识的法国人来说，没有合法性的政权根本没有生存的权利。

马克斯·韦伯认为，合法性因时因地而异，可以建立在三种基础之上：一是传统的，合法性基于"一般的相信历来适用的传统的神圣性和由传统授命实施权威的合法性"的基础之上；二是魅力的（又称克里斯玛 charisma），合法性来自"非凡的献身于一个人以及由他所默示和创立的制度的神圣性，或者英雄气概，或者楷模样板之上"；三是法理的，合法性"建立在相信统治者的章程所规定的制度和指令权利的合法性之上，他们是合法授命进行统治的"。② 对于拿破仑而言，他不能用波旁王朝的君权神授和古老家世来粉饰自己，而只能将自己的合法性建立于法理与魅力的基础之上。他极为重视"人民的同意"、政治效绩与个人崇拜，不是无独有偶的。

合法性意味着人民大众对政权的认同和忠诚，但是，"这种认同和忠诚并非统治者单向作用的结果，更非依靠强力的威胁就能达成，而是统治者与社会大众的双向互动所致，离不开民众自觉的认识活动"。③ 合法性的获得是一种统治者与被统治者双向互动的过程。伊斯顿认为，合法性有三种源泉，即意识形态、结构和个人品质。④ 下面我们就从这三个方面在帝国与民众的双向互动中考察拿破仑帝国合法性的来源。

### 1. 帝国的意识形态和社会化政策

意识形态是向大众灌输的论证某一政权的正当性与合理性的观念体系。"它们可能是关于政治生活的骗人的神话，也可能是现实的估计和真诚的渴求"，⑤ 但有助于培养政治体系成员对政治权威和体制的合法性感情。帝国的意识形态和大革命的政治理念有着不可分割的内在联系和继承关系。这种联系成为帝国合法性的一种来源。

近代革命的奋斗目标为"自由与平等"的合题。但是，由于大革命前贵族阶级仍享有异常广泛的社会、政治与经济特权，法国人对于权利平等怀有空前的热情。因此，在英、美、法三国革命中，"真正重视平等的价值，表现出对平等的炽热追求的，却只有后来的法国革命"。⑥ 托克维尔认为，从大革命以来，法国人对自由的酷爱时隐时现，而对平等的酷爱却始终占据着人们内心深处。⑦ 对平等的这种专注的追求则可能产生两种倾

---

① ［美］杰克·普拉诺等：《政治学分析词典》，胡杰译，中国社会科学出版社 1986 年版，第 82 页。

② ［德］马克斯·韦伯：《经济与社会》（上），林荣远译，商务印书馆 1998 年版，第 214 页。

③ 胡伟：《在经验与规范之问：合法性理论的二元取向及意义》，载《学术月刊》，1999 年第 12 期，第 350 页。

④ ［美］伊斯顿：《政治生活的系统分析》，王浦劬译，华夏出版社 1999 年版，第 350 页。

⑤ ［美］伊斯顿：《政治生活的系统分析》，王浦劬译，华夏出版社 1999 年版，第 350 页。

⑥ 高毅：《法兰西风格：大革命的政治文化》，浙江人民出版社 1999 年版，第 102 页。

⑦ ［法］阿列克西·德·托克维尔：《旧制度与大革命》，冯棠译，商务印书馆 1996 年版，第 240 页。

向：一种倾向是使人们径直独立，并可能陷入无政府状态；另一种倾向是使人们不知不觉地走上一条被奴役的道路。对平等的追求这样热烈、这样持久，使得人们"希望在自由之中享受平等，在不能如此的时候，也愿意在奴役之中享受平等"。"在我们这个时代，没有它的支持，就不可能实现自由，而专制制度本身没有它也难于统治下去。"①

就帝制而言，它铲除了贵族制的残余，实行的也是一种政治平等的原则，是一种一人之下的所有人的平等，它曲折地寓含着大革命的政治理念。拿破仑维护和发扬了大革命"法律面前人人平等"的理想。他要求社会给予所有人教育、经济、政治的机会。他实行的是能力政治——即"仕门向有才者敞开"。拿破仑认为：他忠诚于革命的第二目标——平等；虽然他剥夺了群众的自由，可是这种自由曾导致暴民横行，道德没落，这种自由几乎毁了法国。② 拿破仑帝国特有的意识形态的核心理念是平等，它得到了大众的认同，增强了帝国的合法性。

帝国意识形态的另一个理念为"民族至上"。革命前的法国由一个个相互分离的地方自治单位构成，人们的国家观念非常淡薄。大革命的政治动员及反侵略战争激发了法国人的国家意识。拿破仑即位后，废除各省自治、特权和封建制度，代之以行政集权、公民平等和国内市场的统一，为民族主义的发展创造了国内条件。拿破仑通过长期对外战争，激发了国人的集体荣誉感，形成了一种相对于封建国家的民族国家意识。"在法国，拿破仑的权力就应归功于这种民族意识；尽管他为了个人的帝国迷梦而牺牲了国家的利益，但法国人却一直把他视为民族的领袖，因为他们的命运与他的命运已是休戚相关，不可再分。"③ 法国人的国家认同感与民族荣誉感转化为对帝国及拿破仑的认同和追随，成为其合法性的另一种源泉。

法国大革命深受卢梭的人民主权学说的影响。和卢梭一样，当时的民众普遍认为："为了很好地表达公意，最重要的是国家之内不能有派系存在，并且每个公民只能是表示自己的意见。"④ 由此形成法国人的两大政治传统：反党派与直接参与。人们认为党派活动的非公开性使它成为各种阴谋的中心，而拉帮结派则会歪曲公意的表达。但是，反党派观念却与形形色色的专制主义有着不解之缘。政治斗争实际上就是各阶级、阶层、集团之间的斗争。这种反党派观念只会导致一个党派以反党派的名义，剥夺其他党派的合法地位，以实行一党专制；或是在各党派势均力敌的情况下，由某个野心家打着"超党派"的旗号建立个人独裁统治。反党派观念为拿破仑建立帝制打开了一个缺口，拿破仑也适时地利用这个观念增强其统治的合法性。"他宣告不以任何一派——激进民主主义者，资产阶级保皇党——的利益而统治，而以全国的代表身份统治，他声称：以一党的利益统治，迟早必受控于该党。他们永远无法使我这么做。我是属于国家的。"⑤

---

① ［法］阿列克西·德·托克维尔：《论美国的民主》（下），董果良译，商务印书馆1997年版，第838页，第624页。

② ［美］威尔·杜兰：《世界文明史：拿破仑时代》，幼狮文化公司译，东方出版社1998年版，第460页。

③ ［法］勒弗内尔：《拿破仑时代》，商务印书馆1978年版，第255页。

④ ［法］卢梭：《社会契约论》，何兆武译，商务印书馆1980年版，第40页。

⑤ ［美］威尔·杜兰：《世界文明史：拿破仑时代》，幼狮文化公司译，东方出版社1998年版，第434页。

政治社会化是社会塑造其成员的政治心理和政治意识的过程。合法性的意识形态是通过政治社会化完成的。拿破仑为了维持帝国的合法性，非常注重对国民进行教化。他认为："世界上只有两种强大的力量，即刀枪和思想；从长远来看，刀枪总是被思想战胜的。"① 在拿破仑心目中，宗教并不是神圣之物，它的作用是维护社会和政治秩序，"宗教起着接种疫苗的作用……没有财产的不平等，社会无从存在；没有宗教，财产的不平等就难以维持"。② 因此，他同教皇签订教务专约，资助拉拢教士，为他培养顺服的臣民。在他的努力下，主教们甚至接受了其亲信编写的《教义问答》，其中关于基督徒的义务一章载明对皇帝应服从、纳税和服兵役。拿破仑是从政治社会化的角度来看待公共教育的。他认为，教育的功能在于培养有才智而顺服的公民。他直言不讳地说："我训练教师，主要目的在于掌握指导政治、道德、舆论的工具。"③ 为此，他创立国立中学，设置国家奖学金，在学校实行军纪，建立系统的教育管理及监督机构。拿破仑在政治社会化上所采取的手段，虽然没有为帝国确立系统的政治理想，却开后世极权主义思想控制之先河。

**2. 民主的程序与专制的帝国**

合法性理论中的结构是指特定的政治制度或规范。"如果成员相信典则的合法性、那么通过典则掌权的当局将会发现，这种合法性显然已传给了他们。"④ 即合法的政治结构能赋予执政者合法的地位。拿破仑为了巩固其合法性所采取的诸多体制和程序中，对后世影响最大、成效最显著的是以直接投票为特征的全民公决。

卢梭的人民主权学说认为，主权是不可分割、不可转让和不可代替的。因此，直接民主制成为大革命的政治理想。而拿破仑正是通过直接的普选制一步步地登上了权力的巅峰。1840 年 5 月 2 日，共和国立法团通过决议，任命拿破仑为"法兰西共和国之皇帝"；5 月 18 日，元老院拥戴拿破仑为皇帝；5 月 22 日，通过全民公决，以 357 万多张赞成票对 2500 多张反对票，认可元老院决议。民主的程序产生的却是专制的帝国。所以贡斯当指出："我所确认的两种合法性（选举与世袭——本文注），源自选举的那种合法性在理论上更具诱惑力，但是它也会碰上麻烦，那就是它可以被伪造：就像英国的克伦威尔和法国的波拿巴伪造的那样。"⑤

由此，引出了关于民主理论的一种论争：实质民主与程序民主之争。实质民主论认为，民主是一种政治状态，在这种状态下个人权利得到了最充分的保证；程序是不重要的，最重要的是个人权利的实现。而程序民主论主张民主是一种过程或程序，个人的自由平等权利只有在这种过程或程序中才能实现。两种民主之争产生了两种关于合法性的论点。⑥ 实质民主论者认为，合法性的主要来源是尊重和保护个人权力的各种法律、规章、制度或传统；程序民主论者认为，合法性的来源不是这些法律、规章、制度或传统，而是

---

① 勒弗内尔：《拿破仑时代》，商务印书馆 1978 年版，第 174 页。

② ［德］路德维希：《拿破仑传》，梅沱等译，花城出版社 1999 年版，第 522 页。

③ ［美］威尔·杜兰：《世界文明史：拿破仑时代》，幼狮文化公司译，东方出版社 1998 年版，第 516 页。

④ 伊斯顿：《政治生活的系统分析》，王浦劬译，华夏出版社 1999 年版，第 359 页。

⑤ ［法］贡斯当：《古代人的自由与现代人的自由》，阎克文等译，商务印书馆 1999 年版，第 390 页。

⑥ 俞可平：《权力政治与公益政治》，社会科学文献出版社 2000 年版，第 124 页，第 126 页。

产生这些东西的程序。这两种民主论的偏执导致了民主倡导者在实践中的偏差。拿破仑正是找到了程序论者的"阿喀流斯之踵",利用大众的心理偏好对这种理论的认同,建立了自己的来源于民主程序的合法性。民主程序为何转化为专制统治的合法性手段,原因概在于此。

### 3. 帝国合法性的个人基础

合法性的个人基础是指执政者个人所赢得的政治系统成员的信任和赞同,这种信任和赞同主要来自执政者的人格魅力和政治效绩。马克斯·韦伯认为,魅力是被统治者所承认的"一个人的被视为非凡的品质"。"因此,他被视为天分过人,具有超自然的或者超人的,或者特别非凡的,任何其它人无法企及的力量或素质,或者被视为神灵差遣的,或者被视为楷模,因此也被视为'领袖'。"① 这种品质可能是这个人固有的或自然流露出的,也可能是他并不具备而是为了操纵他人而虚造的。

拿破仑个人魅力的赢得主要是通过他的突出的仪表和非凡的才干。他为了弥补个头矮小的缺陷,特意使自己显得目光逼人,神采奕奕。他出身于科西嘉的一个古老的贵族家庭,却从不提起自己的家世。他没有贵族的特权,从一个"小小的下士"靠自己的奋斗登上了权力的顶峰,对获胜的中产阶级公民具有特别的吸引力。他以自己卓越的军事才能,为法兰西赢得了光荣与骄傲。司汤达和泰纳认为拿破仑具备文艺复兴时代人士的所有特征:他是个艺术家、军人、哲学家、独裁者,他的思想敏捷尖锐,他的行动直截了当,声势逼人,然而却不知适可而止;去除了这个重大的缺陷,他将是历史上最为多才多艺、均衡发展的一位大政治家、大军事家。甚至在拿破仑去世后,一些雄心勃勃的青年还到他的墓前膜拜,从他的性格与精神中汲取力量。在那个新旧政治观念和体制急剧交替的时代,当其他合法性基础都变得不稳定和模糊不清时,领导者个人品质对于统治的合法性具有极大的影响。

## 二、帝国合法性的社会基础

政治学的系统论认为,一方面政治体系通过各种途径向它所处的环境进行渗透、影响;"但从另一方面看,政治体系本身在很大程度上也是由它活动于其中的环境所塑造的。社会上对公民和领导人提出的问题,可用于解决这些问题的资源,以及形成集体信念和行动的技能和价值观——所有这些都受到国内外环境的影响"。② 合法性作为政治体系内部统治者与被统治者的互动结果,离不开外部社会环境的影响与制约。

### 1. 阶级均势与帝国的合法性

马克思主义认为,国家是经济上占统治地位的阶级用来镇压和剥削被压迫阶级的工具。国家产生于这样一种社会需要:"这个社会陷入了不可解决的自我矛盾,分裂为不可调和的对立面而又无力摆脱这些对立面。而为了使这些对立面,这些经济利益互相冲突的阶级,不致在无谓的斗争中把自己和社会消灭,就需要有一种表面上凌驾于社会之上的力

---

① 马克斯·韦伯:《经济与社会》(上),林荣远译,商务印书馆1998年版,第269页。

② [美]阿尔蒙德·鲍威尔:《比较政治学:体系、过程和政策》,曹沛霖等译,上海译文出版社1987年版,第7页。

量，这种力量应当缓和冲突，把冲突保持在'秩序'的范围以内……"① 国家的起源决定了国家在履行自己的职能时，必须表现出一种相对的自主性和独立性，以便更好地履行自己作为社会力量调停人的角色。而国家权力的自主性和独立性程度越高，政治统治的合法性也就越强，政治统治的行为方式也就越灵活，政治统治的秩序也就越稳固。② 国家的相对独立性和自主性会突出地表现于一些特殊的历史时期："那时互相斗争的各阶级达到了这样势均力敌的地步，以致国家权力作为表面上的调停人而暂时得到了对于两个阶级的某种独立性……法兰西第一帝国……也是这样。"③

拿破仑一世的统治被称为"恺撒主义"的实例。"恺撒主义的局面，是彼此斗争的力量处于危急的势均力敌状态。"在这种状态中，"恺撒主义经常作为表明力量平衡最没有崩溃危险的历史政治局面的出路；这个出路具有托付给伟大人物去执行的仲裁的形式"。④这种阶级均势的状态，使得拿破仑可以尽量以超越于对立阶级的调停人的面目出现，充分发挥政治权力的相对独立性和自主性，为增强其统治的合法性提供了绝好的机遇。

拿破仑即位后，与教皇达成政教协议（并未放弃革命所确立的信仰自由原则——本文注），为他赢得了担心法国会成为无神论国家的保守分子支持；反过来，为了向雅各宾派证明他仍是革命之子，他逮捕了波旁王朝的亲戚昂吉公爵，并将他处死；而他为了抚慰自由派，曾于1801年流放了100多名雅各宾派成员。他宣称："在这革命与封建的斗争中我是最好的调停人。"⑤ 拿破仑寻求平衡的政策为他赢得了越来越多的声望。

**2. 小农特性与帝国的合法性**

农民占法国人口的绝大多数，是近代法国社会中一支极其重要的力量，可以说法国农民的态度和行动决定着一切重要政治事变的成败。但由于小农落后的生产方式，他们不能相互团结起来形成一个统一的阶级，不能组成自己的政治组织。小农的特性决定了"他们不能代表自己，一定要别人来代表他们。他们的代表一定要同时是他们的主宰，是高高站在他们上面的权威，是不受限制的政府权力，这种权力保护他们不受其他阶级侵犯，并从上面赐给他们雨水和阳光"。⑥ 皇权作为一种强大的专制统治形式，是软弱的小农最需要的。因此，小农成为皇权合法性的阶级基础。

拿破仑为了获得农民的支持，采取了一系列有利于农民的政策，如：保护关税，实施稳定的财政政策，维持良好的道路运河系统，鼓励农民购置土地，扩大开垦面积。到了1814年，存在着大量佃农的法国，已有50万农民达到了耕者有其田。这些农民视拿破仑为其田契的活生生的保障，因此，对拿破仑忠心耿耿。

**3. 革命的激荡与帝国的合法性**

到拿破仑执政时，法国革命已经历了10年的动荡。国内内战频繁，党派斗争蜂起，复辟活动此起彼伏；国外，反法同盟发起一次次的进攻，重兵压境。而当时的督政府由于

---

① 《马克思恩格斯选集》第4卷，人民出版社1995年版，第170页。
② 王浦劬：《政治学基础》，北京大学出版社，1995年版，第165页。
③ 《马克思恩格斯选集》第4卷，人民出版社1995年版，第172页。
④ ［意］葛兰西：《狱中札记》，葆煦译，人民出版社1983年版，第167页。
⑤ 路德维希：《拿破仑传》，梅沱等译，花城出版社1999年版，第567页。
⑥ 《马克思恩格斯选集》第1卷，人民出版社1995年版，第678页。

权力过分分割而腐败无能。在这种局势下，资产阶级需要强有力的政权维护他们的利益，农民也渴望有一个稳定的政府捍卫他们的小块土地。"他（拿破仑）所以能够使他个人的统治欲望得到满足，只是因为这种理想当时完全符合革命的法国的利益"，当时的雾月党人认为"拯救法国革命需要这样一位领袖"。① 拿破仑曾说过，在获得政权后，有人曾希望他能成为华盛顿，但是在法国处于内部分裂和外部侵略的情况下，他只能做一个加冕的华盛顿，只能通过全面专政才能合理地达到这个目的的。②

在各种政体中，君主专制政体的价值取向为秩序与稳定。对于 19 世纪的法国民众来说，饱受革命的痉挛所带来的阵痛，又对波旁王朝厌恶之极，以"公意"面目出现的帝国恰好满足了他们的心理诉求。

### 三、结语：辉煌的成就与短命的帝国

亚里士多德在论述如何保全介于世袭制与民主制之间的僭主政体时，认为："一个僭主，在他人民面前，应表现为大众的管家或本邦的仁王，而不是一个专制的僭主。他应表现自己不重私利而为万民公益的监护人。"③ 这条古老的教诲对于巩固拿破仑帝国的合法性依然是适用的。现代政治学理论认为，政治体系赢得其合法性的一个途径就是"良好的治理"："持续的经济增长和高就业率，为免受外国入侵和国内骚乱而提供的保护，对所有人分配同等的正义，这些都会帮助政府增强其合法性。"④ 第一帝国在其短暂的 13 年里取得了辉煌的成就。经济上实行重商政策，资本主义生产有了长足发展；政治上颁布《拿破仑法典》，打击封建体制，巩固革命成果；对内加强民族—国家整合，对外树立大国形象。但为什么辉煌的成就却带来了短命的帝国？

阶级论者认为帝国是阶级力量对比势均力敌时资产阶级的特殊统治形式，均势的不稳定性决定了帝国的过渡性。自由主义者认为，帝国专制与征服的政体精神和时代的自由、平等趋向相悖，必然会被人们所抛弃。合法性理论则为我们理解帝国的短暂性提供了另一种解释。

合法性意味着公众对政治体系的支持，对政治体系的支持分为特定支持与散布性支持。⑤ 特定支持是由于政治体系满足了其成员的特定需要而形成的，它来自体系的政治效绩；散布性支持是成员对政治体系的善意和友好态度，它来自合法的意识形态，结构和个人品质。特定支持会因政治体系政策上的失败而遭到破坏，而一个政府很难做到永远善治；散布性支持所产生的合法性则是持久和扩散的，可以使民众承认或容忍与其利益相悖的政策输出，并且这种支持可以在当局、政权和政治共同体之间扩展。第一帝国处于一个倡言民治反对个人权威的时代。它没有正统王朝以世袭和神权为基础的精神支柱，又没有塑造出一种帝国特有的合法性意识形态（帝国的大众意识形态取向始终在革命与传统之

---

① 勒弗内尔：《拿破仑时代》，商务印书馆 1978 年版，第 92 页，第 78 页。

② 参见《拿破仑文集》，上海人民出版社 1986 年版，第 530 页。

③ 亚里士多德：《政治学》，吴寿彭译，商务印书馆 1997 年版，第 300 页。

④ Michel G. Roskin, *Political Science*: *An Introduction*, Englewood, Cliffs: A Paramount Communication Company, 1994, p. 4.

⑤ 伊斯顿：《政治生活的系统分析》，王浦劬译，华夏出版社 1999 年版，第 321～334 页。

间徘徊）。它既在政治结构上缺乏民主的合法性，其个人权威又不断地受到理性主义的侵蚀。因此，帝国虽因其政治效绩而产生过短暂的高度的特定支持，但由于散布性支持的缺乏，一两次失败的战役就会导致它的垮台：昨天人们称皇帝为"法兰西的雄鹰，"今天就成为"犯谋杀罪的暴君"。

用合法性理论分析政治史，为我们深刻地剖析历史现象，理解历史人物的内在动机，提供了一把钥匙。拿破仑帝国处于一个政治理念与实践的过渡时代，新旧权威基础交替并存，造成了政治体系获取合法性的困难性与重要性。其为争取合法性而进行的斗争，既有成功的范例，也有失败的教训，为后世所赞赏、悲叹和效尤。

（胡勇　武汉大学政治与公共管理学院讲师）

# 试论 1948 年德国西占区的货币改革

戴红霞

**摘要**：1948 年德国西占区货币改革是德国历史上的一次重要事件，改革较好地实现了货币改革与经济改革的统一，建立了一种新的有价值的货币，恢复了货币的功能和市场的作用，加速了西德的经济复兴，改善和提高了人民的福利，保证了社会公正与经济发展。

**关键词**：西占区/西德 货币改革 经济复兴

1948 年 6 月 20 日，尚处于占领状态下的德国西占区进行了一场代号为"鸟犬行动计划"的货币改革。这次改革是在西方盟国和西占区德国人配合下进行的，美、英等西方占领国决定改革的内容实质，具体问题则与德国人进行协商。这是一次"迅速而且前所未有的货币改革"，① 它对未来西德的政治、经济发展意义重大，影响深远。本文拟对此问题试作一探讨。

一

战后德国处于盟国分区占领之下，事实已陷入分裂，各占领区在占领国不同政策下向各自不同的方向发展，德国前途未定，与各占领国间关系尚未正式明朗，那么是什么原因促使以美国为首的西方盟国与西占区德国人携手起来，共同进行这次改革呢？

首先，恢复欧洲和德国的经济，是改革的基本考虑。战后欧洲，一片废墟，工业设备和基础设施严重受损，生产遭到极大破坏。即使除去工业几乎完全被毁的苏联欧洲部分，1946 年欧洲的钢和水泥的产量只有 1938 年水平的 60%。② 各国间的经济联系处于极不正常的状态，大多数国家忙于国内工业经济的调整。英国虽是战胜国之一，但付出的代价沉重，大量海外资产被出售，自身还背上战争债务，重建工作步履艰难而无力他顾。欧洲经济陷入严重困境，使大洋彼岸的美国忧心忡忡。美国工业在战时不仅未受损失，反而因充当"民主国家兵工厂"产量大增，迫切需要输出商品，把欧洲作为其市场。另外，为阻止苏联势力和影响的不断扩张，阻止共产主义在欧洲蔓延，也需要尽快恢复欧洲的繁荣稳定。在这种情况下，德国因其经济实力和战略位置就成为问题的关键。战后初期，美国对德国实行了严厉而苛刻的"四 D"政策（也称四化政策，即非纳粹化，非军事化，非工业化和民主化），曾在 JCS1067 号指令中要求不要采取帮助德国经济重建以及适于维持或

---

① [美] 埃德温·哈特里奇：《第四帝国的崛起》，世界知识出版社 1982 年版，第 137 页。
② [意] 卡洛·M. 奇波拉：《欧洲经济史》，第六卷（上），商务印书馆 1991 年版，第 252 页。

101

加强德国经济的措施，美国虽然后来撤销了这一指令，但仍以防范、控制、削弱德国为其占领政策的最高指导方针。① 美国这一政策遭到来自国内外的广泛批评。西方盟国经济学家攻击"一个强大的欧洲，一个虚弱的德国"这一原则的错误，他们指出，在两次世界大战的间隔期间，德国在欧洲市场上的强大地位并不是体现于它之对欧洲经济的主宰，而是反映欧洲各国之间的紧密联系；对许多国家来说，德国在正常的年代里，既是最重要的供货国，也是最重要的接受货物国。胡佛于1947年曾说："如果德国在经济上受到束缚，欧洲将继续在贫困中生活。"马歇尔也批评对德政策，认为受损的德国经济将会把整个欧洲经济都拖下水。② 长期以来，英国一直担心，德国经济的虚弱将使中欧出现一个巨大的真空，苏联会乘虚而入。丘吉尔一针见血地指出，西方盟国当时实际所面临的任务与其说是要把德国压下去，倒不如说是要把它扶起来。③ 英国的主张最终得到了美国的支持，美国逐渐改变了对德政策。1946年5月，西方盟国停止向苏联移交拆迁工业设备；9月，美国国务卿贝尔纳斯在斯图亚特讲话，承认了德国经济对欧洲经济的重要性；1947年7月JCS1779号指令指出："……一个繁荣而有秩序的欧洲需要一个稳定、富饶的德国经济为它作贡献。"④ 斯图亚特讲话和JCS1779号指令的出台标志着美国对德政策的改变，美、英等西方占领国决定复兴德国，而货币改革则是其必须迈出的第一步。

其次，货币改革是实行社会市场经济的必要前提。随着西占区各政党的重新组建和恢复，他们各自对经济复兴也提出了自己的设想。社会民主党人主张实行计划经济，由国家控制和分配生产资料和产品，监督管理生产的进行；基督教民主联盟与基督教社会联盟等自由派则主张市场经济，实行自由竞争，避免国家干预。二者虽然主张不同，但都认为必须进行货币改革。特别当艾哈德被任命为经济委员会主任后，他大力宣扬社会市场经济的复兴理论。艾哈德宣称社会市场经济要求国家保证竞争秩序，调节消除社会的不公正，也要求有一项建设性的社会政策，但它更要求由市场来指导和调节生产，分配原料和提供信息。他强调经济自由和社会稳定，重视货币的功能，十分警惕通货膨胀和物价上涨。他认为经济政策的中心问题是在没有通货膨胀趋势的情况下保持经济持续发展，物价稳定是至高原则；而通货膨胀会剥夺穷人的一切，并使物价这一市场的"晴雨表"失效，妨碍经济的稳定与发展。艾哈德认为只有通过健全、负责的货币政策保证货币的稳定和有效，才能避免通货膨胀的危害，实现西德经济的繁荣与复兴。他坚持保持币值稳定是经济均衡发展和取得真正而可靠的社会进步的必要前提，⑤ 甚至认为稳定的通货是基本人权之一。⑥ 但战后的德国，经济上困难重重。第三帝国在战争期间，为维持庞大的战争经费，大举借债，滥发纸币，致使战争结束时，货币总量比战前增长几十倍（见表1），货币大大贬值。货币贬值扭曲了德国经济，使其生产成本与商品的价格脱钩，许多商品的生产成本大大高于商品价格，一些化工厂的生产成本要比价格高出80%，许多纺织厂的生产成本要比价

---

① Department of United State ed, *Document. on Germany* [*1944-1985*], Washington, 1986, p. 15.

② ［德］卡尔·哈达赫：《二十世纪德国经济史》，商务印书馆1994年版，第97页。

③ ［德］卡尔·迪特利希·埃尔德曼：《德意志史》，第四卷（下），商务印书馆1986年版，第144页。

④ Department of United State ed, *Document. on Germany* [*1944-1985*], Washington, 1986, p. 124.

⑤ ［德］路德维希·艾哈德：《大众的福利》，武汉大学出版社1992年版，第74页。

⑥ ［德］路德维希·艾哈德：《大众的福利》，武汉大学出版社1992年版，第77页。

格高出 50%，① 人们不愿亏本经营，生产陷入瘫痪。商品货物奇缺，黑市和灰市活跃，人们大多进行易货贸易，货币起不了主导作用。除了不充裕的食品配给额外，帝国马克只能用来支付房租、税收和公共事业的费用，于是出现了一种奇特的卷烟经济，美国的卷烟成了新的交换媒介，取代了马克在一切交易中的地位，成为衡量价值的尺度。② 要恢复市场的作用，发挥货币的功能，复兴德国经济，货币改革势在必行。

| 表1 | | 清偿与帝国债务 | （单位：10亿帝国马克） |
|---|---|---|---|
| 年份 | 1932 | 1938 | 1945 |
| 零钱 | 5.6 | 10.4 | 73.3 |
| 银行存款 | 12.1 | 18.1 | 100.0 |
| 储蓄 | 15.3 | 27.3 | 125.0 |
| 国家债务 | 11.4 | 19.1 | 379.8 |

资料来源：《德国统计手册》，慕尼黑1949年版，第554页。转引自韦·阿贝尔斯豪泽《德意志联邦共和国经济史1945—1980》，商务印书馆1988年版，第32页。

第三，西占区的联合与德国事实上的分裂为货币改革创造了条件。在德国被分区占领的状态下，想在德国统一实行货币改革是不可能的。最初阶段，西方盟国的政策，对战后德国的纯粹经济考虑，相对而言只占很小的比重，在经济领域采取任何较大的改变措施，必须事先出现政治气候的变化。这种变化终于因冷战的开始而来临。经过几次没有结果的会谈，德国问题依然悬而未决，冷战双方开始在各自占领区内采取单独行动。苏联拒不履行粮食支付义务，在苏占区进行工业改组，还成立不少股份公司。西方盟国则停止转移拆迁的工业设备，逐渐放宽工业限额。美英还改变对德政策，不再把建立统一的德国作为首要考虑的目标。凯南建议放弃与俄国人一道统治德国的幻想，把英美占区合并起来作为一个整体参加欧洲复兴计划。凯南相信，只有这样，德国才能很快恢复并有助于欧洲稳定和发展③。美、英政府也正是按此行事的。1946年9月，美国国务卿贝尔纳斯在斯图亚特表示："美国人民愿意帮助德国人民，使他们在世界上自由的和热爱和平的国家之林中重新赢得光荣的一席。"④ 1947年1月1日，美、英占领区合并为双占区；6月10日又在法兰克福成立联合经济区，为西德建国指明了方向。1948年2月5日，美、英军政府在与德国有关部门协商后，颁布了《法兰克福章程》，还成立了"德国高级法院"和"德国各州银行"，为未来西德国家勾画了轮廓，也为货币改革创造了条件。

二

虽然德国经济很早就需要货币改革，但由于当时国际政治关系，1945年底盟国监督

---

① ［德］卡尔·哈达赫：《二十世纪德国经济史》，商务印书馆1994年版，第107页
② 裘元伦：《稳定发展的联邦德国经济》，湖南人民出版社1988年版，第121页。
③ George. F. Kennan, *Memoirs: 1925-1950*, Boston, 1967, p.373.
④ Department of United State ed, *Document. on Germany* [*1944-1985*], Washington, 1986, p.91.

委员会关于货币改革的第一轮会谈未取得实际成果。1946 年 5 月 20 日，德国财经学家格哈德·科尔姆、经济学家雷蒙德·戈德史密斯和克莱的财政顾问约瑟夫·道奇制订出"科尔姆—道奇—戈德史密斯计划"。这个计划包含后来 1948 年 6 月 20 日货币改革的主要内容，成了 1946 年 9 月盟国监督委员会进一步讨论的基础，但当时因苏联和法国的反对，也未付诸实施。1947 年 6 月 5 日，美国宣布"马歇尔计划"，苏联和东欧拒绝参加，欧洲正式分裂，东西方敌对情绪激化，美苏开始争夺德国。9 月，西方占领国终于下决心单独进行货币改革，美国政府研究了 1946 年以来草拟的各种方案，于 10 月开始印制钞票。1948 年 3 月苏联退出盟国监督委员会，美、英军政府颁布法律建立中央银行，4 月法占区各州中央银行参加了德国州银行，货币改革的各种障碍最后被排除，货币被运往法兰克福并以之为中心运往全国各地银行。6 月 20 日，货币改革在西德全面展开。

这次货币改革内容可分为三个方面：（1）基本原则：法令规定西德马克是新的货币单位，它和帝国马克的折合率，根据其承担义务的特点可分为不同的等级：公共债务为 0，银行存款和现款为 6.5%，抵押贷款和其他私人债款为 10%，房租、工资、奖金最高可达 100%。（2）具体规定：每个居民可以 1∶1 的折合率首先兑换 40 西德马克，两个月以后再兑换 20 马克。为了使国营各种行业、自由职业和司法人员有可支付的款项，按从业人数计算每人可拥有 60 马克的"业务款项"。各个"公共事业"可得到从 1947 年 10 月到 1948 年 3 月间实际收入的相应的百分比额。各州和地方得到的第一笔费用为 24 亿马克，邮政和铁路大约为 3 亿马克，占领国近 8 亿马克。（3）补充规定：为防止缺乏零钱，旧硬币仍按原价值的 10% 在市面上流通；此外，6 天后，已转成银行定期和短期的存款逐渐准予提取。这次改革"从流通领域回收了 93.5% 的旧马克，是德国经济史中最尖锐的一次币制改革"。①

1948 年 6 月 20 日的货币改革，当时并没有扩大到柏林西区，西方盟国避免刺激苏联，曾希望为柏林找到一个总的解决办法。但苏联对西方盟国的货币改革极为震怒，6 月 23 日在苏占区实行相应的改革。苏方命令柏林市政府使用东德马克，并试图把在苏占区实行的货币改革扩大到整个大柏林地区，西方盟国也最终把货币改革扩展到柏林西区。6 月 24 日苏联宣布封锁柏林，双方一时间剑拔弩张。西方盟国组织大规模空运，并采取反封锁措施，切断苏占区和西占区间的经济往来。这次危机历时近一年，直到 1949 年 5 月 12 日最终平息，可以算是货币改革引起的一段插曲。

## 三

长期以来，关于货币改革的评价众说纷纭，莫衷一是。评价主要集中在两个主要方面：一是它所包含的社会内容是否公正；二是它对经济政治发展有何作用及作用大小。这两个方面又是互相联系、密不可分的。关于它包含的社会内容是否公正方面，传统观点认为，货币改革对垄断资本非常有利，对广大人民群众来说却是一场浩劫，生产资财没有受到损失，而广大人民群众千辛万苦挣得的一点积蓄几乎全被剥夺，帝国主义的战争费用，一切债务和负担，都被转移到劳动人民身上，他们变得一贫如洗。因此，这一改革相当不

---

① ［德］韦·阿贝尔斯豪泽：《德意志联邦共和国经济史［1945-1980］》，商务印书馆 1988 年版，第 35 页。

公正,与社会市场经济原则相违背。① 另一种观点则与之相反,认为公债的勾销,居民存款价值骤跌,这些都只是货币改革的表面现象。事实上,在币制改革之前,德国人自己已经摒弃了帝国马克。改革从国民经济中取消了一种早已信誉扫地、犹如废纸的货币,却使德国人得到一种新的货币,这种货币获得了与美元兑换的有效价值。因此,"从根本上来说,德国人在币制改革中损失很小或没有损失。他们手中马克(无论是银行存款还是证券)的购买力锐减,并无回升的希望;事实上,德国人再也没有什么可以损失了"。②

笔者认为上述观点均有偏颇。货币改革作为一次事涉全体西德人民的较为彻底的改革,当时社会各阶层、团体、个人必然有利害得失。在当时情况下,货币改革既要促进经济的改革与发展,又要兼顾社会公平,其抉择是相当艰难的。货币改革对实物未作规定,并允许大多数公司在用新币编制资本负债表时,按1:1的比例估算,这确实对拥有实物者和大资本家有利。不过货币改革也规定,公民每人最初可得到60马克以渡过困难期,同时规定薪水、工资、房租、利息和养老金按等额支付新币,这就保证了人民的劳动所得。西占区当局在就此事表态时,也考虑了货币改革的福利因素,并规定了广泛的负担平衡以补偿改革的受害者,这一点后来体现在调整法令之中。③ 但是改革毕竟是一次剧烈的通货紧缩,它使大量流通的、没有相应购买力的"伪币"作废了,这使居民丧失了他们大部分积蓄,帝国公债的勾销更是对他们的掠夺。因此,正如埃尔德曼所言:"货币改革没有使领薪金、工资者受损失,更没有使拥有地产、房产和生产企业的人受损失。但它同时又是打击了所有的人,他们失去了大部分积蓄。"④ 这应为持平之论。

货币改革对经济发展所起的作用,人们并无异议,分歧只在多大程度上。一种观点认为,货币改革是复兴迅速发展阶段的根本原因,是战后西德建立新的稳定的货币制度的开端和基础,其意义怎么估计也不为过。⑤ 另一种观点则认为币制改革只是经济起飞的一部分,它并没有大大加速这种起飞,改革产生的巨大效应是因为对改革前生产水平的估计偏低。⑥

笔者认为这两种观点均富有启发性,但不够确切,要么誉之过高,要么贬之偏低。笔者认为,货币改革是西德复兴的必要条件而非充分条件,对其复兴产生催化和助推作用而非其根本原因,它也并非西德复兴的开始和经济建设的起始阶段,而是其中的一个重要环节,是德国经济上重要的分水岭。笔者认为改革的作用主要体现在以下三个方面:首先,改革促成了旧德国的进一步分裂,加速了西占区的统一和西德的成立,为西德经济发展创造了条件。战后德国被分区占领,各占领区当局为了本国利益,自行其是,大肆掠夺,并割断德国经济联系。苏占区当局共拆迁1900多家工厂,还改变生产结构,进行大规模的

---

① 复旦大学世界经济研究所:《德意志联邦共和国经济》,人民出版社1984年版,第43~45页。

② [美]埃德温·哈特里奇:《第四帝国的崛起》,世界知识出版社1982年版,第141页。

③ [德]韦·阿贝尔斯豪泽:《德意志联邦共和国经济史[1945—1980]》,商务印书馆1988年版,第33页。

④ [德]卡尔·迪特利希·埃尔德曼:《德意志史》第四卷(下),商务印书馆1986年版,第99页。

⑤ 裴元伦:《稳定发展的联邦德国经济》,湖南人民出版社1988年版,第121页。

⑥ [德]韦·阿贝尔斯豪泽:《德意志联邦共和国经济史[1945—1980]》,商务印书馆1988年版,第36页。

工业改组。法占区当局每年取走的社会产品也在1/4以上，美、英通过强制性出口、禁止出口和其他隐蔽性的赔偿获利，据英美经济管理机构估计，到1947年底，单是强制性出口就使西德损失外汇约2亿美元。与此同时，各占领区间的商品流通大为减少，1947年底苏占区同美、英占区之间的月贸易额不到4500万马克，法、苏占区间的贸易额仅为东、西方货物交换的6%。对外贸易不仅数量骤减，而且结构完全颠倒。战前原料占出口10%，成品占77%；1947年原料出口占64%，成品只占11%。① 而外贸对德国经济至关重要。但是，德国仍存在共同的首都和货币并通过一盟国监督委员会维持表面统一，委员会内部矛盾重要而又要求决议一致，使许多建设性的提议长期悬而未决，重大举措无法施行。货币改革首先拆去其中一根支柱，随之而起的柏林危机又拆掉其另外一根，使本已名存实亡的统一德国最终分裂。不过货币改革在促成旧德国分裂的同时，又推动西占区的统一和新的西德的统一和成立。1948年3月美、英军政府建立德国州银行，4月法占区也加入，这样西占区便形成第一个统一的机构。法占区参加货币改革是它参加西方建国的先声，西占区的政治经济统一开始实现，一个新的统一国家粗具雏形。当由改革引起的柏林危机平息后，西德即正式成立。西德的建立为解决德国的各种困难创造了条件。

第二，货币改革理顺了商品的市场价格，恢复了市场的功能，使劳动力重新变得有价值，加快了经济的发展。货币改革前，商品奇缺，纸币泛滥，物价不断上扬，人们抢购商品，囤积居奇，纸币失去了价值。盟国监督委员会力图控制商品价格，人为压制通货膨胀，这样又造成了商品价格与生产成本脱钩，人们不愿生产，工业生产下降，商品更加奇缺，货币再次贬值，市场的功能萎缩甚至变形。黑市和灰市活跃，人们热衷于易货贸易，这影响了劳动的分工和社会再生产。货币改革一次回收了93.5%的钞票，立即消除了混乱、道德败坏和一文不值的"伪币"，为形成反映市场真实形势的价格创造了巩固的计算基础。市场的功能重新恢复，人们拿出了囤积已久的商品。农民不再把农产品卖给黑市商贩而是直接送到市场，商店里货架重新充实，摆上了琳琅满目的商品；鲜肉、蔬菜、黄油、糕点等也不再限量供应，人们只要有钱，就可吃个痛快。美国著名经济学家亨利·瓦利希这样描述："……币制改革使德国的面貌日新月异。1948年6月21日，商店里又有了货物，货币恢复了正常的功能，黑市和灰市的作用缩小了……国家的精神面貌大变样……（人们）第一次能够放手购买商品。"② 货币改革还保证了人们的劳动所得，劳动重新变得有价值。改革前，人们不愿劳动，因为货币的收入给人们刺激很小，美国国会调查委员会证实，当时一个德国矿工6天劳动所得报酬为60帝国马克，而一只母鸡一周下的5个鸡蛋在黑市上可卖到200帝国马克。旷工、磨洋工现象普遍，工业生产效率降至战前的40%~50%，人们寻找职业只是为了获得食品供应证。改革后，工资收入有了相应的购买力，人们为了保住职业而努力，尽量加班加点。旷工率下降，生产效率提高，单位工时生产效率由1948年6月的62.8%（以1936年为基数）增长到12月的72.8%，1949年6月更达80.6%，亦即在币制改革开台后一年内增长了约30%。③ 随着名义工资的增

---

① ［德］韦·阿贝尔斯豪泽：《德意志联邦共和国经济史［1945—1980］》，商务印书馆1988年版，第18~26页。

② 转引自［美］埃德温·哈特里奇《第四帝国的崛起》，世界知识出版社1982年版，第144页。

③ ［德］路德维希·艾哈德：《大众的福利》，武汉大学出版社1992年版，第11~12页。

长和物价下降，工人实际工资大幅度提高，在 1949 年增长了 20.5%。虽然失业率上升，但工业生产迅速增加。

第三，货币改革为西德经济复兴提供了大量的急需的建设资金，为建立健全稳定的货币制度提供了前提，保障了经济的发展。通过货币改革，每个成年德国人可用手上无用的帝国马克换取有价值的 60 元西德马克，西德马克取代了帝国马克作为流通手段，获得了与美元的可兑换性。对德国国民经济来说，这犹如给一个处于半昏迷状态的急性贫血症患者输入了大量鲜血。货币改革后，马克价值迅速攀升。6 月 20 日，马克对美元的汇率由上午的 45∶1 猛涨到黄昏时的 10∶1。在随后几周内在 10∶1～15∶1 之间波动，到 1949 年 2 月，6 马克可兑换 1 美元。① 马克向作为稳定货币的方向迈进，而德国经济也重新焕发出生机。

总的说来，1948 年德国西占区货币改革是一次成功的改革。它虽然还有某些不合理、不完善之处，但它较好地实现了货币改革与经济改革的统一，保证了社会公正与经济发展。改革最终达到了自己的目的，新币作为有效货币被公众所接受，物价最终下跌，经济迅速繁荣，人民的福利得到改善和提高。法国经济学家雅克·瑞夫和安特烈·庇特描述："黑市突然一下不见了。橱窗里商品丰富，琳琅满目；工厂烟囱烟雾缭绕；街道上车水马龙。建筑工地的喧闹驱散了废墟的死寂……昨天晚上，德国人还在城里没头没脑地到处游逛，为的是多弄一点点食品。而今天，他们只需要考虑增加生产。昨天，失望还写在脸上，而今天，整个民族都饱含希望地面向未来。"②

（戴红霞　武汉大学政治与公共管理学院讲师）

---

① ［美］埃德温·哈特里奇：《第四帝国的崛起》，世界知识出版社 1982 年版，第 141～142 页。
② ［德］路德维希·艾哈德：《大众的福利》，武汉大学出版社 1992 年版，第 12 页。

中国宪政民主探讨

# 民主政治视角下的中国立法听证

徐 琳

摘要：移植于西方的中国立法听证制度之于中国的价值除了促进立法民主、立法科学外，还有着超越立法层面本身的价值。立法听证制度以公开、透明、广泛等特色促进立法民主和立法科学，同时，立法听证在中国还是利益合法表达和有序博弈的平台；是普法教育的有效方式；是民主训练、民主教育的极好课堂，它以独特的方式推动中国民主政治建设，是中国政治体制改革的重要制度创新尝试。

关键词：立法听证制度 民主政治

在转型时期的中国，建设高度的社会主义政治文明是一项重要的目标，而社会和谐正是社会主义政治文明的重要表征。在中共十六届六中全会上所作的《中共中央关于构建社会主义和谐社会若干重大问题的决定》中，民主法制、公平正义、诚信友爱、充满活力、安定有序、人与自然和谐相处是建设社会主义和谐社会的具体要求和内容。也就是说，民主政治是中国社会政治转型的重要内涵。在中共十七大报告中，胡锦涛指出："人民民主是社会主义的生命。发展社会主义民主政治是我们党始终不渝的奋斗目标。"把民主上升到"社会主义生命"的高度，说明了中国执政党对民主政治的高度重视，也说明了民主政治建设对于中国社会转型的重要意义。然而，民主政治建设固然需要新的观念，以开辟民主政治的空间，如中共十七大明确提出的民主法治、自由平等、公平正义三大政治理念；同时，民主政治建设的落实还需要具体的制度设计和制度创新。在中国基本政治制度已经建立和形成的条件下，民主程序和运行机制的设计、创新和运行对于民主政治建设的价值是有着重大意义的。中国立法听证制度是一项具体的立法程序性制度，它的核心价值和精神在于为立法机关和公民搭建了一个良性的互动平台，试图以程序正义促进实质正义，进而推进中国民主政治的进程。

## 一、立法听证制度是收集信息、实现立法科学化的有效渠道

一方面，立法从信息学的角度来说就是在广泛收集信息的基础上进行立法决策的行为，信息是决策者进行决策的依据。立法者应该采取多种方式、多渠道地收集信息，才能为制定出良法提供前提，而立法听证就不失为一种收集信息的有效的方式。美国学者戴维·杜鲁门曾经把立法听证的功能之一归纳为"收集信息的一种方式，这些来自不同的

实际存在的或潜在的利益集团的信息有技术方面的也有政治方面的"。① 实行立法听证，无疑给立法者开通了一条广泛收集信息及民情的渠道。

与其他收集信息的方式相比，立法听证具有独特的优势：

其一，立法听证所提供的信息相对集中。立法听证为不同利益群体的代表提供了一个不同意见正面交锋的场所和机会，决策者可以同时获得两种以上反映不同利益群体的对立信息，而且通过不同意见间的辩论和交锋，有可能从中激发更多的不同意见，使得决策者获得更多的信息。

其二，有助于提高收集信息的质量。听证代表都是自愿且有着充分的准备而来的，有时还是利益集团推选的代表，其综合素质往往高于其他方式中的信息提供者，因此，他们表达的意见质量一般较高，而且各方代表（包括专家）还有可能通过彼此间的交锋和辩论进一步提高其所传递信息的质量，这样的决策信息较之一般的决策信息更有价值。

其三，有助于立法者的采纳。立法听证是一种制度化的收集立法信息的方式，按照规则，听证组织机关负有将听证会上的各方意见整理并提出正式处理意见的义务。因此，立法听证不仅仅是增加了一种收集信息的方式，还为各方意见纳入决策方案提供了制度上的保障。

另一方面，立法听证收集的信息除了有助于立法者了解民情民意之外，更重要的是有助于立法科学化。现代社会，法律所要调整的社会关系和规范的社会行为越来越复杂，只有具有非常全面的专业知识和素养的立法者，才能制定出良法、善法，实现立法科学化。然而，代议制民主是间接民主，立法者只是全体人民授权的少数人，虽然他们中不乏各行各业的专家学者，拥有较高的知识和素养，但毕竟不可能通晓所有领域的知识，不可能及时掌握所有领域的发展动态，在科学技术迅猛发展、社会快速进步的当今时代，立法者单凭自己的知识是无法实现立法科学化的，必须借助其他相应的工具和力量，如广泛收集信息，尤其是专业化的信息。为此，现代国家立法时都采取了许多听取意见的方法，如座谈会、论证会等，立法听证会也是一种重要的听取意见的方法。通过立法听证会，不仅能收集到不同的民意，而且也能听取到普通民众中涉及所立之法的专业方面的声音。

## 二、立法听证制度是实现立法民主、推进民主和法治的有效方式

在代议民主制下，国家立法机关的活动属于间接立法，即由人民选出代表，然后由代表组成代议机关（议会或人民代表大会），再由代议机关代表人民制定法律。在这种情形下，"人民对于立法的作用，通常体现为选举权和罢免权。他们通过选出能够代表自己利益和意志的代表，来达到参与立法的目的。一旦代表不能忠实地履行自己的职责，有悖民意，在法定条件和程序下，人民就可以罢免他们"。② 也就是说，在代议民主制下，人民只能间接地参与立法，对立法的起草、制定、审议等过程一般并不知晓，只能被动地遵守由代议机关制定的法律。

三百多年的实践证明，代议民主制是一种行之有效的民主制度，但也有着无法克服的

---

① William J. Keefe, Morris S. Ogul, *The American Legislative process*, Prentice-Hall, Inc. , 1985, p. 206.

② 李林：《立法机关比较研究》，人民日报出版社 1991 年版，第 6 页。

弊端和实践困境，它不是理想的民主，而是无奈的民主。

间接立法的弊端是显而易见的，"正如代议制民主不是完备的民主形式一样，间接立法也不是完备的立法形式。如果民选议员或代表的素质较差，达不到实行民主政治的起码要求，如目不识丁，对民主、法律等一无所知，对自己作为议员或代表的责任和义务不甚了了，极有可能的结果就是他会违背民主政治的本意而走向反面"。①

事实上，在多元化的现代社会里，阶级和阶层的分化越来越明显，与之对应的是，人们的利益越来越分化，政治诉求各异，代议制民主所产生的矛盾和冲突日渐突出，间接立法越来越不能反映公民的不同利益要求。于是，为了弥补代议制间接立法的弊端，在立法中通过多种途径听取公众的意见，让公众直接参与立法活动，从而提高立法的民主化和科学化的水平，成为世界上许多国家普遍采用的做法。这其中，立法听证制度的实施，就是一项非常普遍和行之有效的方法。中国的人民代表大会制度实行的也是间接立法的形式，将西方国家行之有效的立法听证程序移植到人民代表大会的立法程序中，对于弥补人大立法的某些局限和弊端无疑也是有着重要意义的。

此外，对于中国而言，由于社会制度和国情不同，实行立法听证，除了上述弥补人大立法缺陷的价值外，立法听证在促进公民参与立法，推进立法民主化，进而推进民主政治的发展，有着更为特殊的政治价值。

首先，从制度环境而言，中国代议制民主的具体形式是人民代表大会制度。人民代表大会制度是中国根本的政治制度，是保障中国人民当家做主权力的具体形式，有着无比的优越性，是基本适合中国国情的。但是，作为代议制民主的一种具体形式，人民代表大会制度也有着其自身的不足。这些不足有些与西方国家议会制的不足是相似的，如人大立法也是间接立法，在立法民主化、科学化方面有着间接立法固有的弊端；有些则与人民代表大会制的特点有关，比如：人民代表大会代表人数庞大，每年开会任务繁重且会期短，不可能对所有立法都详细审议，事实上每次人大会议上对法案往往仅仅是听取报告，深入讨论甚至论辩的情况很少；人大代表中党政官员居多，造成"既是立法者又是执法者"的现象，从客观上影响到立法的民主性和科学性。中国的大多数法案由各级政府部门提起，政府的主要官员又在人大中兼职，容易使得所立之法带上政府主管部门的偏好，甚至有时为了部门利益而牺牲人民群众的利益，从而就会背离人大"一切权力属于人民"的原则和宗旨。另外，人大代表的选拔过于强调代表性而忽略专业性，而且人大代表多为兼职，实际上很多人不能而又无暇顾及人大代表的具体工作，也很少主动去征求民意，将人民群众的意见带到法案的审议之中，使得法案无法全面吸纳民意，导致立法的民主化和科学化程度不高，等等。这些不足都直接影响到人大功能和作用的发挥，也不符合中国社会主义民主的要求。20世纪末从西方移植而来的立法听证制度，可以看做是实现直接民主，弥补人民代表大会制度不足的一项重要形式，与其他立法民主形式不同的是，立法听证是普通公民直接的政治参与，保障了公民享有了解立法焦点以及立法者预定观点的权利，它是一种制度化的民主形式，有着与其他立法民主形式所不同的优点，通过这种民主形式，可以弥补立法者视野的盲点，使民意得到延伸和汇集，实现真正的立法民主。

其次，从民主性质来讲，中国是社会主义国家，实行的是社会主义民主。中国宪法规

---

① 汪全胜：《立法听证研究》，北京大学出版社2003年版，第15页。

定："人民依照法律规定，通过各种途径和形式，管理国家事务，管理经济和文化事业，管理社会事务。"也就是说，社会主义民主的核心内涵是：健全民主制度，丰富民主形式，扩大公民有序的政治参与，保证人民依法实行民主选举、民主决策、民主管理和民主监督，享有广泛的权利和自由，尊重和保障人权。那么，对于立法来说，要实现上述社会主义民主的要求，就必须民主立法，尊崇民意，让公民参与立法过程。而所谓民主立法，首先是一句口号、一项原则和一种理念，但它又不仅仅是一句口号、一项原则和一种理念。在更多的情况下，它表现为一项制度设计、一种运行模式和一个工作方法，它存在于立法工作的每一个细节之中。立法听证，正是民主立法的一项具体制度和方法。因为，立法听证的核心内涵就是公民参与，通过立法听证，不仅能突破立法中原有的一些体制内封闭运行的弊端，提升法律的品质，而且也向世人表明：普通老百姓在立法工作中将会拥有越来越多的话语权，民意对立法的影响也越来越大。

第三，从促进公民参与立法，实现有序的直接民主来看，实行立法听证制度，对中国民主政治的发展也是很有价值的。对于现代西方资本主义国家而言，由于成熟的资本主义市场经济，公民社会的发育比较成熟，公民有着比较高的政治参与热情和技巧，政治社会化程度也比较高，参与政治的渠道和方式也比较齐备，立法听证只是立法过程中的一个小小的民主程序，在西方国家民主政治中的价值并不突出。而在中国，立法听证的价值就不一样了。中国的社会主义国家形态是在封建社会的废墟上建成的，虽然社会主义赋予人民当家做主的权力，但从政治心理和政治行为特征上讲，人们身上还有许多旧时代的痕迹。这种现象与中国长期的封建传统不无关系，在漫长的封建专制时代，统治者是不允许也不希望公民参与政治的，公民没有参与政治的机会，也不具备参与政治的技能。在现阶段，由于某些制度、体制和文化习俗的障碍，中国公民政治参与中的制度化参与渠道还不够宽阔，政治参与的方式也不够规范，还存在许多体制外的政治参与行为，体制外的政治参与对社会政治民主和政治稳定是有影响的。因此，建设社会主义民主政治必须不断扩大制度化的公民政治参与渠道，并使之有序和有效。立法听证制度的实行，给民众提供了一个法定的参与政治的场所或舞台，使得普通民众有了在一定程度上参与立法和权力资源分配的机会，可以在一定程度上弥补代议制的缺陷，进而促进立法民主，从社会基层层面推进中国现代民主政治的发展。

### 三、立法听证制度是利益合法表达和有序博弈的平台

立法是分配和合理配置权利和义务的一种国家活动，从其体现的社会关系来说，立法实质上是对各种利益关系进行分配、界定和协调的活动。对于当今中国来说，这项工作显得尤为重要和迫切。

自改革开放以来，中国社会发生了巨大的变化，社会快速从传统的农业社会向现代工业社会转型。随着社会的转型，工业化和城市化的发展带来社会生产方式的革新，日益专业化的社会分工逐步取代了传统的自给自足的生产模式。这种专业化分工带来社会利益的不断分化和聚合，以阶级、阶层、职业、种族、地域等为基础的群体意识随之出现并不断强化，同时，社会不同群体之间日益频繁的社会互动也不断强化着各个群体对各自利益和要求的主体性意识，从而要求政治系统提供相应的利益诉求渠道和平台。原有利益群体的关系也发生了变化，计划经济体制下的所谓"共同利益"已经不存在。在这种情况下，

各种利益冲突和摩擦不断出现，社会价值取向多元化，社会矛盾更加复杂，各种利益纠纷也大量增加，纷纷要求在现有的政治系统内维护本集团的利益和生存空间。否则，无法表达利益的社会群体可能会寻求其他渠道甚至是违法的渠道来表达利益，那时，社会秩序会遭到严重破坏。可以说，社会结构和利益的多元化，既为中国的民主政治发展注入了巨大的活力，也迫切要求执政者建立现代制度体系，加快民主政治建设，以凝聚人心。在中共十六届四中全会上，中共提出了构建和谐社会的科学理论，其核心精神就是要建立使社会各种利益保持平衡，从而保障社会的稳定和持续进步。要贯彻这一核心精神，建立平等的利益表达机制和合理的利益协调机制是必然选择。

在一个法治社会，立法过程就是各利益集团追求自身利益合法化的过程，法律是对社会各方利益的确认。所谓良法，就是能够合理地调整社会各种利益关系、规范社会权利义务、使社会资源得到合理配置的法律，对于缩小社会成员之间的差距，实现社会公平起着至关重要的作用。而要想制定良法，首先就应该寻找各地域、各社会阶层的利益之间的均衡点；而要在各地域、各社会阶层之中寻求到一个利益均衡点，就需要给每个社会阶层的人以发表本阶层观点、反映本阶层利益的机会。立法听证的实质就是提供一个畅所欲言的平台，让不同的利益集团在这个平台上进行博弈，最后使得各方利益能达成妥协和平衡，社会才能得以平稳、健康、有序地发展和进步。

良法的产生以利益的充分有序地博弈为条件，而利益的表达和博弈需要一个平台，以实现不同利益诉求主体的对话。在中国以前的立法实践中，利益表达机制的一个显著缺陷就是：不同的利益主体只与立法主体沟通，而极少有机会实现不同利益主体之间的直接对话和交锋。立法听证制度保证了利益主体既能与立法主体沟通，又能和其他涉法利益主体直接对话。对此，有学者认为："为了给予不同利益和力量以制度性的表白途径，及使利益冲突能达成某种程度的共识，现代民主国家均设立法规听证制度，以公共和理性的沟通途径来化解冲突，尤其赋予利害关系人参与表示意见之机会，使人民能直接参与决策机制，实现人民直接民主。"[①] 美国学者戴维·杜鲁门也认为："它提供了一种准仪式的手段来调节利益集团之间的分歧以及通过一种安全阀来减轻或消除干扰。"[②]

所以，立法听证不仅仅是一个民意的征集和表达的过程，而且也是一个利益各方在公开、透明的民主程序中进行碰撞和协调，以求其利益诉求最后在法律中得到平衡体现的过程。作为不同利益主体进行利益表达的程序性制度，立法听证通过利益相关者参与政治决策的过程，并在此过程中对话、沟通和交流，最终形成共识，从而对立法决策产生影响。这样的运作，对那些与人民群众密切相关的法律的制定，特别有实效。近年来各地方人大进行的操作实践，已经很有说服力地证明了这点。正义和公平就是在这种老百姓看得见的制度形式中得以实现的。在这里，通过立法听证，彰显权力机关的运作走向更加公开、公正的程序要义，完全契合中国当前建设社会主义和谐社会的要求。

---

① 罗传贤：《行政程序法基础理论》，台湾五南图书出版公司 1993 年版，第 185～189 页。

② William J. Keefe, Morris S. Ogul, *The American Legislative process*, Prentice-Hall, Inc. ，1985，p. 207.

## 四、立法听证制度是促进良法产生的有效程序

建设高度的社会主义民主和法治是中国现代化转型的重要前提，而法治国家的前提是要有良法、善法。正如亚里士多德所言："法治应包含两重意义：已成立的法律获得普遍的服从，而大家所服从的法律又应该本身是制定得良好的法律。"① 何谓良法、善法？"善法是经正当程序制定的，必须反映广大人民的意志并体现客观规律，善法需要通过理性来公平地分配各种利益。"② 也就是说，良法的标准应该包括：反映民情民意，体现客观规律，具有合理性和可行性，而且制定的程序正当。参照这样的标准，立法听证制度无疑是促进良法产生的一种很好的方法和措施。

首先，从各地立法听证规则来看，尽管关于立法听证宗旨的具体表述略有不同，但无一例外地强调了尊重客观规律，坚持立法民主化、科学化的价值取向。具体如表 1 所示：

表 1

| 规则名称 | 规则宗旨和目的 |
|---|---|
| 深圳市人民代表大会常务委员会听证条例（2001-12-3） | 规范市人民代表大会常务委员会的听证活动，促进常委会工作的民主化和科学化 |
| 浙江省地方立法听证会规则（2000-4-14） | 发扬立法民主，提高立法质量，规范立法听证会活动 |
| 山东省人民代表大会常务委员会制定地方性法规听证规定（2002-9-28） | 规范地方立法听证活动，提高地方立法的民主化、科学化程度，保证地方性法规质量 |
| 青海省人大常委会立法听证试行规则（2002-6-20） | 规范立法听证活动，扩大立法民主，提高立法质量 |
| 南京市立法听证组织办法（2001-3-14） | 增强地方立法的民主性和科学性，规范立法听证活动 |
| 广州市人民代表大会常务委员会立法听证办法（2002-5-23） | 规范立法听证活动 |
| 贵阳市人民代表大会常务委员会立法听证规则（2003-8-29） | 规范立法听证活动，吸纳各方立法建议，提高地方立法质量 |
| 湖北省人大常委会立法听证规则（2002-11-20） | 规范立法听证活动，发扬立法民主，提高立法质量 |
| 甘肃省人民代表大会常务委员会立法听证规则（2003） | 规范立法听证活动，广泛听取人民群众意见，促进立法的科学化、民主化，服务立法决策，提高立法质量 |

---

① 亚里士多德：《政治学》，吴寿彭译，商务印书馆 1965 年版，第 199 页。
② 孙笑侠：《法治、合理性及其实现》，载《法制与社会发展》，1997 年第 1 期。

立法听证规则是立法听证中必须遵守的行为规范，在一定程度上，它可以被看做是制定规则的规则。在立法听证中遵循上述规则，也就从立法的程序上确立了制定良法的制度基础。

其次，良法在内容上的体现就是：符合客观规律，充分反映民情、民意。目前由于条件所限，只有少数立法事项进行听证。从部分地区制定的立法听证规则和立法听证实践来看（见表2），其所关注的都是与人民群众切身利益密切相关的社会热点问题或有较大意见分歧的法规案，通过立法听证，能使这些与人民群众切身利益密切相关的立法符合客观规律，充分反映民情、民意，协调和平衡各种利益主体的利益，从而最大限度地保障广大人民群众的根本利益。同时，通过参与听证活动，民众不仅能表达自己的利益和意见，还能了解其他利益群体的意见，从而能够更好地理解立法机关的立法意图，推进法律的实施。

表2

| 省、市名称 | 立法听证范围 |
| --- | --- |
| 深圳市 | 涉及社会普遍关注的热点、难点问题的；涉及对特定组织和个人的权利和义务或者对公共利益有影响的；常委会、专门委员会和工作委员会组成人员之间出现较大意见分歧的；需要广泛听取意见、搜集信息的事项。 |
| 山东省 | 对公民、法人或者其他组织切身利益有重大影响、需要听取各方面意见的事项；审议意见分歧较大的事项；制定地方性法规所依据的事实情况比较复杂的事项。 |
| 青海省 | 对是否制定法规有较大争议的或者法规案中有较大争议事项的；涉及不同利益群体之间有明显利益冲突或者对公共利益有较大影响的法规案。 |
| 广州市 | 对制定、修改或者废止地方性法规的必要性有较大争议的；对地方性法规草案的内容有较大争议的；需要进一步了解民意的法规案。 |
| 贵阳市 | 社会普遍关注的；对公民、法人或者其他组织权益有较大影响的；有较大争议的立法项目、法规草案。 |
| 湖北省 | 涉及全省经济、社会发展的重大问题的；涉及社会普遍关注的热点、难点问题的；对相关公民、法人或者其他组织的权益有较大影响的；涉及的不同利益群体之间有利益冲突的法规案。 |
| 甘肃省 | 在审议中有重大分歧意见的；涉及与人民群众切身利益直接相关的社会热点问题的；对特定组织和个人的权益有重大影响的法规案。 |

## 五、立法听证制度是普法宣传的有效方式

通过立法听证，立法机关倾听了人民群众的心声，使得立法建立在充分的民意基础上，这样制定出来的法律必然会比较容易获得民众的自觉认同和拥护，至少民众对相关法律法规有了较好的了解和理解。这无疑对法律法规的实施大有好处，有益于将纸上的法律条文内化为公民实际生活的真实准则。"徒法不足以自行"，良法再好，也需要实施后才能取得效果。法律的实施依赖于公民良好的法律意识，而良好的法律意识光靠书本知识或者宣传工具的灌输是不能成功的，枯燥的书本教育无法让公众感同身受，简单的法律宣传也难以让法律条文在人们头脑中生根。只有让公民亲自参与法律的制定过程，感受不同利益间的博弈和平衡，才能使他们真正理解法律的必要性和严肃性，从而自觉地维护法律的尊严，自觉地执行法律。过去我国法律的制定更多的是专家立法或部门关起门来立法，和民众直接交流的机会太少，以致人们对于法律缺少认知，只是被动地被要求接收，也就难以对法律产生认同感，进而导致法盲现象严重、守法效率低下。近十多年来中国各地方人大立法听证的实践和全国人大首次立法听证会表明，对于像个税调整这样与人民群众生活利益密切相关的立法活动而言，更加公开的、公众化的，直接面向社会、倾听民声的立法程序是必不可少的过程，通过这样的过程，不仅有利于立法部门认真集纳民意，而且能丰富和提高自身的立法智慧，使立法质量更有保证，进而使得制定的法律得到人民的理解和认同。因为，在这样的立法过程中，人民群众不仅是直接或间接的利害关系人，而且是法律制定的参与者，这就很好地宣传了法律，减少了法律推行中的阻力和障碍，使法律得到人民群众的普遍遵守和顺利实施。所以，美国学者戴维·杜鲁门认为，立法听证的第二个功能就是"它是一种宣传渠道，通过它使公众有所知悉，并且使得它的某些内容部分地得到巩固和强化"。甚至认为："在某一种措施的形成过程的某些方面，实际上，听证的首要功能在于它们的宣传价值。"① 对于正在走向现代化的中国来说，要实现真正的民主与法治，文本的构建固然重要，更重要的显然是具体的制度落实和推广。推行立法听证制度，正是这样一种很好的普法宣传方式，是推进民主和法治进程的具体实在的制度措施。

## 六、立法听证制度是民主训练、民主教育的课堂

除了对立法本身的意义外，立法听证也是一所民主的学校。

首先，立法听证为相当广泛的社会主体提供具有制度保障的经常化的民主训练的空间。立法听证会不同于座谈会、论证会的一个重要特征在于其严格的程序性和规范性。为了保证陈述人的广泛代表性和平等的发言机会，听证会一般都制定严格的听证规则，对陈述人的遴选、参加人数、听证会的发言顺序、发言内容、发言时间和主持人、记录人等都有明确规定。普通民众通过这样的方式实质参与立法过程，可以直接获得在一个规范化的场所，以程序化的手段表达各自利益诉求的机会，真正享受民主的国家生活和社会生活。这样的意义，在当今中国是十分重要的。过去，在中国的国家生活和社会生活中，普通的社会主体，特别是公众，直接获得民主实践经验和实际演练的机会，是十分少见的。现

---

① William J. Keefe, Morris S. Ogul, *The American Legislative Process*, Prentice-Hall, Inc. , 1985, p. 207.

在，立法听证制度正给大家提供了这样的机会，这与中国致力于建设现代民主、现代法治国家的要求是十分契合的。

其次，立法听证是民主教育的极好方式，可以为社会培训出大批成熟的公民。通过立法听证的民主过程，公众可以学会对社会政治的有序参与；学会在争取、维护自己的权益时进行合法的诉求；学会在更广阔的社会生活领域里，具体、有效地行使自己的民主权利。民主固然是一种生活，但要进入和适应这种生活方式，公众需要学习和训练并逐渐养成必备的民主习惯。事实上，经过学习和训练，这样的目的是可以达到的。近年来各地立法听证的实践都有力地表明：立法听证既是一个拓宽立法表达渠道、激发公众民主参与热情的过程，同时也是一个接受民主训练、提升民主实践能力的过程。此外，一个有形的立法听证会，规模不可能很大，但它的示范意义是巨大的，它带动的各种媒体所汇集、传播的舆论，也成为事实存在的无形的"听证会"，吸引广泛的社会关注，也为广大人民群众的民主训练提供了生动的演示。通过参与立法过程，公民可以提高参与政治的热情和技巧，逐步养成宽容和妥协的精神，后者正是现代化制度赖以建立的政治文化基础。

总之，作为一种程序性制度，立法听证制度体现的是程序民主和程序科学的价值，它是为了弥补间接立法的缺陷而出现在西方国家的立法程序中的。然而，对中国而言，立法听证却不仅仅具有弥补人大间接立法局限的功能，它更在促进中国立法民主化、科学化，整合、协调社会各方利益，民主教育、民主宣传等方面有着重要的价值。如若把立法听证放在中国转型时期民主政治建设的视野下评价，立法听证是中国政治体制创新的重要尝试，对于中国的民主政治建设，立法听证制度的引入有着制度民主的价值，对于中国的民主政治建设能起到积极的推进作用。

（徐琳　武汉大学政治与公共管理学院副教授）

# 村落自主性：概念、表现与成因分析

刘 伟

**摘要：** 关于村落自主性，现有的社会理论中已有不少相关分析。本文试图从概念界定、主要表现与成因分析三个方面对此问题作进一步的探讨。从理想类型上看，村落自主性具有如下表现：自我提供公共产品，自我生产帮扶体系，自我满足消费欲望，自我维持内部秩序。而从成因上看，以上诸多特征依赖于相应的内外支持结构：从内部看，村落的自然条件与空间分布、熟人社会的特质、交换圈的客观存在、资源总量限制与模糊化利益、民间信仰体系都是至关重要的变量；从外部看，"编户齐民"的限度、"皇权不下县"与乡绅的非正式治理、政府的重农观念与休养生息的理念、村落与国家共享一套文化符号，是非常重要的外部结构性因素。系统解析村落自主性问题，可以发现其维持所需的独特的社会条件。这有利于我们在现代化的背景下反思村落的价值及其限度。

**关键词：** 村落自主性 概念 表现 成因分析

传统村落内部有着复杂而自足的秩序维持系统，以至于村落在某些人眼里，就是诗情画意的人间乐土。有学者曾经对法国殖民主义统治之前的一个越南村庄作出文笔优美的描述："浓密的竹林掩映着典型的越南村庄，荆棘篱笆环绕着村舍。村民们居住在绿竹屏蔽之后，就像居住在神话故事中的魔圈里面。周围的田野提供了他们所需要的物产，他们躲在自己造就的保护圈内，不愿与陌生人打交道，甚至不愿意与政府打交道。比如给政府交税吧（这是它们与政府的主要联系），他们就按一个整体由社区统一上交。村庄是这片土地的主宰，是这个国家的支柱，但他们又保持着内部自治和地区范围的自给自足的经济。"[①] 这一景象也正是本节试图分析的理想类型意义上的"村落自主性"。

从概念上讲，村落作为一个相对独立的实体，若能够通过自身的机制，运用自身的资源解决其面临的公共问题，而不主要地依赖于外在的国家、市场等力量，这样一种能力和状态，我们便可称其为村落自主性。虽然传统中国乡村可能不存在任何性质的自治政府，[②] 但村落在社会领域的一定自主性却是不能否认的。从村落自主性的视角看待村落以

---

① 转引自［美］米格代尔《农民、政治与革命：第三世界政治与社会变革的压力》，李玉琪，袁宁译，中央编译出版社1996年版，第17页。

② 持此论者当推萧公权，但他的研究主要是针对清朝政府对乡村的控制实践，而且我认为他对"自治政府"的定义标准也有比照西方政治实践的严苛性。参见汪荣祖《萧公权先生学术次第》，载萧公权：《宪政与民主》，清华大学出版社2006年版。

及村落与国家间的关系，我们可以建立一个长时段的分析框架，用以解释传统社会向现代社会变迁的治理逻辑，这也就是传统帝国向现代民族国家转变过程中村落的秩序生成逻辑的变革，其中透露的问题有助于我们理性地看待历史上和当前的村落，也能够帮助我们审慎地设定我国农村建设的路径和步调。

## 一、相关理论回顾

总体来看，经典理论中主要有如下几大视野对分析村落自主性的相关问题具有较强的启示价值：第一种是社会学的功能主义视角，尤其以迪尔凯姆"机械团结"与"有机团结"的概念区分①为代表。在迪尔凯姆看来，在传统社会中，人与人之间因为分工不充分，同质性强，因而社会的凝聚力是机械的；而现代社会因为分工，使得社会的各个部分，各社会成员之间互相依赖，从而构成有机团结。这种观点部分程度上反映了社会变迁的一些面相，但其中关于"机械团结"的观点是否能够用来分析中国传统村落，还应该进一步探讨。正如后文将要谈到的，中国传统村落作为传统社会的重要载体，其内部也是存在一定的功能分化和有机整合的。

第二种理论与第一种理论有相通之处，但强调的重点却有不同。这主要是德国社会学家滕尼斯关于共同体与社会的经典界定。在滕尼斯②看来，传统社会以共同体为社会的主要组织形式，而共同体是一个有着感情认同和归属感的紧密团体，但现代社会却是一个陌生化的关系。从共同体到社会的转变虽然让人惋惜，但却是不得不面对的现实。滕尼斯的理论尤其是其关于共同体的解释在相当大的程度上能够说明中国传统村落的某些特征，对我们分析村落的自主性具有启示意义，但其关于从共同体到社会转变的判断则需要我们结合中国村落发展的实际进行反思。

第三种有代表性的观点是马克思关于"亚细亚生产方式"的相关论述。马克思认为在官僚主导的国家里，小农是零散的，彼此之间缺乏紧密的联系，因而专制的国家像麻袋一样把这些如马铃薯般的小农装起来。③ 后世学者如魏特夫更是明确地指出东方社会是一个治水社会，官僚机器主宰了社会。④ 马克思和魏特夫的观点，从国家层面来看说明了东方国家官僚机构主导社会的逻辑，却也在某种程度上忽视了村落社会自身的一定自主性，同时也可能忽视了村落与国家内在的一致性。⑤ 秦晖则认为中国传统社会是一个大共同

---

① 于海：《西方社会思想史》，复旦大学出版社 2004 年版，第 250～252 页。

② ［德］斐迪南·滕尼斯：《共同体与社会》，林荣远译，商务印书馆 1999 年版。

③ 马克思认为，在法兰西："小农人数众多，他们的生活条件相同，但是彼此间并没有发生多种多样的关系。他们的生产方式不是使他们互相交往，而是使他们互相隔离。这种隔离状态由于法国的交通不便和农民的贫困而更为加剧了。他们进行生产的地盘，即小块土地，不容许在耕作时进行分工，应用科学，因而也就没有多种多样的发展，没有各种不同的才能，没有丰富的社会关系……广大群众，便是由一些同名数简单相加形成的，好像一袋马铃薯是由袋中的一个个马铃薯所集成的那样。"（《马克思恩格斯选集》第 1 卷，人民出版社 1995 年版，第 677 页）

④ ［美］魏特夫：《东方专制主义》，徐式谷等译，中国社会科学出版社 1989 年版，第 2 页。

⑤ 如有外国学者就认为：在非组织的、个体分散的中国农村，国家能够影响社会的原因，实际上在于二者结构上的同一性，而非社会独立的组织化。转引自张静《法团主义——及其与多元主义的主要分歧》，中国社会科学出版社 1994 年版，第 389 页。

体，而抑制了社会领域的小共同体成长，他甚至对传统的说法"皇权不下县"表示了怀疑，认为在编户齐民的强大体制下，乡村的自治并不像某些人们想象的那样充分。①

实际上，关于中国村落的自主性，日本学术界早在 20 世纪二三十年代就开始争论，之后这种争论也持续地出现在日本学界。② 只是中国地区差别巨大，观察者选择的村落可能有所不同，加上中国近代以来的村落已经受到内外诸多力量的侵蚀，其自主性早已不能同古代相提并论。但即使如此，延续至今的村落在某种程度上的自主性，也能说明村落自主性作为一个历史事实和社会事实顽强地存在着，值得我们去挖掘。

现有学术界对于村落自主性的相关问题，主要有从国家与乡村，乡村关系，社区建设，村社本位，身份认同，乡土重建等角度切入的讨论。其争论的核心往往是村落具有一定的独立性和自主性，但因为国家政权建设和市场化等现代性因素的介入，原初意义上的村落自主性正在不断地走向解体。在此种情况下，出现进一步现代化和重建乡土恢复村落自主性的相关分歧。通过下文的分析，我们将会发现，村落自主性的维持需要相当苛刻的外部条件和内在条件，经历过多次深刻冲击的我国村落，能否重新恢复其自主性，在多大意义上恢复其自主性，以及如何恢复其自主性，等等问题，都需要我们参考历史经验，立足当前村落所处的新环境作出新的思考。③

## 二、村落自主性的体现

村落，就是基于历史和地缘的原因，由生产生活在一起的村民构成的远离国家远离城镇的乡土空间，这个空间集生产、生活、交往和娱乐于一身，从外部看，是一个有着地理边界和文化（心理）边界的实体。传统中国村落具有自主性，这主要体现在以下几个方面：

### 1. 自我提供公共产品

因为村落较少与外部世界发生关系，包括与国家的联系也只有交皇粮、服役和迫不得已的诉讼。对于常规的村落生活来说，"天高皇帝远"，村民们的确是"日出而作，日落而息，帝力于我何有焉"了。那么，村落范围内的公共需求并不能因为国家的缺席而停滞，相反，它能够自我提供。比如，村落范围内的道路、沟渠、桥梁、教育、医疗、各种文化设施和文化活动（最典型的就是宗族祭祀活动和节庆庙会），直至村落的秩序维持都得在主要程度上由其自己来完成。弗里德曼通过对宗族械斗的研究就发现："地方习俗使强宗大族占有最好的土地和最有用的灌溉系统。"④这些在现代社会看来都应该由国家提供至少应该有国家介入的公共产品供给，主要都是靠村落自身来实现。当然，"水来了要防水灾造堤防，节庆的时候

---

① 秦晖：《政府与企业以外的现代化——中西公益事业史比较研究》，浙江人民出版社 1999 年版，第 77 页。

② 郑浩澜：《"村落共同体"与乡村变革——日本学界中国农村研究述评》，载吴毅：《乡村中国评论》（第一辑），广西师范大学出版社 2006 年版。

③ 黄树民通过对一个村落的历史考察，发现："在中国农民的生活普遍得到改善的情形下，一种全国性文化抬头，传统上小型、半自治而独立的农村社区，逐渐被以中央政府为主的大众文化所取代，然而，某些传统的信仰与习俗仍得以延续。"黄树民：《林村的故事：1949 年后的中国农村变革》，素兰，纳日碧力戈译，北京三联书店 2002 年版，"封面 2"。

④ 莫里斯·弗里德曼：《中国东南的宗族组织》，钱杭译，上海人民出版社 2000 年版，第 133 页。

要组织庆典,盗贼来了要防卫。这些工作不能由一个村来完成,必须有跨村跨里组织"。① 而这种组织多是由文化性纽带支撑起来的,而且对于政治和行政的变革而言具有相当的稳定性,部分考古发现也证明了这一点。② 这是村落自主性的首要特征。

## 2. 自我生产帮扶体系

任何一个社会共同体的延续都需要有一套机制防止风险和意外,从而保持共同体的稳定。在中国传统村落,大多存在各种形式的民间互助帮扶网络。这主要有基于邻里熟人关系而结成的换工网络,基于血缘人伦的帮扶网络,基于宗族责任的对弱势村民的救助体系,等等。正因为外力介入少,可凭借的外部资源极其有限,村落内部的人要生存就必须结成各种紧密的关系以应对贫乏的资源和有限的生产力。这其中既有利益互惠的原因,更有人伦情谊的纽带,所以,这种帮扶体系具有差序格局意义上的网络特征,多种网络交织,在一般情况下,足以支撑村落内部的基本需要,并且具有较强的延续性。绩溪华阳邵氏宗族家谱《家规》恤族条中的记载就是一个很好的例证:"族由一本而分,彼贫即吾贫,苟托祖宗之荫而富贵,正宜推祖宗之心以覆庇之,使无所失,此仁人君子之用心也。若自矜富贵,坐视族人贫困,听其寮妻质子而为仆妾,以耻先人,是奚翅贫贱羞哉?即富贵亦与有责也。"③ 在帝国时代,虽说没有严格意义上的抚恤制度和公益事业,但村民可以依靠亲属关系实现互相接济,这种出于亲情和道义的自然方式,由村内血缘关系和村外姻亲关系构成。其次,邻近村落之间的互助体系也可以通过围绕义仓和社仓的相关活动实现。

## 3. 自我满足消费欲望

此处所讲的消费欲望主要是指劳动剩余意义上的商品消费。在传统村落,一方面存在着熟人之间的物物交换,另一方面在节庆庙会等民间文化活动时的间歇性市场,更主要的是存在着围绕村落的本地集市。在通常情况下,一个集市周围的几个村落,形成一个稳定的交换圈,村民只要到不远的集市就能够获得需求不多的基本消费品。加之,传统社会的基本价值是"重农抑商",村民对劳动剩余并不着力于积累而从事大规模的商业生产,相反,他们要么继续购置田产,要么作为培育子女读书的储备,要么就是花掉,消费的多样性因为市场的小规模和封闭性而没有被充分激发,消费的欲望也不是很强烈,所以,本地集市形成的商品交换圈基本能够保证周遭村落的消费需求。当然,这个交易圈的背后也是有网络的,美国的社会学家施坚雅则通过对四川市场的研究,认为中国的市场机制是阶层化的,从农村到全国性的大都市里有四级到五级的分布,下面的三层基本上和杨庆堃在邹平的发现是一样的。④ 所有这些基于中国经验的研究都证明,表面上相互隔离和分散的各个村落,其实也处在背后更大的文化、市场、社会网络中。

## 4. 自我维持内部秩序

虽然,我们可以在宽泛意义上将秩序归入公共产品的范畴,但村落内部秩序维持的独特逻辑使我们有必要将此问题单独列出。前文对村落公共产品的描述中涉及自我防卫体

---

① 许倬云:《从历史看管理》,广西师范大学出版社 2005 年版,第 21 页。

② 许倬云:《从历史看管理》,广西师范大学出版社 2005 年版,第 21 页。

③ 袁瑜铮:《精神的家园——从徽州的清明节说起》,载《读书》,2007 年第 9 期。

④ [美]施坚雅:《中国农村的市场和社会结构》,史建云,徐秀丽译,中国社会科学出版社 1998 年版。

系，这是针对村落外来力量的。对于村落来说，常规的秩序维持是内部的，也就是内部纠纷的处理和利益的平衡以及规则的达成。这对一个共同体来说是至关重要的。首先是因为"少讼"的观念，一般的矛盾和纠纷并不会对簿公堂，因为纠纷之后大家还要生活在一起，抬头不见低头见，所以，矛盾都要消化在村落内部直至于家族内部或家庭内部，并努力使"家丑不外扬"，特别是家族的长老往往拥有不容置疑的审判和决断的权威。传统村落有一套村规民约约束村民，遇到纠纷也可以有处理的各种依据；整个村落因为熟人社会的原因，道德的评价成为一个笼罩在每个人头上的强大力量，村民之间彼此注视，从而构成有效的软性约束，在某种意义上，这种约束更接近于刚性。最后，村落因为共享一套与国家相似的文化网络，并接受地方性的文化信仰的约束，村民在内心深处有敬畏、有期盼、有认同、有公道，这也从社会心理的角度维持了村落的基本秩序。徽州以前就曾存在"杀猪封山"的习俗，① 这种习俗维系着不同家族之间对公共资源的使用规则。正所谓"国权不下县，县下惟宗族，宗族皆自治，自治靠伦理，伦理造乡绅"。② 瞿同祖认为："从家法与国法，家族秩序与社会秩序的联系中，我们可以说家族实为政治、法律的单位，政治、法律组织只是这些单位的组合而已……每一家族能维持其单位内之秩序而对国家负责，整个社会的秩序自可维持。"③

### 三、村落自主性的成因分析

可以发现，上述对村落自主性诸多表现的分析更多的是理想类型意义上的，是从总体上抽象了一般传统村落的基本特征而作出的总结。这并不是说每个传统村落都同时具有上述的四个方面的特征，更不是说中国传统社会中不同地区、不同时期的村落都恒定地具备上述四个方面的特征。只是如果我们将传统村落作为一个典型的社会组织形态和治理类型，村落是需要具备上述四个方面的特征才能完整，村落的自主性才比较充分。进一步分析我们可以发现，村落自主性的形成具有深刻的原因，这些原因是系统性和结构性的。这也就意味着，如果村落所处的各种条件发生改变，村落的自主性将不可避免地发生嬗变，直至丧失。从这个意义上讲，村落的自主性又是脆弱的，特别是到了近代，随着国家的介入，市场的开放和社会的流动，村落便犹如尘封的木乃伊，一旦遇到空气和阳光就再也不能保持其原本完整的容貌。

从总体上看，我们可以将村落自主性得以形成并延续的原因分为内外两个方面，这实际上构成了村落自主性所依赖的环境。

首先，从内部看，社会自组织的逻辑维持了村落的自生秩序，是构成村落自主性的核心要件。从原初意义上讲，在一定地理条件和资源禀赋之下，社会成员能够自发组织起来安排其生产与生活，同时，他们也不得不依赖于相互之间的力量以维持共同体的延续。具体到传统中国村落，主要有以下几点：

其一，自然条件与空间分布。村落大多是围绕田地成片地聚集而成，或由几大主要家庭繁衍而成，在空间上不至于相互分散，从而形成密集的社会交往空间，这一点也影响到

---

① 袁瑜铮：《精神的家园——从徽州的清明节说起》，载《读书》，2007 年第 9 期。
② 秦晖：《传统十论—本土社会的制度文化与其变革》，复旦大学出版社 2003 年版，第 3 页。
③ 瞿同祖：《中国法律与中国社会》，中华书局 1981 年版，第 26-27 页。

其公共生活的形态。因为离土地近，直接依赖土地生存，与大自然打交道，在深层结构上，自然的生产和生活构筑了自然的人际关系模式，也就是去血缘化程度很低。正所谓库泊的一首诗所言"上帝创造了乡村，人类创造了城市"。土地作为主要的生产资料，其产出不仅总量上有限，而且要受到自然灾害的威胁，所以客观上迫使村落内部的团结。对此，社会学家费孝通就有过精彩的总结："中国农民聚村而居的原因大致说来有下列几点：……二、需要水利的地方，他们有合作的需要，在一起住，合作起来比较方便。三、为了安全，人多了容易保卫……"①

其二，熟人社会的特质。在村落范围内，宗族内部人与人之间的关系性质自不必说，就算并非一个宗族的同村落的村民，他们之间因为长期而经常性的交往，必然形成熟人社会。熟人社会和陌生人社会的秩序生成逻辑和治理逻辑自然不同。前者靠人伦关系和情谊，后者靠法律和契约。对中国传统村落而言，因为道德和文化权威主导，村落没有明确的群己权界划分，人与人之间的界限更是不甚清晰，一般都是你中有我我中有你，今日你帮我明日我帮你。这种关系使得村落中人非常重视人情和面子，从个体的层面就保证了基本的秩序。另外，这种熟人社会性质也是一种生产能力，保证了村落对外的一致性和封闭性，这种一致性和封闭性恰恰是其自主性的基础。滋贺秀三就认为，传统中国人的讼争所要维持的是"情理"，即一种"常识性的正义衡平感觉"，同西方人和现代人相比，古代中国人不把争议的标的孤立起来看，而将对立的双方，甚至周围的人的社会关系加以总体全面的考察。② 这一点在村落中体现得尤为明显，而这又可以归因于村落熟人社会的性质。费孝通很早就指出村庄当中有"象征性使用亲属关系的称谓来建立新的社会关系"，这种现象很"普遍"，尽管称谓"并不延伸特定的权利和义务"。③ 杨懋春指出这种现象"对社区团结感的形成起了相当重要的作用"。④

其三，交换圈的客观存在。这一点前文已经提到，此处不再详细论述。关于市场网络，美国学者施坚雅的研究很有说明意义。施坚雅根据自然条件将中国分为九大区和若干子区。他认为这些区域的发展并不与其他区同步。他还提出了城市等级体系和行政等级体系等概念，并发现在晚清还没有形成一种一体化的城市体系。他早期的研究单位是市场体系，或称为市场共同体，而不是村庄。也就是说是将村庄连在一起的一个更大的经济、行政、社会编织的网络。反过来看，晚清之前的村落是和一个更大的市场网络联系在一起的，正是这种网络才从外部支撑了村落的稳定性，而近代以来这种市场体系不断上移而使原有的市场网络崩解，也正是与村落的解体同步进行的。⑤ 美国学者马若孟根据《中国农村惯习调查》所做的研究也认为，从晚清直到第二次世界大战之前，华北的农业生产处

---

① 费孝通：《乡土中国　生育制度》，北京大学出版社 1998 年版，第 9 页。
② 滋贺秀三：《中国法文化的考察》，载王亚新，梁治平《明清时期的民事审判与民间调节》，法律出版社 1998 年版，第 13 页。
③ 费孝通：《费孝通文集》第二卷，群言出版社 1999 年版，第 65～66 页。
④ 杨懋春：《一个中国村庄——山东台头》，张雄，沈炜，秦美珠译，江苏人民出版社 2001 年版，第 73 页。
⑤ ［美］施坚雅：《中国农村的市场和社会结构》，史建云，徐秀丽译，中国社会科学出版社 1998 年版。

于商业化过程中，有更多的集镇、乡村和农户依赖发展中的市场经济。① 这正说明晚清之前中国传统的村落周围就存在集镇这样的市场网络基础。

其四，资源总量的限制与模糊化利益。一个社会的调控方式与该社会的资源总量之间存在相关性。村落所拥有的资源总量和生产开发带来的资源增长量毕竟有限，除满足村落内部村民的需要之外，不具有向外扩张的动力和条件。这是一方面。另一方面，正因为资源总量有限，如果放任每个村民去争夺，其冲突将不堪设想。所以，从功能意义上讲，资源总量有限而社会需求大，往往带来比较权威的治理模式，那就是运用单一的带有强制性的权威对有限的资源进行分配，对村落来说，就是对土地进行非平等的分配。村落保留义田和族田，就是这种安排的体现。拥有土地较多的家庭对整个家族和村落也承担相对比较大的责任，这种秩序生成模式也是由资源总量有限决定的。可以看出，资源总量的限制是结构性的，成为村落自身解决其面临问题的深刻原因。同时，中国传统村落因为人伦关系和情谊、面子等因素的存在，人与人之间的利益界限往往并不十分清晰，村落由各种人际关系网络构成，人与人之间往往是在一定的分寸中取舍利益，这种分寸一般是比较模糊的，从而形成一种你中有我、我中有你的利益格局，从而在相当程度上阻止了激烈冲突的发生。寺田浩明在考察中国清代的土地纠纷时，就发现传统中国社会空间缺乏制度化的装置来确定人们的利益归属，客观上使人们互相忍让。②

其五，民间信仰体系。民间信仰不仅作为村落的公共需要，更在心理层次上产生村落的秩序。信命、敬祖先、敬鬼神、相信报应、害怕造孽、期待应验等心理通过一系列的设施和相关活动得到了强化。这特别体现在各种庙宇祠堂的修建，以及各种祭拜活动和文化娱乐活动的展开上。同时，在民间流传的各种故事和神话也在某种意义上塑造着村民们的观念。远离权力中心和主流观念的村落实际上也以自己独有的方式分享并改造着外来的观念。这些观念与那些地方性的信仰一起共同构成了村落的文化生态，这一生态是具有独立性的封闭系统，对生活于其中的成员发挥着潜移默化的作用。这一方面说明，村落自身具有生产和延续其文化观念的能力，另一方面也具有消化主流文化的能力和机制。而村落自身观念的保持以及其对主流文化的消化并不意味着与主流文化的对抗和冲突；相反，村落文化和主流文化之间是互相渗透、互相协调的，而主流文化也对此状态持默许态度，甚至有些地方性的文化符号被权力中心提取变成主流文化，两者之间做到了统一，这一点对村落自主性的保持也是至关重要的。而观念上的自主是一个社会共同体保持自主的核心要件。同时，民间信仰体系作为传统文化网络的一部分，同样也发挥着实际的村落治理功能，丁荷生和郑振满通过研究就发现：闽南地区的民间水利管理往往与宗教庙宇的组织有紧密关系。③

其次，从外部来看，虽然绝对封闭自足的村落（比如陶渊明所描写的"桃花源"，那是想象中的世外桃源）很难在现实中存在，但村落能够长期保持其自主，外部世界各种力量存在一定的边界，以及村落与外部世界各种力量之间的协调都是必不可少的。总的来

---

① ［美］马若孟：《中国农民经济》，史建云译，江苏人民出版社 1999 年版，第 1 页。

② 寺田浩明：《权利与冤抑——清代听讼和民众的民事法秩序》，载《明清时期的民事审判与民间契约》，法律出版社 1998 年版，第 212 页。

③ 丁荷生，郑振满：《福建宗教碑铭汇编：兴化府分册》，福建人民出版社 1995 年版。

说，这体现在如下四个方面：

其一，"编户齐民"的限度。尽管秦晖认为传统帝制中国的权力之网无所不及，但我们不能否认国家权力与国家能力之间的区别。[1] 秦晖运用了早些年出土的材料证明在中国过去，国家的触角和管理细密性已超越了县的界限。实际上，中国的皇权就权力实质而言，社会不存在抗衡和抵制它的制度化界限；只不过因为地理的原因和必要性方面，皇权和政府权力存在相对于社会的边界。政府之外是民间文化网络和宗族组织，由地方精英来治理，但这种治理的界限不是制度保障的，我们只知道不准扰民（务农）的法令，却很少听说皇权和政府不准介入社会的自治领地之类的规定。也就是说，中国社会，特别是乡村社会传统上的一定自治只是一个实际结果，并非能说明皇权和政府的权力受到了来自社会的制度性约束。从本质上讲，政府，特别是皇帝要想从社会获取什么，或介入什么，并不一定要征得社会的契约化同意。从这个意义上讲，在国家权力方面，古代中国政府具有一定的全能特征；就国家能力而论，古代中国政府便不能被称作全能政府，也就无所谓的全能政治了，因为地理的原因和权力运行成本的原因，国家权力不可能管到村落太多的事情。

其二，"皇权不下县"与乡绅的非正式治理。前文已经提到，除了诉讼、交粮、服役和考试之外，村落较少与外部世界特别是政府发生接触。而传统中国的国家建制也主要是到县级为止，县级以下多由地方大族的领头人来作为中介，平时村民很少直接面对来自官府的人，村落与官府的诸多事务也是通过地方精英来完成的。这样一来，官府也很少直接介入村落内部的事务，在事实上将自治权交给了地方精英们。对政府来说，这一方面是因为不必要过多介入；另一方面不能否认的是它介入的成本太高，因为政府机构有限，职能分化不强，有限的财政不足以支撑太多的政府人员。而对村落来说，这种精英是内生于村落的。这体现在精英的主要生活空间在村落，获得的社会评价也主要来自村落，这就决定了他们重视对村落利益的维护而成为村民的保护人而与地方政府周旋。同时，村落的精英具有可持续性。过去的村落精英一般是文化性的，要么是因为辈分高，要么是因为学识。由于有学问的人甚至入朝为官的知识分子最终也倾向于回归故乡，乡村的精英生产链条不至于中断。这也促成了地方自治的局面，而地方自治无疑对村落的稳定性构成保护。当然，对自治的强调也不应跨越应有的界限而忘记古代国家的基本职能。[2] 弗里德曼在其对19世纪50年代中国东南地区的宗族组织的研究中指出：在有些背景下，宗族与宗族之间发生冲突；在另一些背景下，却是宗教或者宗族的阶层部分联合起来共同对抗国家……宗族直接指向国家的挑衅行为在某种意义上削弱了宗族绅士。然而从另一种意义而言，这种行为增长了他们的力量，因为长期以来他们都在运用他们能够胜任的保护。[3]

---

① 李强：《国家能力与国家权力的悖论》，载《中国书评》，1998年第2期。

② 日本学者奥衬郁三认为：中国古代的官僚制与国内的村落等社会组织形成了一种什么样的权力关系呢？如果把作为权力象征之一的审判权放在核心地位加以考虑，那么，首先，国家把所有审判案件分为要事和琐事，将琐细案件委托给了这些社会组织。然而，国家并未将审判权完全让渡给这些团体。例如，毕竟县一级政府仍然是第一审，国家从来没有放弃过其审判权。他认为，一旦民间团体不能自行处理纠纷时，国家会启动其司法权，出面解决；而民间组织团体的自治是根据国家的法律和基本方针而存在并运作的。（奥衬郁三：《中国的官僚制与自治的接点》，载《法制史研究》第19卷（1969年），第47页）

③ 莫里斯·弗里德曼：《中国东南的宗族组织》，钱杭译，上海人民出版社2000年版，第154~155页。

其三，整个政府的重农观念和休养生息的理念。传统中国以农立国，重农抑商，这就从国家层面促进了政府从上到下不扰民、无违农时等基本习惯的养成。虽然这些习惯主要是围绕农业的特性形成的，但其中蕴涵的某种消极政府的精神也是不可否认的，特别是在王朝初期，政府往往采用道家的无为思想而实行休养生息，"治大国如烹小鲜"的信条对治国者和官僚阶层来说也是根深蒂固。在此情况下，不强调过多介入村落便是常态。

其四，村落与整个帝国共享一套文化符号。虽然大传统与小传统在具体观念上存在出入，但毕竟是同样一套符号系统，各自的解释策略不同也是各取所需的体现。因为共享一套符号，就在根本上减少了文化冲突的可能性。帝国试图通过掌握文化符号的解释权和发布权来笼罩民众的观念，但在这种观念下，地方民众也可以生活在自己的文化圈中。如在明嘉靖十五年后，官方还给民间提供"联宗立庙"的合法性和推动力。① 两个圈在不互相对峙的前提下保持着一定的边界，然后此基础上互相塑造对方。对于这一点，前文对"民间信仰体系"的论述已经有所涉及。这里需要强调的是，传统中国更多的是文化统一意义上的国家，但这种文化统一只是用华夏文化作为中轴，将各地方文化连接起来，而不是取代甚至消灭地方性文化，因而构成多元一体的格局，这实际上也是一种国家与村落的整合模式。这种柔性的尊重社会自生秩序的整合模式从外部保证了村落文化观念上的自信和独立，最终延续了村落的自主性。

行文至此，可以发现，就内部看，村落自主性得以保持的各种条件之间是互相联系、互相配套的；就外部看，村落自主性得以保持的外部条件也是成系统的；而就内部和外部的关系来看，两大方面的吻合和配套也是非常明显的。从系统论的角度看，村落因为处于这样一个比较严格条件限定下的生态中，其自主性才得以形成并延续。这样一来，一旦这些条件中的某些方面甚至是主要方面的情况发生改变，村落自主性的保持就会变得艰难。虽然，我们不能否认村落自身的适应能力和文化纽带的一定超越性能够继续支撑村落自主性在新的条件下保持下来，但毕竟村落因为资源的有限性和它在整个国家中的弱势地位，外在国家的力量和市场的力量若全方位介入，村落的反抗能力是非常有限的。而且从历史大趋势来看，传统意义上的村落自主性必然处于消解之中。这也是近代以来我国村落变迁的基本事实。正如费孝通所感叹的："不论是好是坏，这传统的局面已经走了，去了。最主要的理由是处境变了。在一个已经工业化了的西洋的旁边，决没有保持匮乏经济在东方的可能。适应于匮乏经济的一套生活方式，维持这套生活方式的价值体系是不能再帮助我们生存在这个新的处境里了。'悠然见南山'的情景尽管高，尽管可以娱人性灵，但是逼人而来的新处境里已找不到无邪的东篱了。"毕竟"知足、安分、克己这一套价值观念是和匮乏经济相配合的，共同维持着这个技术停顿、社会静止的局面"。②

当然，前文所有的分析更多的是一种抽象和概括，是一种理想类型意义上的解释。如果考虑到我国传统社会的变迁历史和我国不同农村地区的区别，进一步细致的分析将是必要的。

（刘伟　武汉大学政治与公共管理学院讲师）

---

① 毛丹：《一个村落共同体的变迁》，学林出版社 2000 年版，第 34 页。
② 费孝通：《乡土重建》，载《费孝通文集》第四卷，群言出版社 1999 年版，第 305 页。

# 中国语境下宪政实现路径探析

张正平

**摘要**：中国的宪政实现具有重要性和紧迫性。中国宪政实现上的社会自然演进之路、市民社会的培育之路、依法诉求的渐进之路等构想既有合理性也有局限性。西方社会尤其是英国宪政生成和发展的历程，表明多元权力的理性斗争和睿智妥协是重要原因。中国社会发展的历程尤其是近一百年来时断时续的宪政运动，揭示了权力结构的大一统、权力斗争的非理性是阻碍宪政生成的主要原因。由于诱致性变迁的宪政实现在逻辑上存在的"搭便车"的问题，这也使得中国的宪政实现面临着难题。因此，在中国启动和实现宪政就只能在多元权力的互动和上层权力的统领下加以展开。

**关键词**：中国语境　宪政实现　路径

目前，中国学界正在讨论宪政问题。什么是宪政、为什么需要宪政固然重要，然而，在中国怎样才有可能使宪政得以实现是更为重要和紧迫的问题。由于历史的经验，由于宪政主要是西方的历史传统，还由于有人认为中国可能根本就不具备宪政实现的条件等，因此，那些关心中国问题尤其是中国宪政实现问题的有识之士，在宪政实现问题上就有一种无奈、无助和无力感。

宪政既是一种思想体系、历史过程，也是一种政治体制。宪政作为一种思想体系，它是"四种思潮的融汇：共和主义、自由主义、民主主义和法治主义"①。宪政作为一种历史过程，在宪政的历史发展中，"英国扮演了主角。今天的民主制国家中有相当一部分是直接地或间接地通过美国从英国导出它们的政治制度的"。② 宪政作为一种政治体制，它是现今世界居主导地位的现代政制。一般而言，宪政具有以下特征：其一，宪法的存在是前提；其二，宪法至上是基础；其三，保障个人自由和个人权利是目的；其四，人民主权和代议民主是原则；其五，法治（包括违宪审查和正当法律程序）是要件；其六，有限政府和分权制衡是保障。

宪政与宪法并不是一回事，虽然宪政要以宪法（并不一定是成文宪法）为基础。世界上大多数国家有成文宪法而无宪政。中国在大约100余年时断时续的宪政运动中已有十

---

① 天成：《论共和国——重申一个古老而伟大的传统》，载《宪政主义与现代国家》，三联书店2003年版。

② ［美］斯科特·戈登：《控制国家——西方宪政的历史》，应奇等译，江苏人民出版社2001年版，第227页。

部宪法，但我们今天离宪政好像还有很长的一段路要走。新西兰、以色列和英国无成文宪法却有宪政，其中英国是世界上最早、最幸运和最成熟的宪政国家。依新经济史学家和新制度经济学家诺斯的观点，制度、法治和宪政，是西方世界兴起的原因。[①] 在宪政和现代化的实现上，世界上大多数国家是"后发外生型"模式，只有英国才是"早发内生型"模式[②]。英国的宪政直接和主要是其多元权力之间有利、有理和有节长期斗争所达成的一种均衡状态。在这一状态中，绝大多数社会成员，尤其是作为"有组织的少数人"——掌权者，特别是上层各派最有权势者，在历史的斗争中逐步达成了一种政治共识（实际就是宪政共识），这种共识承诺并且要求：在未来（重要）的权力斗争中，在权力的来源、权力的范围、权力的结构、权力的行使和最高权力的交替上进行自我约束，不诉诸武力，遵奉政治游戏的规则。这就是宪政，它其实就是一种理性的、和平的和文明的权力斗争的宪政理念、妥协过程和政治体制。说到底，宪政的实质就是以多元权力的制衡为基础，通过宪政共识的政治游戏规则来实现对"控制者"的控制，从而最终实现对个人自由和个人权利的有效保护的一种政治机制和政治体制。

生发于英国的宪政是多元权力斗争自然演进的结果。英国的这种自然演进是最幸运的。这种多元权力或集团多元主义的格局是可遇而不可求的。依照韦伯的观点，非西方社会（包括中国）可能并不具备西方社会所具有的独特的社会文化结构和环境。因之，现代资本主义制度、现代法治和宪政等就只能在西方才能产生。问题是中国也需要宪政，这应该是毫无疑义的。那么，在中国怎样才能使宪政得以实现呢？

## 一、中国宪政实现路径的若干设想及其局限性

在我国究竟如何才能使宪政得以实现，学者们有多方面的论述和探讨。在这些启动和实现宪政的设想中，有的强调政府推进，自上而下的变法，修宪和制宪，进行法律移植和制度建构；有的强调基层选举和自治，全国性大选，通过政治民主去实现宪政；有的强调司法独立、司法审查，建立宪法法院或宪法委员会，以司法为突破口；有的也强调通过多元权力的制衡去实现宪政等。限于篇幅，下面仅就几种有代表性的设想和思路作些归纳和分析。

首先，是社会自然的演进之路。[③] 这一理论和设想强调宪政实现的社会自然的历史演进过程，突出强调人们在社会生活中由自发的反复博弈而引起的社会结构变化，是法治以及宪政最终得以确立的基础和条件。其对法治和宪政实现问题上的唯理设计和政府推进的"建设"模式的怀疑和诘问具有相当的启发性。但是，它的局限性在于，它恰恰忽视了社会结构的历史性变化所由产生的直接的或根本的原因：20 世纪尤其是 20 世纪 70 年代末

---

① 参见杨小凯《基督教与宪政》一文。有关的论述还可以参见诺斯·罗伯斯·托马斯《西方世界的兴起》，厉以平，蔡磊译，华夏出版社 1999 年版；诺斯《经济史中的结构与变迁》，陈郁等译，上海三联书店、上海人民出版社 1999 年版。

② 在西方，法治、宪政与现代化是前后相继、互为因果和同一过程的不同侧面。对现代化的实现模式的划分同样也适合于法治和宪政。对早发内生型和后发外生型两类现代化的概念，孙立平作了很好的界定和分野。参见孙立平《后发外生型现代化模式剖析》，载《中国社会科学》，1991 年第 2 期。

③ 这是对以朱苏力为代表的这一部分人宪政实现路径设想的一个概括。代表性的论述有朱苏力的《现代化视野中的中国法治》，载《中国法学》，1998 年第 4 期。

以来的改革开放所引起的中国社会结构的变化，无不都直接发轫于国际或国内权力格局的变化。几千年中国社会周而复始、循环往复而社会结构没有根本性的变革的主要原因，就是自秦始皇以来的大一统权力的遏制和窒息。20世纪及其70年代末以来中国社会结构的一些重大变化，原因和过程虽然复杂，但直接的原因，或者是由西方的武力从外部强加或触发的，或者是由社会自身原有政治权力格局被打破所诱发的。我们也可以设想，没有开明和务实的邓小平的掌权，会有1978年以来的改革开放及其所带来的社会巨变？即便有，那也可能是不确定的未来的事情。况且，改革开放以来，我国社会结构变迁的广度和深度，在根本意义上也是由政治权力掌控者的意愿和意志所制约的。不是经济、社会结构决定政治权力的变化，而是政治权力决定社会结构的变化，这是诺斯的论断。① 这一论断已为西方的长期经济史所验证，也在很大程度上为我国尤其是改革开放以来的历史发展所证实。

其次，是市民社会的培育之路。② 这一理论和设想是那些认识到社会结构的变化由政治权力所决定，但国家权力对宪政又有一个难以克服的悖论的人所提出的。同时，这一思路也是西方以及我国历史上存在过的市民社会理论在宪政实现路径上的拓展。这一理论的价值在于，它看到了西方历史上市民社会对强大的国家权力的消解、规范和抗衡及其在宪政生成和发展中的重大历史性作用。在国家政治权力羁阻宪政实现的今天，此一思路不失为一个通过个人权利、社会权力去制约、消解、规范化和抗衡国家权力以型构宪政的有意义的宪政设计。然而，在西方历史上，政治国家与市民社会及其良性互动关系的型构，可以说是同一历史过程的不同的侧面。虽然市民社会及其与政治国家之间的互动、抗衡和博弈是西方社会宪政生成的直接动力和深层原因，但问题恰恰还在于，早先就已形成并始终有着强大力量维持和复归的多元的权力格局，在根本上也是市民社会本身得以存在、维系和发展的必要条件。在中国，由于社会初期就形成了大一统的权力格局，并有着一股强大的无形的力量在保持、回复和强化它，以至于我们可以说，过去和今天的中国，市民社会及其理论的勃兴与否、其未来可能的前景及限度，在根本上都受制于大一统权力的掌控者及其难以预见的意志。现实中国的市民社会及其理论的有限复兴是由权力格局变化后掌权者的"开明"程度所决定的，其有限的"开明"决定了其复兴的限度和可能，况且其意志和意愿会随着政治形势的变化、权力的交替和领导者观念的变化而变化。因此，作为"双刃剑"的国家权力，它如何可能真正让消解、规范和抗衡国家权力的市民社会去生长发育，让其在规范、抗衡国家权力的过程中去型构制约国家权力的宪政体制？这是这一设想很难予以回答的问题。

第三，是依法诉求的渐进之路。③ 这一理论和设想强调依法的公民维权，发挥法律人包括法官、检察官、律师、法学家等的作用，在日常生活中让人们"为权利而斗争"，以

---

① 参见杨小凯《基督教与宪政》一文。有关的论述还可以参见［美］诺斯·罗伯斯·托马斯《西方世界的兴起》，厉以平，蔡磊译，华夏出版社.1999年版；［美］诺斯《经济史中的结构与变迁》，陈郁等译，上海三联书店、上海人民出版社1999年版。

② 这是对以马长山为代表的这一部分人宪政实现路径设想的一个概括。代表性的论述有马长山《国家、市民社会与法治》，商务印书馆2001年版。

③ 这是对以季卫东为代表的这一部分人宪政实现路径设想的一个概括。代表性的论述有季卫东《法治秩序的建构》，中国政法大学出版社1999年版；季卫东《宪政新论》，北京大学出版社2002年版。

使法律信仰和法治的基础逐步确立起来的；针对中国宪政问题上重实体轻程序的倾向，重视作为制度化基石的程序的作用，把难分难解的价值问题转换为程序问题来处理，从而打破政治僵局；强调护宪以及护宪与改宪的相辅相成，促进体制内的良性互动，为宪政实现创造条件；强调合宪性审查与司法权的强化，在正当程序和法治框架内逐步使政治民主化、民主政治法治化，等等。这些有意义的设想是建立在接受现实、告别革命、力求改良、化整为零和反对激进的思想基础之上的，具有很大的合理性、适应性和可行性，其理性、务实、渐进和可操作的特点，对于及时地启动宪政以及逐步地实现宪政是一个可为各方接受的构想。然而，其局限性在于，公民维权尤其是触及行政权力的大规模的群体诉讼往往会对社会政治稳定性构成威胁，而为政治权力所难以接受；发挥程序的重要作用最终也会触及难以回避的重要实体价值问题，而会与持有这些价值的政治权力发生牴牾；护宪及其与改宪的结合还是要触及宪法的核心价值，这实际就触及了制宪的问题，而制宪需要以政治权力的接受为前提；合宪性审查所体现和保障的分权和制衡原则在现阶段好像也是不合时宜的。因此，依法诉求的渐进的宪政实现设想，如果缺乏上层政治权力的容忍、支持和主导，往往也就很难成功，况且它还缺乏系统性、前瞻性和连续性的考量。

以上主要就几种有代表性的宪政实现设想在理论上作了一些分析。下面主要从西方社会与中国社会历史发展的角度来看宪政生成或难产的原因。

## 二、西方社会多元权力格局对宪政实现的促进作用

西方的宪政生成多是早发内生型模式。现代的自由、共和、法治和宪政，起初几乎都同时产生于 17 世纪的英国。[①] 宪政可以说产生于 1688 年英国的"光荣革命"，但其根源可追溯至西方历史发展初期的雅典民主制、罗马共和国崇尚法律或法治传统的历史时期。

我们知道，古代西方城邦生活的特殊经验，使得他们区分于其他的民族。古代西方政治的根本问题在于如何建立和谐集体行动的基础。古代西方的政治家们大多认为，法律应作为统一城邦社会的唯一力量。这一尊奉法律的传统，既源于不绝如缕的远古，也源于古代小规模部落或地方社会对习惯法的绝对尊敬，更源于雅典民主制和罗马共和国时期多元权力的斗争、妥协和平衡的格局，以及从长远来看为避免社会瓦解而"只能"用法律来统一城邦历史现实。古代西方对法律的尊奉，既是多元权力斗争达至均衡的一种结果，也是多元权力在既定历史条件下的睿智选择。古代西方的法律，其实可以看做是"武力"（权力）和"和平"这两个矛盾的因素在特定地域、特定时期和特定条件下所达至的一个较为理想的折中。因此，我们可以看到，古希腊和罗马是在法律的内部（或者说是通过法律本身）实现"武力"（权力）和"和平"两极的对立统一的。它不像古代的中国那样，在法律的外部，而不是在法律的内部，实现着武力（权力）和和平的爆裂的冲突，

---

① "现代的个人自由，大体上只能追溯至 17 世纪的英国。个人自由最初似乎是权力斗争的副产品，而不是某个刻意设计的目的的直接结果。"（[英] 哈耶克：《自由秩序原理》，邓正来译，三联书店 1999 年版，第 203 页）"英国是披着君主制外衣的第一个现代共和国。"（天成：《论共和国——重申一个古老而伟大的传统》，载王焱编《宪政主义与现代国家》，三联书店 2003 年版，第 195 页）"无论在实践上还是理论上，17 世纪的英格兰是现代立宪主义的主要根源。"（[美] 斯科特·戈登：《控制国家——西方宪政的历史》，应奇等译，江苏人民出版社 2001 年版，第 228 页）

这实际上就几乎永远地放弃了对法律或法治的真正信奉，具体就体现为"恐怖"和"谎言"的作用，即权力的暴虐统治和道德的教化作用（主要是奴化和愚化）。这就是值得好好玩味的、并非就是简单巧合的法家的"法治"和儒家的"德治"在治国指导思想上的对立统一。

古希腊的政制理论最有影响的贡献是"混合政体"学说。这一学说意指国家应由体现统一的君主一人统治、体现智慧的贵族少数人统治和体现自由的民主多数人统治的纯粹政体形式混合而成。通过这样的制度结构，可以较好地反映和平衡共同体中各社会经济阶层的利益要求，并使各阶级的利益和权力要求能在法律或法治的框架内得以调处。这一理论构想，既是当时社会实际生活中多元利益及多元权力斗争、妥协和平衡的反应，反过来它又使社会实际生活得以型构，从而形成了难得的、不同于东方社会的无任何权力自始至终绝对至上，只有多元权力相互抗衡并在法律下博弈的全新局面。这在古希腊就体现公民大会、议事会、执行委员会和法庭的多元权力结构，以及在此权力结构下人们对在法律这一政治游戏规则下斗争和妥协的信奉。这就开创了一种通过权力制衡以及掌权者的自我约束控制权力制度结构。类似情形也出现在共和时期的罗马。波利比乌斯和西赛罗对罗马的对抗性权力体系有较好的分析和概括。波利比乌斯认为，"所有三种政府因素都可以在罗马共和国中找到。实际上，不论在政治体系的结构中，还是在日常实践的作用方式中，三者都是平等、和谐、平衡的"。罗马的元老院、公民大会和执政官大体是贵族制、民主制和君主制因素的一种混合。在那里，"国家的每一个部分的权力不是牵制其他的部门就是与它们相互合作"。尽管他也有时宣称罗马的最高权力机关在元老院，有时偶尔也把罗马描述成贵族制，但他始终认为罗马政体在实质上是不同于那些政府权力单一的国家政体的。

在古代西方历史传统的基础上，以 1215 年的《自由大宪章》和 1295 年的"模范议会"为基础，点滴的积累和逐步的推进，就有了英国 17 世纪的"光荣革命"。"光荣革命"对宪政的巨大历史意义，英年早逝的华人宪政学者杨小凯就有深刻的论述，他认为"光荣革命"是"最完美的一次政治设计，它在一个有着长期专制传统的国家找到了一个摆脱革命与专制循环，能有效控制'控制者'的办法"。这个办法就是共和、制衡，就是法治和宪政。这对那些还没有实现宪政的国家的意义在于，它能避免"革命产生暴君，暴君产生革命"的改朝换代逻辑。虽然英国宪政生成的根源和过程值得我们做更细致和深入的研究，但其产生的直接和根本的原因应该就是多元权力的理性斗争。

现今世界上的大多数宪政国家，都是通过美国从英国导入的。美国宪政的实现是独立战争的"革命模式"。法国宪政的实现是在经历了长期革命和复辟的曲折和反复后才逐步奠定的。日本的宪政实现是一种"占领模式"，它是"二战"后美军通过日本领导人的间接统治自上而下"强加的"，其过程充分体现了美军和日本领导人在对日本实现政治民主化和宪政改造上的审时度势、高屋建瓴和英明睿智。①

---

① 参见［日］吉田茂《激荡的百年史——我们的果断措施和奇迹般的转变》，孔凡，张文译，世界知识出版社 1980 年版。

### 三、中国社会大一统权力格局对宪政实现的阻碍

与西方国家历史与政治传统不同的是，中国自古至今就没有自由、民主、共和和法治的历史传统，也就没有宪政的历史传统。这在 1911 年的辛亥革命之前更是如此。当然，这也不妨碍有人认为中国人的自由不是太少了而是太多了，认为古代中国也有民主制度和民主思想，① 历史上也存在过"周召共和"，认为春秋战国和秦朝就存在着"非民主形式法治"。②

中国自古以来政治权力的一个最重要的特征是"大一统权力"。人们对"大一统权力"有不同的界定。本文主要借用"大一统权力"一词来概括中国自秦始皇以来至 1911 年帝制结束之前中国政治权力的性质和状况。这种政治权力一般认为是专制的权力，它除了通常所具有的权力来源上的不民主、权力结构上的无分权、权力范围上的无限度、权力行使上的无制约和最高权力交替上的非程序等性质之外，还存在更深刻的恶本质：周期性的自我保持、自我毁灭和重复再生机制；癌症式的自我强化、疯狂辐射和"染缸""黑洞"效应。③ 如果我们看看谭嗣同的"二千年来之政，秦政也"，④ 毛泽东的"百代皆行秦政制"的概括，对古代中国政治权力的大一统性质就不会再有更多的疑问了。在历史上，中国没有萌生古典的宪政，近一百年来时断时续的宪政运动终究也未能酝酿出现代宪政的原因是复杂的，其中，一个基本的原因可能就是大一统权力的阻碍和制约。大一统权力的一个直接和（或）间接的效应就是，在尚能进行改革和调整的历史时期，窒息一切可能动摇、侵蚀和消解其政治稳定性的新生事物的产生、存在和发展，这就是使得正常时期社会结构和制度的点点滴滴的累积性推进难以实现，从而也就失去了社会结构与制度革新和改良的历史性机遇，致使政权在真正面临崩溃而再行改革时也就无力回天，只能听任其在改朝换代的腥风血雨中瞬刻瓦解。历史上演的就只能是一幕一幕改朝换代的活剧，历史就陷入可悲可叹的"革命产生暴君，暴君产生革命"恶性循环的轨道之中而难以自拔。

当然，在中国古代历史上也存在过作为大一统权力间隙期的多元权力的历史时期，特别是在近现代史上也有过辛亥革命后、抗战胜利后通过多元权力理性斗争而生发宪政的历史性契机。但是，由于客观与主观两方面的原因，尤其是由于存在着一股难以解释、难以想象的回复到大一统权力格局的巨大和无形的力量，我们终究也未能把握住这些难得的历史性机遇。

在维护中国专制体制的历史过程中，大一统权力是同作为政治文化主体及国家意识形态的儒家和法家专制主义思想相互依存、相互促进和相互强化的。两者是政统与道统的关系。虽然我们不能说儒家思想中就没有民本主义和制约政治权力的思想因子，但在中国传统社会这个权力支配一切的社会中，它和法家思想主要还是作为大一统权力合法性的辩护

---

① 持有类似观点的有第一代新儒家的代表人物钱穆、梁漱溟、贺麟等人。参见李宪堂《先秦儒家的专制主义精神——对话新儒家》，中国人民大学出版社 2003 年版，第 3 页。

② 参见高鸿钧《现代法治的出路》，清华大学出版社 2003 年版，第 86 页。

③ 参见王毅《中国皇权制度研究——以 16 世纪前后中国制度形态及其法理为焦点》，北京大学出版社 2007 年版。

④ 谭嗣同：《仁学》，载《谭嗣同全集》，中华书局 1998 年版，第 337 页。

士而存在的。陈独秀就指出："孔教与帝制，有不可离散之因缘。"① 李大钊也说过，"孔子者，历代专制帝王专制的护符也"。② 这些都从一个侧面揭示了儒家思想与大一统权力的密切关系。

由此看来，我国实现宪政的最根本和最直接的阻碍可能就是大一统的权力。米海依·戴尔马斯—玛蒂在《当代中国的依法治国进程：进展与阻力》一文中指出，中国法治的真正实现要求具备三个条件③：一是法律本身，二是实施这些法律的政治意愿，三是法律意识。并且特别强调政治意愿这方面的阻力是明显的，只有"超越政治上的障碍"才可能实现法治。

## 四、诱致性变迁模式在宪政实现上的局限

依据新制度经济学和新制度主义政治学的制度变迁理论来分析，在中国实现宪政是一场具有正式制度安排性质的制度变迁。其中，诱致性的制度变迁存在着正的外部效果和"搭便车"问题。④ 由于努力实现宪政要花费巨大的成本、冒很大的风险甚至是付出生命的代价，而宪政实现所带来的好处不能为努力者所独享，因此，在宪政实现问题上就会有大家想得到宪政实现的好处，但很难刺激人们努力去实现它的状况。宪政在实现上的"搭便车"问题会因为宪政是一种公共产品而产生。人性使每个人在骨子里都希望他人是谭嗣同，去冒杀头的危险以使"维新变法"成功而自己坐享其成。加上维护落后政制的统治者又惯常使用"枪打出头鸟"的有效策略，这就使得宪政之类的制度变迁很难得以启动和实现，加上"组织良好的少数人"能统治"无组织的多数人"，以及其他的一些原因，宪政的实现就难上加难。虽然个人的意识形态尤其是统治者的意识形态信念能弱化"搭便车"问题，但是，当统治者的根本利益与宪政实现出现冲突时，政治权力的掌控者是否能够改变其意识形态，这是一个不确定性的问题。⑤

正是由于宪政的实现是一种公共物品而"搭便车"又难以避免，所以，如果把自下而上的诱致性变迁作为宪政实现的路径，那么，一个社会中的宪政可能就很难实现。虽然国家权力的干预可以弥补其不足。但是，按照既不同于"契约理论"，又不同于"掠夺理论"，而是把两者统一起来的诺斯的暴力潜能分配论来加以分析，国家具有以下三个方面的性质：一是向社会提供"保护"和"公正"；二是通过为不同的集团设定产权来换取收入最大化；三是面临着其他国家或潜在统治者的竞争。⑥ 在这里，国家实际上面临着对实

---

① 转引自启良《新儒家批判》，上海三联书店 1995 年版，第 17 页。

② 李大钊：《孔子与宪法》，载《甲寅》，1917 年 1 月 30 日。

③ 本文不将法治和宪政作明确的区分，虽然它们是有区别的。我们既可以说宪政是法治的核心和主要内容，也可以说法治是宪政的要件和基本原则。不论在西方还是在中国，法治与宪政的实现都是或将是同一过程的两个不同方面。

④ 林毅夫对诱致性变迁和强制性变迁有一个好的综述，参见其《制度变迁的经济学理论：诱致性变迁与强制性变迁》，载《财产权利与制度变迁》，上海三联书店，上海人民出版社 1994 年版。

⑤ 参见［美］诺斯《经济史中的结构与变迁》，陈郁，罗华平译，上海三联书店，上海人民出版社 1994 年版。

⑥ 参见［美］诺斯《经济史中的结构与变迁》，陈郁，罗华平译，上海三联书店，上海人民出版社 1994 年版。

现宪政的可能的收益和可能付出的成本的权衡和算计。越是权力大一统的国家，与不进行宪政改革所能带来的收益相比，进行宪政改革的可能面临的成本和风险也就越大。所以，讲到这里，中国的宪政改革可能就有所谓的"制度悖论"这一难题。①

## 五、通过多元权力互动和上层政治权力主导去实现宪政

今天，我国的宪政改革可以说已经具备了较好的条件。这些条件是近两个世纪以来全体国民长期努力奋斗所争得的。革命的先行者孙中山领导我们结束了帝制，毛泽东带领我们奠定了现代化和宪政实现所必需的国家统一和对外独立的条件，邓小平又带领我们逐步融入国际社会并使市场经济改革不可逆转。这些都是宪政改革的必要基础。

可以这样说，中国又一次站在了历史的十字路口上，正处在社会巨变前的历史性时刻。在中国历史上，真正称得上巨大的历史性转变可能只有三次，一是公元前221年秦始皇建立大一统的专制集权国家，二是1911年两千年的帝制的结束，三是1949年中华人民共和国的建立。我们现在可能正处在第四次重大的历史性转变——启动和实现宪政——的前夜。在这一历史时刻，我国社会整体的态势是：希望与挑战并存、机遇与危机同在。好在我们的国民、有识之士，尤其是领导者，可能已在不同程度上洞悉了社会整体的局势、宪政的真谛和宪政实现的历史性意义。下一步可能就是如何不失时机地去启动宪政改革，积极和稳妥地将宪政在中国的大地上逐步建立起来。

基于上面的分析，我们的初步结论是，在中国启动和实现宪政，首先要发挥多元权力互动的作用，更要在多元权力互动的基础上发挥上层政治权力的主导作用。这里讲的多元权力，包括政治权力、经济权力、社会权力和文化权力，包括上层政治权力与人民的权力，包括国际权力格局，以及各自内部的权力格局，包括执政党与政府的权力关系，执政党与参政党的权力关系，人大、政府、政协、法院的权力关系，以及执政党内部的权力关系，包括中央与地方的权力关系，等等。这也可以说是一种多元的权力格局。在这种关系中，多元权力的掌控者所达成的意识形态上的宪政共识、权力分立上的权力制衡、权力斗争上的自我约束、法治基础上的良性互动，将是启动宪政——政治的民主化和民主政治的法治化的必要基础。

同时，由于宪政实现的复杂性、长期性和艰巨性，尤其就需要有"'为'政治而生存"，②"所以要权力是为了利用权力来有所作为"③的政治家，需要上层政治权力的掌控者的主导和掌控。这些上层权力的掌控着，应该是英明睿智的领导人，其英明睿智有如英国"光荣革命"时期各方的领导者，美国独立战争胜利后的华盛顿及其他开国元勋，日本明治维新及"二战"后被占领时期的领导者，苏联从极权主义向宪政体制过渡时期的政治精英，能在国家和民族的关键的历史时刻和重大的历史机遇前，凭借其政治权力、

---

① 张宇燕所称"制度悖论"指的是，为什么部分民族国家或地区的人们要去选择、或干脆说是默认使自己所属的民族国家或地区长期停滞或趋向衰败的制度。他的解释是：对初始条件的敏感依赖及积累效应，制度非中性与利益集团，相对福利理论与非适宜制度选择，"搭便车"与制度惯性，"理性的无知"与"集体行动的逻辑"，封闭系统与制度僵化。参见张宇燕《个人理性与"制度悖论"——对国家兴衰的尝试性探索》，载《现代制度经济学》（下卷），北京大学出版社2003年版。

② ［德］韦伯：《学术与政治》，冯克利译，三联书店1998年版，第63页。

③ ［美］尼克松：《领导者》，尤勰等译，世界知识出版社1983年版，第372页。

政治气魄和政治能力，为了国家和民族的根本和长远利益，为构建完善的宪政体制，使国家真正迈向宪政的坦途而努力奋斗。在启动和实现宪政的历史过程中，这一英明睿智的权力的作用应是理性和统领的作用。这里讲的理性的作用，就是指有计划、有组织、有步骤，有原则、有互动、有妥协。这里讲的统领的作用，就是指在复杂的国内外环境中的驾驭、主导和能动作用。宪政是历史性的伟大事业，是中华民族真正复兴的体制基础。宪政的实现是极其复杂的过程和重大的历史性机遇。把握好这一机遇，平稳地迈向宪政，需要上层政治权力的掌控、协调和驾驭，需要不失时机的决断、良性互动和明智的妥协，需要有理论、组织和策略方面的准备。这些都是走向宪政的所必需的。

（张正平　中南财经政法大学法学院副教授）

国际关系与外交政策

# 俄罗斯—欧盟经济合作的特点

罗志刚

**摘要**：自 20 世纪 90 年代初以来，俄欧经济合作在一系列因素的影响下形成了诸多特点。俄罗斯和欧盟实行的是一种以贸易关系为主要内容的全面经济合作；俄欧经济合作进程深受经济、政治因素的影响，经贸关系具有不稳定性；俄欧进出口贸易不对称，双方相互出口产品结构也有很大不同；俄欧之间存在激烈的贸易竞争。今后，俄欧经济关系的发展将继续受到各种因素的影响。

**关键词**：俄罗斯　欧盟　经济合作　贸易关系

在全球化时代，国家或超国家实体仍具有不可替代的重要经济功能，其发展战略在各自内部经济生活及对外经济联系中发挥着巨大的作用。俄罗斯和欧盟也是如此。自 20 世纪 90 年代初以来，在双方经济战略和政策的直接影响下，它们的经济合作作为一种国际合作形式，在共同利益基础上遵循着国际合作的一般规律而不断发展。但是，这种经济合作由于是在一种俄罗斯处于经济和政治转型的特殊阶段、俄欧经济政治结构大不相同，以及双方实力和相互经济依赖均不平衡的条件下出现的，加上双方利益的差异性和其他一系列因素的影响，不免形成了本身诸多鲜明的特点。

## 一、一种以贸易关系为主要内容的全面经济合作

新俄罗斯自宣布独立以来，就很注重发展与西方的经贸联系，尤其是相互贸易。而且，无论国内生产总值呈现何种变化，它与欧盟的贸易关系一直是双方经济合作中最重要的领域。欧盟在俄罗斯对外贸易中占有很大比重：1999 年、2000 年和 2001 年分别为 34.9%、35.0% 和 36%。而俄罗斯在欧盟贸易中所占比重则很小：1997 年为 3.6%，1999 年跌至 2.7%，2000 年又上升到 3.4%，2001 年达到 3.7%，其中在欧盟国家的进出口中分别为 4.7% 和 2.7%。[①] 这一时期，欧盟是俄罗斯的第一大贸易伙伴，而俄罗斯是欧盟的第五大贸易伙伴，落后于美国、瑞士、中国和日本。2004 年，俄欧贸易额已达到 1250 亿美元。欧盟在俄罗斯对外贸易额中占 50% 以上的份额；在俄罗斯经济的累计外国投资中，欧盟约占 70%。而俄罗斯对欧盟的出口额和从欧盟的进口额分别为 910 亿美元和 340 亿美元。[②] 俄欧之间的大部分经济合作是在俄罗斯与欧盟各成员国之间的双边国家关系中

---

① Российская академия наук, Институт Европы. Россия между Западом и Востоком: мосты в будущее, Москва, *Международные отношения*, 2003, с. 339、с. 344.

② Лихачев В. Россия и Европейский Союз, *Международная Жизнь*, 2006, №1-2, с. 72.

发展的。近几年来,俄罗斯与法国的贸易额以年均30%以上的速度增长,2006年已达到135亿美元。

能源合作是俄欧经济合作中的一个最重要内容。为了加强这方面的合作,在《伙伴关系与合作协定》的合理范围内建立与促进能源伙伴关系,双方首先都看到能源对话的重要性。为此,2000年9月末,欧洲委员会提出了旨在进一步发展并扩大与俄罗斯在能源领域合作的"普罗迪计划",并签署了俄欧《能源战略伙伴关系协议》,确定了双方能源合作的总体规划。同年10—11月,在不同层面的接触过程中,俄欧确定了具体的合作任务。① 2002年5月29日,俄罗斯与欧盟国家首脑又签署了《俄欧能源合作声明》。同年11月11日,在俄欧高层次的能源合作委员会草拟的基础上,欧盟—俄罗斯布鲁塞尔首脑会议完成了一个重要的综合性文件。该文件总结了两年能源对话的情形,涉及未来能源合作方面的所有问题,包括能源合作计划制定的10个方面:代表共同利益的能源方案;完善能源生产和运输的法律基础;在欧盟注册的天然燃料进口限制;长期供应的法律保障;工艺合作;能源运输安全;能源功效;电力网和电力贸易的相互联系;共同估价石油市场;核材料贸易。总体上,从报告内容可得出这样的结论:(1)通过两年的对话,双方确定了共同利益的范围和能源伙伴合作的一些具体计划和主要方面;(2)在俄罗斯的坚持下,一系列对它有利的重要条款写进了报告,如将俄罗斯包括电能和核能在内的几乎所有能源经济部门都纳入了经济合作计划之中;(3)从准备阶段过渡到广泛的能源合作,将颇费时日。对欧盟国家来说,最有意义的是,俄罗斯愿意为它们长期供应能源。2005年10月,普京在与欧盟领导人举行的第6次能源对话时明确表示:"……在石油和天然气供应上,俄罗斯仍将是欧盟的可靠伙伴。"② 但也应该看到,由于俄罗斯和欧盟的政治分歧,以及双方在能源发展战略和对待国际能源合作态度上存在严重分歧等原因,上述经济合作战略计划的实现面临着很多困难。③

投资合作也是俄罗斯与欧盟之间经济伙伴关系的一个重要组成部分。俄欧投资合作的条件比不上货物和服务贸易方面的条件。由于俄罗斯的经济不稳定性、缺乏坚实的法律基础、经济犯罪以及官员腐败现象,外国公司对俄罗斯的投资环境并不十分满意,这使得俄欧投资合作的发展受到了限制。而且,1998年前的俄罗斯经济和政治形势使西欧和其他外国资本极力主要集中于金融领域,以便较快地获取高额利润。④ 鉴于上述情况,俄罗斯采取了一些措施来改善国内投资环境,以便吸引更多的外国投资。例如,截至2000年底,俄罗斯同所有欧盟国家以及美国、加拿大、中东欧国家共签署了53个鼓励和保护外国投资的双边条约。2001年夏,俄罗斯还通过了一项法律,对投资者所获得的利润征税税率

---

① 详见[俄]斯·日兹宁《国际能源政治与外交》,强晓云等译,上海:华东师范大学出版社2005年版,第134~135页。

② *EU-Russia Energy Dialogue Six Progress Report*, Presented by Russian Minister of Industry and Energy Victor Khristenko and European Commission Director-General Francois Lamoureux, Moscow/Brussels, October 2005.

③ Российская академия наук, Институт Европы. Россия между Западом и Востоком: мосты в будущее, Москва, *Международные отношения*, 2003, cc. 357-361.

④ ИНИОН РАН. Россия и Европа: Отношения на рубеже веков, СБ статей, Москва, 2001, c. 70.

由 35% 下调到 24%，从而在改善国内外投资环境方面向前跨出了一大步。

除美国外，欧盟国家是俄罗斯的主要投资者，它们对俄罗斯经济的投资具有相当的规模。据 2001 年 7 月 1 日资料，欧盟国家在累计外国直接投资中占 56.1%，其中，在直接投资中占 41.7%，而美国所占份额相应地则分别为 15.9% 和 22%。一直列入对俄投资的 10 个最大国家中的欧盟成员国是德国、荷兰、英国和法国，而在某些年份中，瑞典、芬兰、卢森堡、奥地利和意大利也成为对俄投资的 10 个最大国家之一。此后一些年里，欧盟在对俄外国投资者中一直稳稳地保持着头把交椅的地位。但也要看到，尽管在俄罗斯的所有经济部门中都有西欧国家的资本，这种资本却远远不是在一切部门中都占首位的。① 而且，西方国家最愿意选择的只是盈利最快和利润最大的部门，而不可能完全根据俄罗斯经济发展的实际需要来决定投资对象和规模。但不管怎么说，欧盟国家投资的不断增多，对俄罗斯经济的恢复和发展起了积极的作用。

欧盟还提供了对俄罗斯经济发展具有关键意义的管理经验和技术援助。苏联解体前夕，欧共体就已考虑并着手对苏联提供这方面的援助。关于建立对苏联技术援助体系的决定是 1990 年 12 月在布鲁塞尔通过的，翌年开始实施第一个计划。苏联解体后，对俄罗斯的三个指导性技术援助项目，即 1992 年、1993—1995 年、1996—1999 年技术援助项目得以通过和实施。1991—1998 年间，为实现项目而拨出的资金为 12 亿埃居。这些资金是用来制定和实施 2000 多个具体方案。此外，俄罗斯还被纳入欧盟对一切或若干独联体国家的"对独联体国家技术援助"项目。欧盟"对独联体国家技术援助"项目（从 1994 年起，包括蒙古）在俄欧合作中占有特别重要的地位。它是在 1992 年对根据欧盟理事会 1991 年 7 月的决议而制定的援助苏联改革计划进行改造的基础上形成的。其目的在于，促进俄罗斯与独联体其他国家在市场经济和联邦、地区及地方各级管理的各个部门与西欧的合作。开始时，被选为优先援助的是这样的 5 个领域：粮食生产和分配；动力工程（包括核安全）；运输；金融服务和培训。实际上，"对独联体国家技术援助"项目远远超出了这些领域，扩大到私有化、支持中小企业、建立市场基础设施、组织适应社会需要的及失业人员安置的服务机构、完善地方行政机制和活动等范围。俄罗斯是接受"对独联体国家技术援助"资金最多的一个国家。1991—2001 年俄罗斯获得了 24.64 亿欧元的援助，占整个支出的援助资金的一半，其中的 14.83 亿欧元是直接划拨给俄罗斯的。另根据欧盟方面的有关文件，1991—2006 年，俄罗斯每年得到的"技术援助"资金总额约为 2 亿欧元，即 16 年内获得的"技术援助"资金总额为 32 亿欧元。② 的确，在大多数情况下，"对独联体国家技术援助"项目的实行过程中存在诸多不足，尤其该项目是由来自欧盟国家的专家来评审的，被划拨的资金近 80% 都花费在由欧盟的组织和专家所提供的服务上。在计划和执行项目方面，俄罗斯方面的参与受到很不公正的限制。而且，俄罗斯方面往往是在长时间的拖延之后才得到为实施某一项目所必需的资金（几乎是在批准申请

---

① Российская академия наук, Институт Европы. Россия между Западом и Востоком: мосты в будущее, Москва, *Международные отношения*, 2003, с. 363, с. 365.

② 关于 1991—2006 年欧盟对俄罗斯"技术援助"实际拨款情况，详见 И. Пашковская. Деятельность Европейского союз в России по программе ТАСИС, Миравая Экономика и Международные Отношения, 2007, №8, сс. 43-44, с. 47.

日期的一年之后)。① 尽管"对独联体国家技术援助"项目在国际上受到一些批评，但它对俄罗斯和独联体其他国家的经济发展还是很有积极意义的。② 根据欧盟的观点，这些援助是成功的。

1999 年 12 月，欧盟理事会通过了新的 2000—2006 年"对独联体国家技术援助"项目。其批准的预算总数有所缩减，为 31.38 亿埃居，计划用于俄罗斯的约占其中的三分之一。③ 而且，新援助项目大大简化了获得资助的制度和程序。在计划和执行援助项目方面，俄罗斯的参与度也大为提高；在援助的形式和重点上，一个重要的变化是由欧盟专家建议转向对俄罗斯专家的培训。其中，最重要的是每年四分之一的援助资金被用于鼓励外国对俄罗斯的投资。

为了推进具有战略意义的科学技术、太空等领域的合作，2000 年 11 月，俄罗斯与欧盟签订了科学与技术合作协定。其内容十分广泛，包括环保、科技、保健服务、农业、工业技术、交通、通讯等方面的合作。宇宙空间是特别重要并很有前景的一个合作范围。2001 年 1 月，太空技术信息和培训中心在莫斯科投入运转。这个中心具有长远的目标，其任务不仅包括培训俄罗斯专家，还包括为欧盟和俄罗斯生产的太空装备发放合格证制定程序。同年 7 月初，欧洲航空航天和防务联合企业（EADS）与俄罗斯航空航天代理处（PAKA）在莫斯科签订了战略伙伴关系协定。10 月初，欧洲航天代理处与俄罗斯航空航天代理处又签订了航天伙伴关系共同文件。2002 年 11 月 5 日，俄罗斯又与欧盟在莫斯科成立了"俄罗斯—欧盟能源技术中心"。

环境和核安全也是双方重要的合作领域。在切尔诺贝利核电站泄漏事故发生后，以及有关俄罗斯大部分地区，特别是欧洲部分的环境污染材料公布于世后，欧盟成员国的社会舆论和政府及所有的欧洲国家都对发展环境方面的合作极为关心，并且逐步建立了这种合作。2001 年 12 月，欧盟委员会发表了题为《欧盟与俄罗斯在环境领域的合作》的报告。其中规定扩大环境和稳定发展问题上的对话，特别要扩大对话的领域包括：有效地利用能源和克服气候变化，包括与《京都议定书》保持一致；改善社会保健和减少由业已老化的供水系统等造成的健康威胁；提高资源的效能，首先是能源和原料的效能，要特别注意核安全和放射性的环境污染问题；加强对环境状况的监督和国际合作，以保护环境，特别是北欧、多瑙河流域、黑海和里海的环境。俄罗斯也非常希望加强与欧盟的环境合作，而且希望在环境方面得到欧盟的资金和技术支持。俄罗斯和欧盟的环境合作前景是很好的，但由于目前双方之间存在一些分歧，这方面的合作还不很顺利。

俄罗斯和欧盟在货币领域的合作也取得一定的进展。从战略上考虑，俄罗斯希望欧元成为一种强势货币，在国际货币体系中独立发挥作用。因为这不仅有利于抗衡美国的金融霸权，促进世界多极化，而且也有利于维护俄罗斯的经济安全。一个明显的事实是，欧盟

---

① John Pinder, Yuri Shishkov, *The EU & Russia*, *The Promise of Partnership*, London：The Federal Trust, 2002, p. 92.

② Российская академия наук, Институт Европы. Россия между Западом и Востоком: мосты в будущее, Москва, *Международные отношения*, 2003, cc. 374-376.

③ Борко Ю. В., Буторина О. В. Европейский Союз на пороге XXI века: выбор стратегии развити, Москва, *Эдиториал УРСС*, 2001, с. 380.

及候补成员国在俄罗斯对外贸易中约占50%，在对俄罗斯经济的所有外国投资中占50%以上。俄罗斯特别考虑到，同欧盟进行货币领域中的合作，使自己更有可能减少对美元的依赖及优化本国货币储备结构。在欧盟方面，考虑较多的则是加强欧洲新货币的国际阵地的问题。鉴于俄罗斯愿意使用欧元，而且这是一个加强欧元国际阵地的积极因素，欧盟向它提出了在外汇领域进行合作的建议。而且，欧盟委员会为了进一步激发俄罗斯使用欧元的热情，特别强调俄罗斯广泛使用欧元将会促进西欧对其经济的投资增长。实际上，俄罗斯的银行和工业公司已经转向用欧元同欧洲伙伴进行结算。据估计，早在2001年6月初，欧元结算便在国内所有银行间外汇业务中占20%～25%。今后，俄罗斯将使自己的货币政策多样化，较快地将欧元作为第二位的国际储备货币。①

## 二、俄欧贸易的非对称性与相互出口产品结构的差异性

俄罗斯和欧盟各占对方对外贸易总额的比重相差很大。在欧盟对外贸易中，俄罗斯所占份额不超过总数的3%～4%；而在俄罗斯对外贸易中，欧盟所占份额却高达总数的33%～37%。据2005年资料显示，同欧盟的贸易约占俄罗斯对外贸易总额的48.6%，而对俄罗斯贸易仅占欧盟进口的7.6%和出口总额的4.4%，俄罗斯对欧盟贸易长期保持顺差。欧盟国家是俄罗斯服务贸易的主要伙伴，但双方服务贸易关系也同货物贸易一样地是严重不对称的。②

作为双方经济互补性很强的一种表现，是相互出口产品结构亦有很大差异。俄罗斯从欧盟进口大量的工业制成品和技术密集型产品以及国内所需要的日用消费品，包括工业设备、发电机组、电子设备、农产品、汽车及零配件、化学产品，还有化妆品、酒精饮料等。但是，俄罗斯对欧盟的出口产品中，绝大多数是自然资源或半成品，尤其是石油和天然气是俄罗斯的主要出口产品。俄罗斯的能源出口约占其对欧盟整个出口的50%，而其他产品出口所占的比重很小。1996年，俄罗斯占欧盟全部石油产品进口总量的27.4%、有色金属进口总量的18.9%、有机化学产品进口总量的16.1%、木材进口总量的9.5%。据德国前总理施米特的分析，石油和天然气两项产品几乎占了俄罗斯出口总额的一半，占其国家全部收入的近三分之一，在国内生产总值中约占12%以上。③

由此可见，在俄欧经济关系中，不仅双方进出口贸易额不对称，而且相互出口产品结构也有很大不同，④尤其是俄罗斯本身的出口商品结构明显不对称。其中，对欧盟的能源出口占有特别的比重。这一现象既表明双方的能源合作具有特别重要的意义，也反映出俄罗斯对欧盟的出口产品结构是不合理的。目前，俄罗斯对欧盟市场的出口产品结构完全体现出并符合俄的产品实际竞争力。对俄罗斯特别不利的是，明显地表现在同欧盟贸易中的不合理产品出口结构，将由于世界能源价格不够稳定，使俄罗斯经济变得非常脆弱。

① Российская академия наук, Институт Европы. Россия между Западом и Востоком: мосты в будущее, Москва, *Международные отношения*, 2003, с. 382.

② John Pinder, Yuri Shishkov, *The EU & Russia, The Promise of Partnership*, London: The Federal Trust, 2002, p. 82.

③ 参见施米特《未来的强国》一书摘要，转引自《参考资料》，2005年5月30日。

④ 关于俄欧出口产品结构差异的形成原因，可参见罗英杰《俄罗斯与欧盟的经济关系》，载《外交评论》，2005年第4期，第93～94页。

145

俄罗斯本身并不愿意维持现有的与欧盟贸易结构，因为这种贸易结构是与俄罗斯国家对外经济战略相矛盾的，不利于发展俄罗斯与欧盟之间的经济合作。俄罗斯国家对外经济战略的目标是要过渡到另一种形式的基于工业专门化和交换优势成品的对外贸易。俄罗斯出口产品结构的不对称性、不合理性，是构成俄欧相互贸易发展不稳定的根本原因。① 而且，俄罗斯国内有很多人担心，欧盟国家现在和今后一段时间里都将俄罗斯视为自己的原料附庸国。而事实上，西方的确有相当多的人主张强化俄罗斯作为原料供应国的角色。因此，越来越多的俄罗斯人认为，俄罗斯应尽一切努力消除这种现象，实现出口多样化，发展包括传统商品在内的其他领域的产品出口，通过改革拓展制造业的潜力。这就是说，俄罗斯必须通过改造工业结构来提高产品的竞争力。要知道，俄罗斯从苏联那里继承的是一个畸形的工业结构。燃料和冶金工业过于偏重，近年来发达的国防技术的需求又急剧下降，而制造业的其他部门却不发达。西方学者认为根本问题在于：俄罗斯要么通过转换国防工业体系和吸引外国直接投资而在最近几年内为其民用工业体系注入新的活力，要么就沦落为西方供应燃料和原料的附庸国，尽管它拥有核大国地位。

另一方面，欧盟国家也因在能源上对俄罗斯的严重依赖性日益感到不安。如前所述，俄罗斯对欧盟的石油和天然气出口在欧盟进口中占有优先的地位，并在欧盟的能源安全目标中起着重要的作用。2007年初的俄罗斯和白俄罗斯之间能源纠纷导致向德国、波兰、斯洛伐克和捷克等国输油中断事件，这不仅引起了欧盟的强烈关注，② 也使欧盟更感到能源安全的重要性，更有必要调整能源政策，以降低在能源供应上对外的过分依赖，特别是对俄罗斯的依赖。德国外交学会俄罗斯问题专家拉尔在接受德国媒体采访时指出，欧盟必须认识到，能源外交的新时代已经来临，在能源问题上俄罗斯处于强势地位，欧盟必须以此调整其共同的能源政策。其实，欧盟委员会早就发出过警告，如果欧盟国家不调整能源政策，那么在今后的25年中，欧盟的对外能源依赖，尤其是对俄罗斯的能源依赖程度会大幅度提升，欧盟的能源供应安全将更加脆弱，能源将会成为欧盟外交政策中潜在的"软肋"。欧盟委员会认为，必须实行能源供应多元化，均衡采用多种能源，才能从根本上减少对进口能源的依赖。此外，俄罗斯利用欧盟国家对其能源的严重依赖性而对欧盟提出新要求的做法，也使得欧盟感到降低对俄罗斯能源依赖的紧迫性。普京总统曾要求欧盟向俄罗斯投资者，包括具有官方背景的俄罗斯天然气股份有限公司开放更多的投资领域，以此作为俄罗斯向欧盟承诺提供长期和稳定能源的回报。③

能源问题，包括降低对俄罗斯能源依赖问题正越来越受到欧盟国家的关注。而且，欧盟委员会通过2006年3月欧盟发表的《能源战略绿皮书》，即《获得可持续发展、有竞

---

① Борко Ю. А. От европейской идеи- к единой Европе, Москва, *Деловая литература*, 2003, с. 326; Российская академия наук, Институт Европы. Россия между Западом и Востоком: мосты в будущее, Москва, *Международные отношения*, 2003, с. 346.

② 这次事件涉及欧盟国家的能源利益。俄罗斯过境白俄罗斯的"友谊"输油管道，是在1960年由苏联、波兰、捷克斯洛伐克、匈牙利和民主德国共同兴建的，全长约5000多公里，至今仍是俄罗斯向欧洲出口原油的主要通道之一。俄罗斯通过这一管道，平均每天向中东欧国家输出120万桶原油。所以，俄罗斯与白俄罗斯石油纠纷事件发生后，欧盟能源委员会立即致电俄罗斯和白俄罗斯两国政府，要求它们立即就引发此次事件的原因向欧盟做出详细的解释。

③ 王怀成：《德国推动欧盟采取共同能源外交政策》，载《光明日报》，2007年1月11日。

争力和安全能源的欧洲战略》，再次要求欧盟实行共同的能源外交政策，以实现确保欧盟经济可持续发展、欧盟能源产业具有竞争力和欧盟能源供应安全三个核心目标。① 但是，欧盟 27 国至今在能源政策和对俄立场上各不相同。今后，它们能否加强团结合作，采取共同的能源外交政策，以有效降低对外特别是俄罗斯的能源依赖，还殊难预料。

### 三、俄欧之间存在激烈的贸易竞争

普京不止一次地提到，俄罗斯在世界贸易和经济中面临着激烈的竞争，但无论如何是避免不了这种竞争的。② 在俄欧经济关系中，贸易竞争也是一个十分尖锐的问题，并且它在世界贸易中是很典型的。俄罗斯的工业出口规模不大，且产品竞争力低下。但是，俄欧贸易竞争，不管是在欧洲市场上，还是在俄罗斯市场上，都是不可避免的，而且将呈强化之势。这在某种程度上会导致俄罗斯的工业生产结构的改造和产品竞争力的提高。

20 世纪末，俄罗斯首次向包括意大利和希腊在内的欧盟国家出口谷物。但正是在这一农业领域，欧盟采取了保护主义。从 1993 年 1 月 1 日起，欧盟对俄罗斯与乌克兰的软小麦（мягкая пшеница）实行了新的海关制度，加倍提高了软小麦在欧洲市场的价格。这曾引起俄罗斯的不满，并使它威胁性地要以提高欧盟出口的肉类进口税作为回应。

俄罗斯和欧盟既在欧洲市场上，也在俄罗斯市场上展开了竞争。如果说竞争成为双方贸易冲突的根源，那么俄罗斯市场上的竞争可能是近年来贸易冲突的主要根源。③ 1998 年金融危机后，俄罗斯国内市场发生了有利于本国工业的变化。在这种情况下，欧盟对俄欧贸易问题的态度也明显发生了变化，越来越表现出对俄罗斯政府为捍卫国内市场和支持出口而采取的一些措施的不满，同时又极力要求俄罗斯加快进入世界贸易组织，希望这能导致俄罗斯经济和对外经济政策进一步自由化。

关于临时贸易协定，损害俄罗斯出口的歧视性贸易条款和程序问题，④ 竞争中的双方都采取了保护内部市场和支持本方出口的政策。总体上说，俄罗斯处于不利地位。因为欧盟拥有牢固得多的法律基础和更发达的基础设施来实施必要的举措，还拥有完善的对外贸易的核算和监督体系，且不说其雄厚的金融资源和长期积累的丰富外贸经验。对于俄罗斯很重要的一点是，欧盟只有在俄罗斯不断扩大对其进口的情况下，才能真正大力支持俄罗斯的经济改革。但是，在目前的特定条件下，俄罗斯必须保证拥有关税和其他经济保护手段，这是它的合法权利和职责。

虽然在纺织品、钢铁等很多方面都存在着贸易争端，但俄欧双方都愿在更充分利用《伙伴关系与合作协定》的基础上来调解贸易争端。例如，通过谈判，自 1998 年以后，俄罗斯和欧盟在纺织品和服装方面的所有互惠贸易数量都被取消。除了特殊情况之外，双

---

① Commission of the European Communities, *Green Paper— A European Strategy for Sustainable, Competitive and Secure Energy*, Brussels, 8.3.2006.

② Кашлев Ю. Международные отношения в зеркале информационной революции, *Международная Жизнь*, 2003, №1, с. 127.

③ Российская академия наук, Институт Европы, Россия между Западом и Востоком: мосты в будущее, Москва, *Международные отношения*, 2003, с. 352.

④ Борко Ю. А. *От европейской идеи- к единой Европе*, Москва, Деловая литература, 2003, с. 389.

方今后也不设立进口配额。又如，1996 年之前，俄罗斯对欧盟国家的钢铁出口都被欧盟单方面设立的年度配额所限制。此后，这种出口则被俄罗斯与欧盟之间的特别协定所控制。① 而且，为了避免俄欧贸易冲突加剧，更为了扭转在经济上过分依赖欧洲市场的现象，俄罗斯还在世纪之交提高了同中东、东亚的政治关系水平，力争对欧亚的经济方针和经济关系实现相对平衡，以谋取更大利益。为此，普里马科夫外长在其执政的最后 2～3 年中曾做了许多工作。② 现在，俄罗斯越来越认为自己是一个欧亚大国，在亚洲也有重大的经济利益。

俄罗斯和欧盟除了在双方市场上展开竞争以外，在世界其他地区也同样展开了经济竞争。例如，它们在黑海地区经济合作中，各组阵营展开利益争夺战。看来，"欧盟堪称是俄罗斯自奥斯曼帝国以来在黑海地区遭遇的最强大对手"。"黑海日益成为重要的能源转运区，欧盟与俄罗斯利益的冲撞不可避免。"③

从整体上说，俄罗斯在与欧盟的经济竞争中处于不利地位。很明显，目前俄罗斯和欧盟是处在不同的发展水平上：欧盟已经进入后工业社会时代，而俄罗斯仍然是工业社会。④ 还要看到，欧盟扩大将对俄欧经济竞争力的对比产生进一步影响。如前所述，近年来，欧洲经济发展缓慢。在此条件下，欧盟希望通过东扩，即"老欧洲"和"新欧洲"的联合来有力推动整个欧洲经济的发展，使欧盟成为具有高度竞争力的、成功地与其他大国进行竞争的实体。现在，就俄欧经济关系而言，扩大后的欧盟在经济上必然会增强对俄罗斯的竞争力。芬兰驻俄大使雷列·纽堡也预计，欧盟的扩大将加强欧洲的统一和竞争力，东扩后欧盟国家在俄罗斯市场上的竞争也将会加强。但同时他又强调，从中获利的首先是俄罗斯消费者。⑤

## 四、经济政治因素影响下的俄欧经济关系不稳定性

俄欧经济合作进程自启动以来，虽然得到逐步发展，但实际发展速度并不像双方所期待的那样快。其中一个很重要的原因是，欧盟对俄罗斯国内的经济、政治形势感到不安或不满。新俄罗斯独立之初，国内经济衰退，政局不稳，严重影响了西欧对俄罗斯的投资信心。他们担心，在这种情况下的投资非但无利可获，反而会有赔本风险。世界能源价格，特别是俄罗斯对欧盟出口的主要货物即石油、石油产品和其他各种原料价格的激剧波动，1998 年的金融危机和俄罗斯对车臣分子采取的军事行动，都对俄欧经济合作产生了很大的影响。其中，"车臣问题"更成为俄欧关系发展中的一个严重障碍。从 20 世纪 90 年代中期起，欧盟便不时地谴责俄罗斯对车臣人民"人权的践踏"，甚至变相地支持车臣非法

① John Pinder, Yuri Shishkov, *The EU & Russia*, *The Promise of Partnership*, London：The Federal Trust，2002，pp. 80-81.

② Tom Casier & Katlijn Malfliet（eds.），*Is Russia a European Power? The Position of Russia in a New Europe*，Louvain：Leuven University Press，1998，p. 137.

③ 安德烈·米洛夫：《黑海之争日趋激烈》，载［俄］《晨报》，2007 年 6 月 28 日，转引自《参考资料》，2007 年 7 月 9 日。

④ Pavlov N，Russia and Europe：Pros and Cons，*International Affairs*，2003，№6，p. 121.

⑤ Рене Нюберг．Финляндия，Россия и расширяющийся Европейский Союз，*Международная Жизнь*，2003，№12，с. 50.

武装。① 为此，俄罗斯政府指责欧盟国家干涉其内政，在"反恐"问题上采取双重标准。并且，它在与欧盟能源合作道路上的步伐也有所放缓。

新世纪之初，俄欧经济合作才重现活力，达到一个新的水平。这是因为俄罗斯以出乎西方专家和政治家预料的速度较快地克服了 1998 年金融危机的后果，进入了宏观经济和金融稳定时期；西方认为俄罗斯国内政治经济可能要进入一个新的发展时期：1999 年 12 月和 2000 年 3 月先后举行了国家杜马选举与总统选举，俄罗斯停止了在车臣的军事行动，并将车臣问题置于次要地位；随着 1999 年后俄欧经济关系的加强，同欧盟贸易在俄罗斯经济发展中的重要性更加突出，西欧政界和实业界的精英在重新评估今后 15～20 年经济战略的基础上，也重新评估了俄罗斯作为一个战略经济伙伴的潜力和作用。2002 年 1 月，欧盟贸易专员帕斯卡尔·拉米指出，俄罗斯在欧盟未来经济政策中开始具有优先性。根据他的说法，这一决定建立在三个相关因素上：俄欧《伙伴关系与合作协定》的履行；俄罗斯加入世界贸易组织的谈判；业已宣布（于 1999 年正式阐述）的欧盟关于建立有欧盟和俄罗斯参加的统一经济空间的目标。②

总体而言，俄欧经济合作是在高度相互经济依赖的基础上形成和发展的，具有不同于一般双边经济关系发展的显著特点。今后，俄欧经济关系的发展，如同其他领域相互关系的发展一样，会继续受到诸多因素的影响。西方学者尤其认为，它不仅在很大程度上取决于俄罗斯的经济、政治体制改革的速度和状况，还取决于俄罗斯的经济、政治制度与西欧制度的差距。但不管怎样，俄欧相互经济依赖性仍将存在，而且它们的上述经济合作特点在一个较长时期内也可能不会发生根本性的变化。

（罗志刚　武汉大学政治与公共管理学院教授）

---

① 关于欧盟方面对俄罗斯进行的两次车臣战争的态度和俄欧政治关系恶化的情形，参见 Hanna Smith, *The Russian Federation and the European Union: The shadow of Chechnya*, Debra Johnson and Paul Robinson (ed.), Perspectives on EU-Russia Relations, London: Routledge, 2005, pp. 110-125.

② Российская академия наук, Институт Европы, Россия между Западом и Востоком: мосты в будущее, Москва, *Международные отношения*, 2003, cc. 342-343; Alexander J. Motyl, Blair A. Ruble and Lilia Shevtsova (ed.), *Russia's Engagement with the West: Transformation and Integration in the Twenty-First Century*, New York: M. E. Sharpe, 2005, p. 133.

# 美国南海政策：对中国的影响及其应对

严双伍　李国选

南海问题是影响亚太地区，特别是南海地区安全和稳定的重要问题之一。直接涉及南海问题的有"六国七方"，主要有中国、越南、菲律宾、文莱、马来西亚、印度尼西亚六国和中国台湾。然而，冷战后美国正日益成为影响南海问题解决的最大外部因素。可以说，未来南海问题的解决离不开美国。

## 一、冷战后美国南海政策的形成

### 1. 美国南海政策的发端

美国是较早进入南海的列强之一。1784 年，美国商船"中国皇后"号满载货物首次经过南海到达广州，之后，中美交往逐渐增多。1898 年，美国发动美西战争夺取菲律宾，这是美国第一次在南海地区取得立足点。这时候，美国眼中的南海只是进入东亚国家的一条海上通道，至于南海诸岛的归属它并不在意，因为这些岛礁太小，在当时条件下既无军事价值又无经济意义。太平洋战争爆发后，日本占领了南沙群岛的部分岛屿并以此为跳板攻占了整个东南亚，给美国造成重大损失，美国对南海地区开始重视起来。"二战"后，美国取得了亚太地区的主导权。但国际形势随即发生了巨大的变化，东西方冷战的出现，中国革命的胜利以及南海价值的彰显，这一切使美国改变了对南海的认识，由过去不在意的态度转而积极争夺对南海的控制权。由美国主导而签订的《对日和约》、《日台条约》和《东南亚集体防务条约》都集中反映了美国的这一政策变化。《对日和约》是第一份涉及南海岛礁主权问题的国际条约，它规定日本放弃在南沙群岛和西沙群岛的权利，却故意不明确规定归还中国，由此成为有关国家所谓两群岛"主权未定论"的"依据"。《日台和约》则延续了美国在《对日和约》中对两群岛的处理方式。《东南亚集体防务条约》扩大了美国在东南亚和西太平洋的防御范围。随着美国在南海利益和责任的增大，南海被纳入美国防线之内，在美国亚太战略中的地位开始上升。①

冷战时期，美国对南海的态度在中美关系正常化前后存在着一定的差异。在正常化之前，美国为了遏止中国而无视中国在南海的主权，主要表现有三：一是把南海当作美军的演习场；二是将南海作为向越南战争输送军队和军火物资的通道；三是直接侵入南沙群岛。正常化之后，美国因有求于中国，对南海主权问题奉行双重立场：公开场合采取模糊

---

① 参见张明亮《美国的南中国海政策：1951—2002》，北京大学博士论文，2004 年，第 27～44 页。

态度，对主权归属不表态；私下却对菲律宾和南越侵略南沙群岛的行为予以鼓励和支持。①

总之，冷战时代，在相当长的时期内美国的南海政策以遏制中国为主要目标，后来只是由于战略上需要与中国合作，而对南海主权的归属采取了一种机会主义的立场。总体上说，美国在冷战期间的南海政策具有不稳定性和不完整性的特点，其原因在于南海问题当时尚不处于美国东亚安全利益的核心位置，而只是影响美国在东亚的安全利益。

**2. 冷战后美国南海政策的形成**

苏联的解体标志着冷战的结束，国际关系充满了变数：国际格局朝何方发展，国际秩序如何构建，主要大国外交政策的走向，美国下一个对手究竟是谁等问题，一时难以定论。这就导致了当时美国在南海问题上犹豫不决的态度。美国国内就南海在美国亚太安全战略中的地位也争论不休。

正因为如此，所以在冷战结束之初，当南海问题一下子激化时，美国处于一种矛盾的境地：一方面美国宣称不介入南海问题。最明显的例子是中菲之间的美济礁事件发生后，菲律宾要求美国根据《美菲共同条约》支持其与中国对抗，美国拒绝了这一要求。美国的理由是《美菲共同条约》是 1951 年签订的，而菲律宾到 1978 年才对南沙群岛提出主权，故南沙群岛不属于美菲共同防御的范围；另一方面，美国又准备在南海问题上发挥作用。1994 年 7 月 8 日美国太平洋政策中心负责人宣称：美国在该地区（南海地区）要给中国传递一个信息：如果中国企图用军事手段解决南海问题，它将付出巨大的代价，即失去西方的经济援助、技术援助、投资等。同年 8 月 3 日，美国负责亚太事务的助理国务卿洛德在讲话中表示，南海问题是美国在亚洲地区面临的三大威胁之一，对南海争端美国准备给予"帮助"。② 美国这一矛盾的态度，反映出它正处在全球和亚太战略的调整过程之中。

随着冷战后国际形势的变化，特别是中国经济的快速增长，中国渐渐地被美国视为亚太安全的主要威胁。"中国威胁论"开始甚嚣尘上。布热津斯基认为，中国注定要成为"世界上重要的经济大国之一，但是，它在世界事务中的政治作用还没有完全具体化"。而且，中国在政治上要比它作为一个建设性的区域经济大国更为"武断和野心勃勃"，一个充满活力的亚洲必须建立一个包括美国在内的新的安全网络，这样才能"遏制邓小平后时代的野心"。③ 在这一背景下，美国开始考虑以何种方式介入南海问题。1993 年美国政府宣布其东亚政策的三大支柱：一是维护美日、美韩既有的双边安全保障关系；二是确保美军在东亚的继续存在；三是在亚太开展多边安全磋商。而第三个支柱的内容就包含了南海问题。④ 实际上，美国的设想是以多边安全形式介入南海问题，特别是企图借助东盟地区论坛等方式将南海问题国际化。

1995 年美济礁事件后，5 月 10 日，美国正式发表了《关于南沙群岛和南中国海的政

---

① 参见郑泽民《亚太格局下的南中国海争端》，中共中央党校博士论文，2004 年，第 33～35 页。

② 席来旺：《美国对南沙问题政策言论选》，载《国际资料信息》1994 年第 10 期，第 7 页。

③ 《布热津斯基说亚洲需要新的安全安排以遏制中国》，法新社，马尼拉，1993 年 11 月 11 日。转引自郑泽民《亚太格局下的南中国海争端》，中共中央党校博士论文，2004 年，第 37 页。

④ 《美国改变亚洲政策，增加磋商，形成信任，重视多边安全》，载日本《产经新闻》，1993 年 5月 12 日。转引自郑泽民《亚太格局下的南中国海争端》，中共中央党校博士论文，2004 年，第 37 页。

策声明》，其主要内容是：第一，应当和平解决斯普拉特利问题（南沙问题），反对用武力作为解决争端的手段。第二，在有争议的领土主权要求问题上美国不表示任何立场。第三，相关国家达成的任何解决办法都不应影响在整个南海上的航行自由。① 该文件的发表标志着冷战后美国南海政策的形成。这一声明，表面上看起来美国似乎比较中立、超然，实际上其核心一是确保美国在南海的利益，二是否认中国对南海的主权。

## 二、美国南海政策对中国的影响

### 1. 加大了中国解决南海问题的难度

美国的政策充分利用了相关争端方的不当要求在南海问题上来对付中国，使中国解决南海问题的难度进一步加大。

南海诸岛自古以来就是我国神圣不可分割的领土，无论从法理上，还是从历史上，我们都有无可辩驳的证据。② 但由于南海特殊的战略地位和丰富的自然资源以及中国海洋力量的不足，20 世纪六七十年代以来，南海地区的纷争不断出现。冷战后，美国的南海政策进一步刺激了周边国家的欲望。它们相继单方面宣布经济专属区和大陆架，肆意分割属于我国的海域，抢夺属于我国的海洋资源，武装占领中国的岛礁，多次抓捕、打死和打伤我国渔民。

美国的南海政策是为其亚太战略服务的。"南海问题涉及到西太平洋沿岸的许多国家的经济和安全利益，如能左右南海事务，将有利于美国长期保持在亚太地区的前沿军事存在，维护在亚太地区的领导地位，确保美国亚太战略的顺利实施。"③ 中国被美国看做是最有可能威胁美国在亚太地区利益的对手，而一些东盟国家在南海问题上则把中国视为威胁，双方在南海问题上有着一定的共同利益基础。冷战结束以来，美国和东盟针对南海问题进行多次军事演习。美国明确表示，一旦中国用武力方式解决南海问题，它将武力干预。这种行为和态度促使有关争端国不断挑战中国在南海问题上的底线，使南海问题变得更为复杂。

美国的南海政策也日益导致南海问题的国际化。美国介入本身就是南海问题国际化的表现。在美国的支持下，东盟主张在多边场合讨论南海问题，并企图将南海问题交由国际法庭裁决。所以，美国的南海政策加速了南海问题国际化的趋势，与中国主张通过双边和谈、独立解决南海争端的原则背道而驰，进一步加大了中国解决南海问题的难度。

### 2. 威胁中国地缘和石油安全

美国南海政策的目的是防范和制约中国。中国尽管些年来经济快速增长，综合国力不断增强。美国估计，在政治上，中国在 21 世纪初将成为东亚地区的头号政治大国；在经济上，中国在 2020 年有可能成为仅次于美国的世界第二经济强国；在军事上，中国有可能成为冷战后新的军事强国，逐步向美国在西太平洋地区的利益发起挑战。④ 美国多次明

---

① 吴士存：《南海问题文献汇编》，海南出版社 2001 年版，第 377 ~ 378 页。

② 《中华人民共和国外交部关于西沙群岛问题的备忘录》，载《人民日报》，1988 年 5 月 13 日，第 4 版。

③ 王传军：《区外大国对南海地区的渗透及影响》，载《当代亚太》，2001 年第 11 期，第 17 页。

④ 余颂：《美国对南中国海的军事渗透》，载《国际资料信息》，2000 年第 12 期，第 31 页。

确提出，2015 年前后，中国和俄罗斯有可能成为美国的全球性战略对手，对美构成意想不到的威胁，并认为中国比俄罗斯更有可能成为挑战者。因此，"在此之前，为了未雨绸缪，需要早做准备"。

南海既是亚太地区的中心，又是连接太平洋和印度洋的战略要道。同时它还是连接美国在亚洲、印度洋和波斯湾地区的海军基地的枢纽。谁控制了这里，谁就控制了海上运输的生命线，就掌握了这里的制海权，并进而在亚太地区获得主导地位。① 美国南海政策的战略意图是想通过控制南海，来构建朝鲜半岛—台湾—南海这样一个对中国的海上包围圈。南海是这一包围圈的重要环节，因为中国在南海遇到的阻力相对较小。美国的南海政策就是要阻止中国利用南海地区的地缘战略价值。对中国来说，南海的地缘战略价值主要表现在两个方面：一是南海的丰富资源对中国经济发展具有重大的战略意义；二是南海对中国成为海洋强国具有重要的政治和军事意义。进一步来讲，南海是我国战略防御的前沿阵地和华南大陆的海上屏障，是中国走出近海、进入西太平洋的最理想之地。

摩根索曾言："石油是先进工业国的血液。"② 在当今世界，石油既是国民经济运转和发展不可或缺的重要能源，又是重要的军事战略物资。随着经济的发展，我国早已从石油出口国变为石油进口国。据中国商务部统计，2006 年中国石油对外依存度已达 47%。2006 年的能源蓝皮书——《中国能源发展报告》预计，世界能源消费大国——中国在2010 年的石油进口依存度将达到 50%。我国已成为世界上继美国之后的第二大石油消费国，能源安全是中国目前面临的重大问题之一。正如有的学者指出的那样："在全球化条件下，一国的能源安全不仅仅是一个经济问题，同时也是一个政治和军事问题；它不仅与国内供求矛盾及其对外依存度相联系，同时还与该国对世界资源丰富地区的外交和军事影响力相联系。"③

能源安全可以用两个指标来衡量：一是有稳定的能源供应地，且该地区能源丰富；二是能源运输安全。拥有丰富的油气资源和交通要道的南海自然成为中国解决能源问题的一个重要选择。我国石油运输以海运为主，且多走印度洋——马六甲海峡——南海这一运输航道。按国际能源署（IEA）的预测，中国进口石油的 80% 以上将通过南海航道运进国内。随着亚洲石油需求的不断增长，国际石油贸易从波斯湾向东转移的趋势明显加强，南海运输交通线的价值和重要性在中国对外战略中的地位也就不言而喻。

美国的南海政策严重阻碍了中国在南海开发油气资源，但南海周边争端国却大肆掠夺本属于中国的油气资源。中国不能很好地享有中国主权范围内的油气资源，不得不舍近而求远，靠进口石油来解决自己的石油短缺问题。更为严重的是，中国进口石油绝大部分必须经过南海航线，而目前在海盗猖獗和美国政策的影响下，我们还无法确保自己的航行安全。"我们对海外石油进口线的保护几乎无能为力，它完全掌握在美国海军手里，这对当代中国来说是致命性的，因为中国已将自己的部分命运托付给了世界，而且是一个没有安

---

① Colin Mac Andrews and Chia Lin Sien, *Southeast Asian Seas*: *Frontiers for Development*, McGraw-Hill International Book Company, pp. 226-234.

② Morgenthau J. Hans, World Politics and the Political of Oil , in Gray D Eppen , (ed.), *Energy*: *The Policy Issues*, University of Chicago Press, Chicago, 1995, p. 44.

③ 张文木：《世界地缘政治的中国国家安全利益分析》，山东人民出版社 2004 年版，第 215 页。

全保障的世界。"①

**3. 在亚太格局中制约中国**

冷战结束后，中美日三角关系成为左右亚太安全形势的主要因素。近年来，东盟整体实力增强，成为亚太地区的"第四支力量"。东盟奉行大国平衡战略，在中美日之间起着平衡砝码的作用。

当前的中美日三角关系深刻影响着亚太乃至全球格局的发展和演变。美日为了防范和制约中国，加强了美日同盟，导致中美日三角关系出现了失衡的倾向。1994 年，美日重新定义美日同盟。1995 年美国国防部发表了《东亚战略报告》，该报告明确指出美日关系是美国在亚太地区最重要的双边关系之一，是美国太平洋政策乃至全球战略的根本，强调强化美日安全合作的重要性。美日同盟的加强表现在以下两个方面：一是防卫性质由美日协作抵御威胁转变为美日协作干预地区事务；二是突出日本的军事作用。

东盟由于实力的局限，其在亚太地区的作用不可与中美日同日而语，但其作为亚太地区大国之间角逐的重要砝码的分量却与日俱增。东盟的大国平衡战略，使其成为在几个既相互竞争又相互依存的大国之间的游刃有余的区域性利益集团。所以，在中美日三角关系中，东盟能够发挥十分重要的作用。

在亚太格局中，美国和日本都想利用东盟加强自己的力量。中国从地缘战略出发也必须处理好与东盟的关系。但是，当前东盟大国平衡战略中存在着不利于中国的两大因素：一是美日特别是日本与东盟的经济联系，比中国与东盟的经济联系更为密切；二是东盟中有多个国家与中国存在领土和海洋权益之争，特别是南海主权之争。②美国南海政策的目标是防范和制约中国的崛起，所以与中国有权益之争的东盟国家，自然会利用美国的影响与中国讨价还价，维持既得利益，以争取更大利益。这给中国发展与东盟的关系增加了的困难和挑战。日本和中国在东海划界、钓鱼岛和地缘战略等问题上本身就存在重大分歧，在南海问题上策应美国并支持某些东盟国家向中国施压，可以使日本在中日争端的相关问题上占据有利地位。可以说，在一定程度上针对中国是美国、日本和东盟加强合作的某种基础。这种局面，对中国来说是极为不利的，也是必须竭力避免的。

### 三、积极应对美国的南海政策

**1. 稳定和发展中美关系，争取有利的国际和地区环境**

南海地区是我国 21 世纪的战略重点，对中国实现成功崛起意义重大。但南海问题又不可能在短期内得到解决，只有立足于长远，依托中国未来的进一步发展才有希望和可能。目前在该地区，根据各方对南海问题的基本态度，可以分为三类：一是中国，南海问题涉及中国的核心国家利益，中国要尽最大可能享有南海主权范围内的利益。二是东盟相关争端国，它们是既得利益者，一方面要维护现有利益；另一方面，尽可能巩固和扩大已占岛礁海域的控制权。三是美日印等周边大国，它们介入南海问题的目的是分享南海的地缘战略价值，防范和制约中国的崛起。目前，美国在南海问题上联合日本、印度和东盟共同制约中国的意图渐趋明显。如果美国这一目标实现，将大大压缩中国在南海问题上的战

① 张文木：《世界地缘政治的中国国家安全利益分析》，山东人民出版社 2004 年版，第 293 页。
② 吴士存：《南沙争端的由来与发展》，海洋出版社 1999 年版，第 136~137 页。

略回旋余地，使中国在南海地区不得不长期处于战略守势地位。冷战后东盟某些国家在美国的鼓动、纵容和支持下，已经频繁地在南海主权问题上挑战中国。在美国的南海政策的影响下，中国要取得主动，就必须在三个层次上做好工作：第一层次，与有关国家的双边交涉；第二层次，在地区层面上与东盟对话；第三层次，在地区和全球层面同美国打交道。① 重点是防止三个层次的对立力量的联手。

冷战后南海问题的复杂化与美国的南海政策息息相关，我们只有处理好中美关系，才能抓住解决南海问题的关键。中国在南海问题上可以从两个层面上加强与美国的合作。第一，在全球层面上不断加强和扩大中美之间的经济联系与政治合作。中国广阔的市场是中美经济共同利益培育的基础。中美已相互成为最大的贸易伙伴之一，双方市场的互补性高于竞争性，两国的经济联系和相互依赖已达到一个很高的程度，两国的经济共同利益得到空前的深化与推进。美国作为超级大国，其战略利益遍布世界各地。在国际政治领域，同样也需要中国的配合和支持。近些年来，在朝核危机、伊核危机、反对恐怖主义以及联合国事务等重大国际问题上，中美两国都进行了卓有成效的合作。事实证明，中国的发展只要给美国带来好处，不挑战现有国际秩序，不危及美国的根本利益，中美关系就平稳，美国的南海政策也就比较温和。冷战后美国的对华基本政策是接触与防范，这决定了冷战后美国的南海政策的两面性：一是美国积极介入南海问题，阻止中国在南海有效地行使主权；二是与中国进行一定的合作，保持南海地区稳定、航行自由安全。随着中美两国在经济、政治领域里的共同利益的不断增强，美国的南海政策面临着一种两难的境地，即既要利用中国，又要防范和遏制中国。两者之间不可能完全协调，这就给中国提供了灵活的政策空间。第二，扩大双方在南海地区的共同利益。中美双方在南海有许多的共同利益，如保持南海的航行自由，打击南海地区的海盗和恐怖主义，保持南海地区的稳定，促进南海地区的经济可持续发展，防止南海地区军备竞赛继续升级和该地区大规模杀伤性武器的扩散等。中国应着力培育这些共同利益，夯实双方在南海问题上合作的基础。

对美国而言，南海问题毕竟只是相对次要的地区问题。中国应主动加强与美国的战略对话与合作，寻求共同利益的增长点，扩大交流与对话的渠道，增信释疑，从而为未来南海问题的解决营造一个良好的国际和地区环境。

### 2. 增强中国军力，提高威慑力量

"国际间的文明只有在实力对等的国家间发生。弱肉强食是国际斗争铁的法则。弱者有权利但无能力享受有保障的文明。"② 中国海洋权益的维护必须以海上军事力量为基础。从西班牙、荷兰、英国到美国的世界海洋强国发展的历史已经充分证明了这一点。

在国际关系仍然是强权政治占据主导地位的时代，军事力量是任何国家维护自身利益的最后盾牌。我国在1949年后，海军的发展战略是立足于近海防御。这是由当时中国的国情所决定的，有其历史的必然性和合理性。但今天的情况已经迥然不同，经过近60年的发展，中国不仅是一个世界大国，而且正快速地迈向世界强国。与此同时，中国的国家利益也正在不断地向外部延伸。正因为如此，中国要承担大国的责任，要维护自己的正当

---

① 赵锐玲：《东盟对南中国海问题的介入及其消极影响》，载《解放军外国语学院学报》，2002年第6期，第113页。

② 张文木：《世界地缘政治的中国国家安全利益分析》，山东人民出版社2004年版，第11页。

权益，就必须建立一支强大、高效的现代化武装力量。中国人民历来渴望和平，热爱和平。但是，被动的、消极的和平永远是脆弱的和不可靠的。只有主动的、积极的和平才是稳定的和持久的。和平的实现和维护必须以实力为条件、为基础。在人类社会目前的发展阶段上，保护和平最有效的手段就是拥有强大的威慑性的军事实力。东盟一些国家之所以敢于在南海地区不断挑衅，重要原因之一就是认为中国海军不具备远洋作战能力。

早在 1890 年，美国人马汉在《海权对历史的影响》一书中，从总结英法欧洲强国的历史兴衰中得出结论：只有控制海洋并阻止别国控制和利用海洋的国家才能成为世界强国；谁控制了海洋，谁就控制了世界。马汉将制海权提高到国家兴衰的最高战略层面。进入 21 世纪，虽然时代发生了很大变化，但一个基本事实没有改变：一个国家没有海洋就无法成为世界强国。因此，中国要崛起，就必须追求自己正当的海权，牢牢掌控属于自己发展空间的海洋。中国的海岸线虽然漫长，但海洋的实际利用水平并不高。渤海完全是内海，黄海被朝鲜半岛和日本列岛所阻隔，东海由于台湾没有统一，仍处在美国太平洋防线的限制之中。此外，渤海、黄海和东海均为近海，严重限制了大型舰船的活动。只有南海才是中国海洋发展的唯一空间，如果失去南海，中国基本上只能是陆地国家。

美国的南海政策，重要目的之一就是阻止中国掌控南海，走出近海，成为世界海洋大国。把太平洋视作自己一个"湖泊"的美国，当然不愿意在这里出现一个挑战自己主导地位的海上力量。我们在南海问题上要寻求美国的合作，但美国寻求合作的对象只能是"打不败的对手"，[①] 永远如此。凡是能被美国打败的，没有一个被它视为真正的平等的朋友。所以，中国必须增强自己的海上力量。这支海上力量，不需要像美国那样强大，但必须使美国感到敬畏。中国"如果拥有一支强大的武装力量，同时办事公道，入情入理，坚定维护和平、独立自主的宗旨，依照国际法和公认的准则，谨慎小心的处理有关国家的海界争端，中国就能既保障应有的海洋权益，对潜在的麻烦起到有效的威慑和抑制作用，又给世界展现出一种爱好和平、善于睦邻和促进共同发展的正面形象"。[②]

总之，军事实力是保证中国的海洋权益和不断外延的国家利益的物质基础。美国因中国有强大的军力才会把中国当成真正的伙伴，才会在南海问题上与中国合作，倾听中国的声音。

**3. 提高公民海洋意识，重视海洋安全**

中国虽然一直是个陆地—海洋型国家，但由于历史上长期实行的闭关锁国政策以及主要依靠土地生存，在绝大多数中国人的意识中，中国基本上只是一个陆地型国家，全社会的海洋意识极为淡薄。我国目前对海洋的开发和利用水平还处在较低层面上，对海洋权益和利用海洋保障国家安全的重视还远远不够。有学者说，如果搞一项问卷调查，哪怕在首都北京，可以肯定的是，绝大多数被询问者不会知道我国还有 300 多万平方公里的海洋国土面积。[③]

---

① 张文木：《世界地缘政治的中国国家安全利益分析》，山东人民出版社 2004 年版，第 15 页。

② 王逸舟：《全球政治和中国外交：探寻新的视角与解释》，世界知识出版社 2003 年版，第 240 页。

③ 王逸舟：《全球政治和中国外交：探寻新的视角与解释》，世界知识出版社 2003 年版，第 234 页。

海洋意识在中国的普及和提高已成为一项重要的紧迫任务。现代海洋意识包括海洋国土意识、海洋经济意识和海洋安全意识。海洋国土意识要求人们把属于自己的海洋当做国土的有机组成部分；海洋经济意识就是有利用海洋资源为国家谋利益的意识；海洋安全意识就是通过海洋来保障陆地安全，同时保卫自己的海洋权益意识。① 海洋是 21 世纪人类社会可持续发展的宝贵财富和最后空间，未来人类的生活和生存将更紧密地与海洋联系在一起。对人口众多、资源有限的中国来说，未来的发展空间很大程度上取决于海洋，尤其是南海地区。有学者指出："一国影响力的大小，不仅在于战略力量和经济力量，而且还在于它的价值观和思想方面的'软力量'。"② 中国海洋意识的淡薄是南海问题产生的重要原因之一。有些人至今仍然不能充分认识美国南海政策对中国海洋权益带来的损害。因此，我们不仅要加强维护南海权益的物质力量，还要增强我们捍卫南海权益的精神力量。拿破仑曾说过："世界上只有两种力量：剑与精神，从长远看，精神总能降服剑"。③ 我们应该充分认识到，在相互依存的全球化时代，中国回应美国的南海政策，不能一味地依靠武力之"剑"，更重要的是我们自己首先要具备海洋意识之"精神"。

提高海洋意识、重视海洋安全是我们应对美国南海政策的思想前提，也是我们面临的一项长期的战略任务。一方面，我们要着力推进海洋经济的发展；另一方面，要加强海洋科学的研究和海洋知识的普及，不断提高公众对海洋重要性的认识。例如，在中国地图上明确标出中国的蓝色领土，来强化公民的海洋意识。只有整个社会形成了浓厚的海洋意识，我们对海洋和海洋安全才能够真正重视起来。

总之，在稳定和发展中美关系的基础上，加强我们对海洋软硬实力的建设，是我们解决南海问题的根本之路。

（李国选　武汉大学政治与公共管理学院博士生）

---

① 陈炳新：《增强海洋意识，建设海洋强国》，载《国土经济》，2001 年第 4 期，第 27 页。

② 安德鲁·内森，罗伯特·罗斯：《长城和空城计—中国对安全的寻求》，柯雄等译，新华出版社1997 年版，第 22 页。

③ 转引自尼克松《真正的战争》，萧啸等译，世界知识出版社 1999 年版，第 386 页。

# 美国台海分离政策的形成

刘早荣

**摘要：**"二战"结束至 20 世纪 50 年代中期，是美国对华政策急剧变化的时期。美国对台政策也发生急剧变化。战后，正是在美国的支持下，台湾回到中国的怀抱。然而，冷战兴起及中国革命形势的变化，使美国开始插手台湾。美国最初曾策划台湾独立。蒋介石撤退到台湾，使美国策动台湾独立的阴谋破产，美国转而打算放弃台湾。朝鲜战争爆发后，美国对台政策逆转，形成了以武力阻止台海统一，维持台海分离状态的政策，这一政策一方面以武力阻止大陆统一台湾，另一方面限制台湾当局反攻大陆的行动。

**关键词：**美国　对台政策　分离

"二战"后期，由于美国的积极推动，促成《开罗宣言》和《波茨坦公告》的发表。战后，依据这两个重要的国际文件，台湾顺利回到中国的怀抱。美国的对台政策一直是美国对华政策的重要组成部分。战后初期，美国的对华政策是帮助中国，实现蒋介石统治下的统一，使蒋介石领导的中国能成为美国亚洲政策的基石。然而，冷战的兴起以及国民党在内战中的失利，使美国对拥有极高战略地位的台湾产生了兴趣。美国在中国大陆的利益随着国民党在大陆的失势无法存留，于是，台湾独特的战略地位使它成了美国用以牵制中国的"不沉的航空母舰"。美国的对台政策几经变化，到 20 世纪 50 年代中期，初步形成了不惜以武力阻止中国实现统一，维持台海两岸分离状态的政策。在此以后，美国对台政策根据台海两岸形势的发展有些细微变化，但阻止两岸统一，维持台海两岸分离现状的实质却没有变化。

## 一、美国秘密谋划台湾独立的失败

美国涉足台湾是从冷战兴起以及中国国共内战形势的"逆转"开始的。战后初期，美苏合作的大局尚存，中国国共两党的谈判虽然最终破裂，国内形势转为内战，但国民党的军事优势还在，美国实现蒋介石领导下的中国统一的目标还存一线生机。然而，进入1947 年后，形势急转直下，对美国越来越不利。其一，美苏关系破裂，1947 年 3 月，美苏间正式开始冷战。冷战加剧了美国对中国共产党的敌对态势，因为美国认为中共的胜利，将加强苏联为首的共产主义势力。其二，国民党在国共内战中转为劣势，在辽沈战役后，蒋介石在大陆失败已成定局。其三，国民党在台湾的统治也出现了不稳定。国民党把在大陆的高压、独裁统治搬到了台湾，引起台湾人民的高度不满。1947 年 2 月 28 日，台湾人民发动了"二二八"起义，起义最后被镇压。事态虽然平息，但美国感到国民党可能连台湾都保不住。

美国依靠蒋介石的对华政策眼看就要失败。美国不得不调整其对华政策。1948年9月，美国出台了一份新的对华政策文件，题为《评估与确定美国的对华政策》。文件提出，保持美国对华政策的灵活性，尽最大可能阻止中国变成苏联政治军事政权的附庸。① 为此，美国打算从中国内战中抽身。美国此举，实属无奈。一则，蒋介石失败大局已定，援助无济于事。二则，美国不可能出兵干涉，这样做只会将共产党逼进苏联的怀抱。美国虽打算从中国内战抽身，但并不意味着美国要从中国彻底撤退。鉴于台湾的战略地位，美国认为有必要防止台湾也落入中共之手。1948年11月8日，美国国家安全委员会要求国防部研究，如果台湾落入怀疑受克里姆林宫影响的共产党操纵的政权手中，对美国战略安全会有什么影响。11月24日，参谋长联席会议向国防部长递交了一份备忘录。文件强调，台湾对美国安全的战略意义至少有两方面，其一，作为战时基地对美国具有潜在价值，一旦台湾及其邻近岛屿由敌方控制，敌方在战时将会控制日本与马来西亚的海上通道，甚至会进一步控制琉球群岛和菲律宾。这些情况在战略上会产生严重损害美国国家利益的后果。其二，台湾还可以成为日本的食品和其他物资的主要来源，这种来源问题又将决定日本在战时是成为累赘，还是潜在的有利条件。② 根据这样的分析，参谋长联席会议认为："鉴于目前中国的形势及其显而易见的趋势，如果能采用外交和经济措施阻止共产党占领福摩萨（即台湾，编者注），以便恰当地保证有一个对美国友好的福摩萨政权，将对我们的国家安全利益十分重要。"③ 这份备忘录表明，在"最大限度阻止中国成为苏联附庸"这一对华政策前提下，为防止直接军事干预将中共逼入苏联怀抱，美国初步设想通过外交或经济手段防止台湾"陷入"共产党手中。12月1日，国家安全委员会通过了参谋长联席会议提出的备忘录，并将其命名为 NSC37 号文件。

1949年初，国民党又连续在淮海战役与平津战役中失利，美国国务院感到必须落实防止台湾落入共产党之手的方针。美国在台湾问题上遇到的第一大难题是，台湾已有国际文件明确规定了属于中国，美国难以插手。为解决这一难题，美国在台湾地位问题上动起了歪脑筋。1949年1月19日，国家安全委员会通过了 NSC37/1 号文件。这份文件首先别有用心地对台湾地位作出了一番解释："台湾和澎湖列岛是日本的一部分，其最后归属有待和平条约（指中国与日本签订和平条约）而定。"既然台湾的最后归属还未定，那么美国在台湾的所作所为可以解释为帮助中国人在事实上占领台湾。④ 这是美国第一次提出台湾地位未定论，为了寻找干涉台湾的借口，美国可以出尔反尔，无视他国主权。

该文件分析了台湾的基本形势，列举了美国在台湾可能采取的几种行动方案。最终结论是："美国的根本目的，是拒绝共产党对台湾和澎湖的占领。但要实现此目的，在目前最现实的途径是使该岛从中国大陆脱离，而我们自己单方面则不为其承担任何公开的责任或掌握权力。"⑤ 美国为了达到阻止中国共产党解放台湾的目的，不惜分裂中国，企图把

---

① FRUS, 1948, vol. 8, pp. 154-155.
② FRUS, 1949, vol. 9, p. 262.
③ FRUS, 1949, vol. 9, p. 262.
④ FRUS, 1949, vol. 9, p. 271.
⑤ FRUS, 1949, vol. 9, p. 274.

台湾从中国分离出去，美国成了台独的始作俑者。

NSC37/1 号文件确定了使台湾脱离中国大陆的方针后，美国紧接着于 2 月 3 日推出了 NSC37/2 号文件，拟定了推动台湾从大陆分离的具体行动措施：（1）在观望等待何种力量最终在台湾掌权时，美国应该"努力扶植和支持当地的非共产党中国政权"，并运用美国的影响，"阻止大陆中国人进一步涌入台湾"。美国应该保持与台湾当地领袖的联系，以备在"将来于美国国家利益有利的某个时候"，实现并利用台湾的"自治运动"。（2）美国政府对台湾问题的立场可以十分谨慎和明确地告知台湾行政当局。（3）美国政府应该以最灵活的方式对台湾积极实施经济援助计划，帮助台湾人发展和保持能自立和自给的经济。2 月 4 日，杜鲁门批准了这一行动方案。① 杜鲁门的批准意味着，美国以外交和经济手段促使台湾从中国大陆分离政策的正式确立。

此后，美国政府试图用促使在台湾的国民党当局背叛蒋介石的方法，阻止蒋介石撤退至台湾，使台湾最终脱离大陆。然而，台湾省长无论是陈诚，还是孙立人都表示效忠蒋介石，美国的计划未能实现。一计不成，美国又生一计。到 6 月，美国政府干脆提出由美国和一部分盟国联合出兵占领台湾，形成既成事实，再操纵台湾公民投票"要求"联合国托管或直接宣布独立的计划。然而，中国国内形势变化之快，已让美国无法实施其分离台湾的计划。1949 年 5 月 26 日，蒋介石退至台湾，把在台湾扎根的一切事务安排妥当，美国已经不可能阻止蒋介石入台湾。蒋介石入台湾后，不愿意遵从美国使台湾独立的计划，蒋介石始终念念不忘他的"光复大陆的大业"，美国想使台湾独立的计划破产了。

## 二、美国被迫计划放弃台湾

随着蒋介石退至台湾，台湾岛上的形势发生了很大变化。大陆国民党军队和难民大规模涌入台湾，给台湾经济造成巨大困难，通货膨胀严重；中国共产党自渡江战役后，控制了南方大部分地区，台湾落入中共之手的威胁进一步增大；蒋介石到台湾后，美国在岛上谋求建立有效的、自由政府的希望降低。这些变化使美国政府感到有必要再次对台湾的战略地位及对台政策进行评估。1949 年 8 月 4 日，美国国务院下达了进一步研究台湾战略地位的课题。国务院要求研究："如果排除战争的条件，也不采取军事手段，就意味着台湾和澎湖列岛迟早要落入共产党控制之下，那么，在此种情况下，参谋长联席会议是否认为这些岛屿有足够的军事意义使得美国有用武力占领它的必要？"② 该文件还具体列举了在两种情况下，美国是否有必要出兵介入台湾。一是发生岛上的国民党军队的敌对行动和大陆上的共产党对台湾岛的袭击时；二是美国与岛上的当地政权达成负责维持内部安全和外部防御协议时。③

8 月 17 日，参谋长联席会议向国防部长提交了关于台湾问题的分析与建议备忘录，8 月 22 日，国家安全委员会通过了参谋长联席会议提出的备忘录，这就是 NSC37/7 号文件。文件提出，"只要目前我们的军事力量与我们在全球所承担义务之间的不平衡继续存在，即使外交和经济手段也不能成功地阻止共产党占领福摩萨，其战略重要性也并不足以

---

① FRUS, 1949, Vol. 9, pp. 281-282.
② FRUS, 1949, Vol. 9, p. 371.
③ FRUS, 1949, Vol. 9, p. 371.

成为美国采取公开行动的理由"。参谋长联席会议的最后结论是："只要不发生战争，即使据猜测若不采取军事措施这些岛屿会迟早被共产党所控制，福摩萨和澎湖列岛的军事重要性还并不足以让美国派遣军队予以占领。"① 参谋长联席会议在表示反对当前对台湾出兵的同时，也对其意见作了一定的保留，认为"如果未来形势自身发展成为战争，从国家利益的全局出发，最终还是很有可能采取公开的军事行动"，参谋长联席会议建议将台湾问题与美国总体的亚洲战略联系起来进行综合考虑。②

中华人民共和国成立后，美国对台湾岛上的形势估计越来越不乐观。美国中央情报局估计，如果没有美国的军事占领和控制，台湾"可能会在1950年底被中国共产党控制"。这种形势使美国认为必须尽快明确是否有必要对台湾进行公开的军事干预。1949年10月6日，国家安全委员会就美国对台湾的立场提交了报告，即NSC37/8号文件。该报告是在参谋长联席会议提交的NSC37/7号文件的基础上形成的。报告总体上同意了参谋长联席会议提出的"假使不采取军事措施，福摩萨和澎湖列岛的军事重要性并不足以让美国军队在不发生战争的情况下将其占领"的观点。国家安全委员会考虑是否对台湾出兵主要从美国在亚洲实施遏制战略出发。美国在亚洲实施遏制的主要对象是苏联，而美国所提出的日本、琉球群岛、菲律宾构成的岛屿防御链在美国看来，在遏制苏联对亚洲可能的侵略方面具有比台湾更重要的价值。参谋长联席会议在其战略规划中指出："考虑到亚洲大陆形势的发展，保持我们对西太平洋地区近海控制的重要性急剧增加，福摩萨可能出现的形势更加需要尽一切努力防止美国在菲律宾、琉球群岛、日本的总体地位受到任何削弱。"③由这一规划可见，由于台湾即将"失陷"，美国把亚洲的防御重点放到了上面所提到的岛屿链上。国家安全委员会还认为对台湾出兵还会妨碍美国在亚洲遏制苏联的战略，"美国在福摩萨问题上动武，会使中国共产党为维护中国的领土完整而为自己赢得支持"，从而妨碍美国"为对付苏联在满洲、蒙古、新疆的活动而利用中国人的民族统一感情的做法"。④

该文件也反映出，美国虽然不打算以武力阻止中共"占领"台湾，但也不甘心轻易让共产党占领台湾。美国政府希望鼓舞国民党的士气，激励国民党自救，通过国民党自身的抵抗，阻止中共占领台湾。美国政府打算先向蒋介石传达美国政府的基本观点，即"本政府在福摩萨没有太大的利益"，"美国对福摩萨没有任何图谋，不想在该岛建立军事基地或寻求任何特权。美国不想也不打算派遣任何军队防御该岛"。⑤ 美国传递这一消息目的是迫使国民党自救。为了激发国民党抵抗的斗志，文件提出，美国政府应向国民党政府表示"任何进一步援助将取决于在福摩萨的中国政府的未来表现"。美国政府对国民党的这种态度是典型的从美国利益出发的功利主义态度，既想保持对台湾的影响，又害怕损失太大，影响美国总体亚洲战略。NSC37/8号文件表明，美国政府已准备放弃台湾。

12月，国民党从大陆撤退即将完毕。12月8日，国民党残余"政府"正式从大陆

---

① FRUS, 1949, Vol. 9, p. 377.
② FRUS, 1949, Vol. 9, pp. 377-378.
③ FRUS, 1949, Vol. 9, p. 393.
④ FRUS, 1949, Vol. 9, p. 393.
⑤ FRUS, 1949, Vol. 9, p. 395.

"迁往"台湾。美国政府预计，中共控制台湾迟早会发生。1949 年 12 月 1 日，负责远东事务的助理国务卿帮办麦钱特发给远东事务助理国务卿巴特沃斯一份备忘录，主题为"如果福摩萨沦陷"。这份备忘录反映出美国国务院在为台湾的"沦陷"做各种心理和战略调整上的准备。备忘录建议美国政府应为共产党可能发起的进攻做好三个方面的准备：一是向美国人民表明，美国政府没有必要采取军事行动。二是把对世界其他地区造成的心理影响缩小至最低限度。三是修复或调整防御战略平衡所带来的变动，主要是强调进一步加强菲律宾、琉球群岛和日本岛屿防御链的防御。文件提出"建立美国—菲律宾联合防御委员会，或单边承担对日本的防御责任"的建议。这一建议再次表明美国政府准备放弃中国，转而提升日本的战略重要性。

美国国务院已经做好了台湾"沦陷"的准备，然而，美国的军方对此却有异议，不愿轻易放弃台湾。12 月 23 日，国防部长约翰逊督促参谋长联席会议起草了一份备忘录，主题为：在不卷入大量军队情况下美国对台湾可能的军事行动。该文件代表军方建议，立即对台湾进行"小规模的"军事援助。文件还具体要求国家安全委员会同意：由美军远东军区司令在第七舰队的支援下，"立即着手调查以确定台湾需要何种性质与范围的军事援助，以保证其能够抵御进攻"。①

12 月 28 日，国务院负责远东事务的助理国务卿巴特沃斯向国务卿提交了备忘录，就军方对台湾实施经济、政治以及军事等全方位援助的主张提出了反对意见。备忘录认为，从经济上看，国务院和经济合作署已经给予了台湾足够的援助，更多的援助不仅毫无裨益，而且还会加剧台湾的通货膨胀；从外交支持上看，也很难看出，该怎样增加对台湾的外交支持。"可能参谋长联席会议认为美国应向台湾任命新大使，当这个政府退缩到只控制两个岛，而其他大国正在承认共产党政权的时候，这样做显然是不合适的。"至于在军事上派遣军事顾问，这实际上是个老问题，"这种建议实际上是在公然违抗我们过去从史迪威到巴达维的一切经历"，"中国人企图把我们直接卷入内战，并利用我们的军事人员作为专门为他们请求更多援助的代言人"。巴特沃斯认为，用这种新的冒险方式阻止台湾"失陷"其成功的机会微乎其微，如果失败，后果也将很严重，"美国政府会声誉扫地；美国在亚洲的盟友会感到沮丧；而共产党则会感到高兴，他们会团结大陆上的一切力量拿美国的军事干预大做文章"。总之，巴特沃斯认为，军方的建议与美国政府以往的政策相违背，使政府从中国内战脱身的一切努力化为乌有，而且还没有成功的可能。② 巴特沃斯的观点代表国务院的立场。

29 日，在国务卿的办公室，美国军方与国务院就美国对台湾政策展开了公开的激烈辩论。军方强调，参谋长联席会议提出给予台湾军事援助是出于战略考虑，防止共产党的势力扩大到印度支那、缅甸和泰国等地。军方认为，台湾可以作为一种牵制力量，只要中国共产党还要对付台湾，他们向南"扩张"就无法实现。国务卿艾奇逊就军方的观点进行了反驳，指出，阻止共产党向南扩张的最好方法应当是帮助中国的邻国发展，维护各国稳定，以增强各国抵御共产党渗透的能力。艾奇逊的反驳实际上涉及了美国的整个亚洲政策，他再次重申了中苏之间矛盾的存在，美国应当采取促使中苏分裂的政策，并劝告军方

---

① FRUS, 1949, Vol. 9, pp. 460-461.

② FRUS, 1949, Vol. 9, pp. 461-463.

对国务院的这一政策要有耐心。他还断言，台湾最大的危险在于内部的崩溃，一如国民党在大陆的垮台一样。美国不能为了台湾，去破坏美国的整个对苏计划，不能给苏联攻击美国的机会。①

在国务卿办公室的这场辩论，实际上涉及对美国在亚洲各个地区政策的不同看法，美国政府感到有必要将亚洲各部分的政策系统化，进行通盘考虑。12 月 30 日，根据国务卿办公室的辩论，国家安全委员会起草了一份新的政策报告，即 NSC48/2 号文件。该文件再次明确苏联是美国在亚洲安全的最大威胁，提出美国首要的安全目标是，"逐渐减少并最终消灭苏联在亚洲的主要力量和影响，使苏联不能在该地区威胁美国的安全"。为此，要"在亚洲选择一定的非共产党国家，使它们发展足够的军事力量，以维护国内的安全，防止共产主义的进一步侵犯"。② 文件提出了美国在亚洲各地区将要努力实施的政治、军事安全以及经济等各方面的具体措施。有关台湾政策，文件重申了两点：（1）继续通过外交和经济手段，阻止中国共产党占领福摩萨和澎湖列岛。（2）鉴于美国也许通过政治和经济的手段不能实现其目标，但是"福摩萨的战略重要性并不足以说明（美国）可以采取公开的军事行动……只要目前我们的军事力量和我们在全球承担的义务之间的不平衡还存在，美国就应尽一切努力加强美国对菲律宾、琉球群岛和日本的战略阵地"。③ 该文件显然只是以往政策的重申，美国政府继续不支持军事援助台湾。

国防部仍感到不甘心，便故意将消息透露给外界，希望借助强大的舆论给政府施压，一时间国会再次掀起"军事保台"的波澜。国务院感到有必要公开澄清美国政府对台政策。1950 年 1 月 5 日，杜鲁门公开发表了关于台湾问题的声明："美国对台湾或中国其他领土从无掠夺的野心。现在美国无意在台湾获取特权或建立军事基地。美国也不拟使用武装部队干预其现在的局势。美国政府不拟遵循任何足以把美国卷入中国内争中的途径。同样地，美国政府也不拟对在台湾的中国军队提供军事援助或建议。在美国政府看来，台湾的资源已足使中国军队获得他们认为是保卫台湾所必需的物资。美国政府拟依照现有的法律授权继续实施目前经济合作署的经济援助计划。"④

杜鲁门声明的发表，意味着美国已把不直接干涉台湾作为一项正式的、公开的政策加以执行。美国已打算放弃台湾。不过，这一政策具有相当大的临时性，它是美国对华政策处在观望阶段，配合美国在中苏之间打入楔子的"楔子战略"而实施的一种特殊政策，一旦美国"楔子战略"发生变化，美国对台不干涉政策也必将随之变化。杜鲁门声明事实上已经为这一政策的改变留下了伏笔，声明在措辞上特别用了"在目前局势下"和"现在"这样的临时性的词，事实也证明，美国这一政策并没有维持多久。

### 三、朝鲜战争与美国台海分离政策的形成

1950 年 6 月 25 日，朝鲜战争爆发。美国接到南朝鲜李承晚的求援电报后，于战争爆

---

① FRUS, 1949, Vol. 9, pp. 463-467.

② FRUS, 1949, Vol. 7, p. 1216.

③ FRUS, 1949, Vol. 7, pp. 1219-1220.

④ U. S. Department of State, *American Foreign Policy: Basic Documents 1950-1955*, U. S. Government Printing Office, Washington 25, D. C., 1957, pp. 858-859.

发当天，电令麦克阿瑟迅速派遣海空军，奔赴朝鲜半岛。在同一天，美国国务院情报研究室提出了一份敌情分析报告。由于战争是在美苏冷战对抗激化的情况下爆发的，因此，分析报告把这场战争上升到全球战略冲突的高度，把它视为以苏联为首的共产主义对"自由世界"的公开武装挑衅，看做是对美国保卫自由世界的决心的试探与挑战。① 出于这一判断，美国政府认为有必要防止中共对台湾进行突袭。6月27日，杜鲁门发表了一份声明："对韩国的攻击已无可怀疑地说明，共产主义已不限于使用颠覆手段来征服独立国家，而且立即会使用武装的进攻与战争。在这种情况下，共产党部队占领福摩萨，将直接威胁太平洋地区的安全及在该地区执行合法而必要任务的美国部队。因此，我已命令第七舰队阻止对福摩萨的任何进攻。作为这一行动的应有结果，我已要求福摩萨的中国政府停止对大陆的一切海空攻击。第七舰队将监督此事的实行。福摩萨未来地位的决定必须等待太平洋安全的恢复，对日和约的签订或经由联合国的考虑。"② 这是杜鲁门第一次向世界公布美国早已炮制的"台湾地位未定"论，声明改变了杜鲁门1950年1月5日发表的"不武装干涉台湾"的声明，是美国公开武装干涉台湾，阻止台湾与大陆统一的开始。

杜鲁门"台湾地位未定"的公开声明，恶化了中美关系。美国在朝鲜的武装干涉行动不断升级，中国对美国的警告也随之升级。10月初，美军越过三八线。19日，中国人民志愿军正式入朝参战。中美发展为朝鲜战场上的直接军事冲突。中国参战不到一年，美军就陷入了困境，再也无法把战线推到三八线以北，控制整个朝鲜半岛的愿望破灭。战场上的较量大大改变了美国对中国的看法，促使美国对中国的政策取向进行重新评估。1952年9月10日，美国情报部门提交了一份报告，题为《中共政权与苏联之间的关系：当前的特点及未来的进展》。报告强调了两方面：一是中共政权具有相当的独立行为能力，在一定程度上能直接影响远东共产主义政策；二是对中共政权的让步不能起到瓦解中苏同盟的作用。③ 报告对中国的重估表明，美国开始意识到在某种程度上，一个具有独立行动能力、不受苏联控制的中国，在远东对美国安全构成的威胁可能更大，也预示着美国将放弃以阻止中国成为"苏联附庸"为目的的对华观望政策，决定把中国作为一个相对独立的因素来考虑，并把中国放在其远东政策的核心地位，制定单独的应对政策。这份报告成为新一届总统艾森豪威尔对华"压力政策"的依据。

艾森豪威尔刚上台，就把远东政策作为美国对外政策的重点为加以考虑。1953年4月6日，美国国家安全委员会根据中央情报局对中国的评估出台了NSC148号文件系列。涉及对华政策的文件包括：《国家安全委员会关于美国远东政策的建议》和《美国对共产主义中国的基本目标》。在《国家安全委员会关于美国远东政策的建议》文件中，初步提出了与远东各国结盟共同抵制共产主义的政策设想。文件还把中国看做是苏联政策的有效工具，提出美国的中期目标是促使中国背离苏联，减少苏联在远东的力量和影响。值得一提的是，该文件明确把台湾列入了美国在远东的沿海岛屿防御链，是美国要确保的地带。④《美国对共产主义中国的基本目标》提出，美国在远东面临的中心问题是"一个与

---

① Douglas MacArthur: *Reminiscences*, New York: McGraw-Hill, 1964, p. 330.
② FRUS, 1950, Vol. 7, pp. 202-203.
③ FRUS, 1952-1954, Vol. 14, pp. 97-98.
④ FRUS, 1952-1954, Vol. 12, pp. 286-289.

苏联密切结盟，受富有侵略性和活力的共产主义制度控制的中国对美国和自由世界的安全造成的威胁"。因此，美国远东政策的基本目标必然是采用一切手段促使中国转向，消除中国对"自由世界"的安全威胁。消除中国威胁的最有效方式是拆散中苏同盟，但近期内不可能拆散中苏同盟。为消除"最为紧急的共产主义中国的威胁"，最可行的办法是给中国施加一切压力，通过压力促使中国与苏联分离。①

朝鲜战争结束后，美国国家安全委员会起草了更为详尽的对华政策文件《美国对共产主义中国的政策》。11月6日，艾森豪威尔批准了这份文件，文件被命名为NSC166/1号文件。文件声称：一个强大的、纪律严明的和革命的共产主义政权在中国大陆的出现从根本上改变了远东的力量格局。美国远东对外政策的首要问题是应对一个强大的和敌对的共产主义中国，一个与苏联结盟的共产主义中国的存在造成的力量格局的改变。很明显，文件把中国作为美国在亚洲最主要的敌人。

鉴于朝鲜战争的教训，NSC166/1号文件主张从政治、经济和军事各方面援助亚洲非共产主义国家，与亚洲国家结成军事政治同盟，对中国形成包围圈，给中国造成一切压力，甚至不惜运用核威慑。为遏制中国，美国在这份文件中提出了利用台湾遏制中国的完整策略。这一策略包括两方面：一是"增强国民党军队保卫台湾的行动效力、袭击中国大陆和中国沿海商业运输工具的效力以及对美国有利的进攻性行动的效力"，这就是所谓的"放蒋出笼"政策；二是"如果有必要和可行的话，用美国的军队准备阻止中共在任何其他地区的进一步领土扩张"。美国在这里所指的包括阻止中共对台湾的进攻。②

为有效阻止中共对台武力行动，美国与台湾当局开始考虑缔结军事政治同盟。通过缔结军事政治同盟，遏阻亚洲共产党力量的扩展，在杜鲁门时期就已经开始实施。只是杜鲁门时期，美国对华政策还处在观望之中，因而并未把台湾明确列入美国的岛屿防御链中。朝鲜战争后，美国政府明确把中国界定为美国在亚洲最具威胁的敌人，为遏制中国，台湾被明确列入了美国的岛屿防御链中。1953年10月1日，朝鲜战争结束不久，美国便迅速与韩国签署了《美韩共同防御条约》。12月，美国开始与台湾的国民党当局商议签订共同防御条约的问题。美蒋缔约的态势使中国共产党感到了解放台湾的迫切性。1954年9月3日，人民解放军炮轰金门，第一次台湾危机爆发。美台加快了缔约磋商的步伐。11月，美国与国民党当局举行了九次会谈。国民党当局希望美国不仅为其阻挡来自大陆共产党的进攻，而且能为其反攻大陆保驾护航。但是，美国只愿意为对美国具有战略价值的台湾和澎湖提供安全保障，对在国民党控制下的中国东南沿海岛屿，却不愿承担安全责任。蒋介石反攻大陆的计划也被纳入美国战略框架内。美国迫使蒋介石承诺，未经美国允许，不得擅自对大陆发起进攻。面对人民解放军解放台湾的攻势，蒋介石作出了上述妥协和让步。

1954年12月2日，《美台共同防御条约》在华盛顿正式签订。《美台共同防御条约》的签订标志着，美台正式结成军事政治同盟。条约对中国共产党解放台湾的军事行动构成威慑。对国民党当局而言，其意义也仅在于对中共构成心理威慑而已。为了获得这一威慑作用，台湾方面付出了代价，不仅蒋介石反攻大陆的行动权掌握在美国手里，而且台湾的安全命运也系在美国身上。条约更多地反映出美国在台湾问题上掌握战略主动权，其表现

---

① FRUS, 1952-1954, Vol. 14, pp. 175-179.

② FRUS, 1952-1954, Vol. 14, pp. 279-282.

为：防止对台湾的进攻，主要靠美国支持台湾发展自身力量；当遭到大陆进攻时，美国依据宪法程序采取行动，即美国是否采取行动、采取什么样的行动，完全由美国根据美国的战略需要行动；美国只帮助国民党当局协防台湾和澎湖，而不管紧贴大陆的沿海岛屿，这反映出美国只想保住对美国具有重大战略价值的台湾及澎湖，而不愿替国民党反攻大陆保驾护航，以免卷入与大陆的全面战争的用意。《美台共同防御条约》再次反映出，台湾只是美国用以遏制中国的一颗棋子。美国既要防止中共对台进攻，以免台湾落入中共之手，又限制蒋介石为了实现统一而进行的反攻大陆的行为。为了美国遏制中国的战略需要，美国宁愿维持台海两岸的分治状态。因为，美国清楚，没有美国直接的军事支持，蒋介石不可能成功反攻大陆。不仅如此，蒋介石的挑衅行为极有可能将美国拖入与中国大陆的全面战争，美国不可能为台湾付出如此大的代价。

《美台共同防御条约》签订后，中国政府决定以武力回击。这也是为了试探，美国究竟能在多大程度上为台湾的国民党政府买单。1955 年 1 月 10 日，人民解放军对国民党军队把守的大陈岛发动进攻。结果是，美国不愿替国民党为大陈岛而战，1 月 21 日，美国做出了让国民党撤出大陈岛的决定。美国原本也要国民党放弃金门，可国民党表示誓死保卫金门。美国别无他法，为帮助国民党保住金门，美国政府决定采取战争边缘政策。在与中共的对抗中，艾森豪威尔政府不仅集结军队，而且以核武器相威胁。为达到更好的威慑效果，1955 年 1 月 24 日，艾森豪威尔向国会提交了《关于台湾海峡正在发展的局势》特别咨文，请求国会授权总统在其认为必要的时候派遣美国军队干涉台湾海峡事务。美国国会众参两院很快通过了"授权总统在台湾海峡使用武装部队的紧急决议"，即"福摩萨决议案"。

《美台共同防御条约》和"福摩萨决议案"的通过，表明美国不惜以武力阻止中国统一台湾政策的正式形成。美国的武装干涉政策阻滞了人民解放军解放金门的行动，也成为中国统一台湾的最大障碍，两岸分治状态由于美国的干涉被长期化。

综观美国对台分离政策的形成可见，美国对台政策始终围绕着美国亚洲战略利益进行。冷战的兴起以及中国革命形势的改变，使美国将中国作为其亚洲战略支柱的政策化为泡影。在冷战和意识形态斗争的趋动下，美国转向干预台湾，并且干预力量逐步加强，由用隐蔽的经济、外交手段策动台湾独立，到鼓励国民党加强自我抵抗，再到不惜以武力公开干涉台湾，阻止中国统一行动，维持两岸分治状态，其目的只有一个，那就是利用台湾遏制中国，阻止中国对美国亚洲霸权构成威胁和挑战。

（附英文标题：Emergence of the US Policy for Severing Taiwan from China）

（刘早荣　武汉大学政治与公共管理学院副教授）

# 从观念到行动：日本"普通国家化"战略评析

冯存万

**摘要：**"普通国家化"是冷战后日本虽未明确宣示但却深刻影响日本内政外交的重大国家战略。国际环境的变化以及日本国内政治思潮的转变对催生该战略起到了积极的基础作用。为实现"普通国家化"的战略目标，日本需要在内部政治体制改革、外部协调和转变对外交往模式等诸多方面做出努力。对于冷战后的日本外交而言，"普通国家化"不仅成为重要的外交指针，更将对未来的国际关系的发展趋势起到一定的推动作用。

**关键词：**普通国家化　国家战略　中日关系　国际格局

国家力量的强大，必然带来对更强国家形象和更高国际地位的渴望，也可能激发在更为宽广的空间中施展自身实力的意愿。日本从"二战"结束后的战败国地位到新世纪中对联合国安理会常任理事国的争取的转变过程，可以说是对这一周期性现象的生动说明。

## 一、"普通国家化"观念的产生及内涵演变

"二战"期间，日本战败投降，丧失了国家的独立，美国取得了称霸世界的优势地位，在长达七年的时间里实现了对日本的单独占领。日本虽然被迫按照美国的战略意图和模式接受政治、经济、社会等多个领域的改造，但从未放弃再度崛起的时机。谋求扭转日本国际形象、提升日本国际地位和重振日本国力的愿望，广泛而深刻地存在于日本政界与民间。日本学者猪口邦子的分析非常准确地体现了这种思想，她认为："正义与理念的剥夺，是对战败者最严厉的制裁。世界应当怎样，世界应当朝何种方向发展，为此应当做些什么，战败者丧失了考虑这些问题的权力。战败者所被允许的，只是对胜利者霸权国的正义、理念以及正义的体系进行听写、背诵和复述。对反叛的国际秩序的挑战国——战败国实行'鹦鹉化'，这是霸权战争后进行战后处理的一种传统。""国际秩序中的'坐蹭车'，与其说是特权，毋宁说是一种制裁，是无条件地服从霸权国所提倡的国际秩序的一种证明。而且，通过'坐蹭车'，该国作为国际社会成员的正统性也就可以被一直模糊下去。"①

吉田政府以日美媾和为契机，开始设计并实施日本"经济立国"的战略路线，其主要内容是最大限度地利用冷战格局，集中精力发展经济。这就是所谓的吉田路线。推行"吉田路线"的结果使日本成为经济大国、政治小国，不仅被国际社会讽刺为经济巨人、

---

① ［日］猪口邦子：《后霸权体制与日本的选择》中译本，时事出版社 1991 年版，第 41~42 页。

政治侏儒，就在日本国内也招到其他政治派别的指责。但实际上，正如小泽一郎指出的那样，"吉田路线"并非是放弃政治，而是在当时国内国际条件下追求日本国家利益最有效化的一种表现。① 如果说吉田政府的主要功绩是恢复和振兴了日本经济，那么鸠山内阁则开始着眼于日本政治上的独立自主。鸠山内阁采取了"反吉田"的名义主张重整军备、修改宪法和恢复日苏交往，但实际上，两届政府的主要路线在"提升日本国力"这一实质上并无根本区别，只能说鸠山乃至此后的岸信介内阁选择了优先发展政治目标的路线。但实际上，战后日本发展政治目标的基础却是经济力量的复苏。从吉田内阁开始，选择日本国家发展的目标和方向的差别，仅仅是阶段和时代的差别，而彼此之间则是互有递进联系的，吉田政府选择的"经济立国"路线有非常重要的现实意义，堪称当今"普通国家化"战略的奠基石。正是在经济的高速增长为日本增强国际影响力的基础上，鸠山内阁实现了恢复日苏邦交和日本加入联合国的外交目标，不仅使得日本的国际交往空间增大，而且使日本"在继续维护日美结盟关系的范围内，对吉田内阁对美一边倒的彻底追随外交路线进行了一定幅度的调整，从而向自主外交的方向迈出了有力的一步"。②

消除战败这一事实给日本带来的不健全的国际成员资格，成为日本在国家实力增长过程中的一个强烈愿望，而日本国家发展的终极问题是如何界定日本在国际社会中的地位，因为"日本国家定位问题的核心是日本在国际社会中扮演什么角色的问题"。③ 所以，当日本的战败国地位消除以后，新的日本又该是怎样的状况，这就成了日本朝野的重大课题，而这一课题的关键之处也逐渐在日本政界的争论过程中确定了基本方向。

经过 20 世纪 60 年代以来的经济高速增长之后，日本成为世界上的经济大国，在国家实力方面追赶欧美的目标终于实现，"经济时代"已经结束成为社会的共识，政治家对日本国家的未来发展方向提出了种种设想。④ 同时，日本国内政局也发生了很大的变化，原来的革新势力日渐衰微，新保守主义的理念则成为日本政治生活的主要部分，从而继续地推动着日本向目标迈进。在这种趋势下，日本确立"政治大国战略"，其标志是 1983 年中曾根首相提出的"战后政治总决算路线"，中曾根认为，"日本过分受战败和美国占领政策的影响，缺乏自主性，制定国策时大国依赖性和功利性强……国外还有相当多的国家比日本拥有更多的独立自主权和在国际社会的发言权"⑤。所以，中曾根的战后政治总决算路线提出，在"多边管理时代"日本要以经济力量为后盾，以建立强大的军事力量为保证，以外交为手段，辅之以输出日本文化，更多地参与决定世界政策，使日本成为世界政治大国，成为世界政治多极化中的重要一极。由此，日本开始展示其"彻底调整经济大国与政治小国失衡结构的决心"。⑥ 中曾根以后的日本历届政府都继承和发展了"政治大国战略"。

---

① ［日］小泽一郎：《日本改造计划》，讲谈社 1993 年版，第 109 页。转引自孙政《战后日本新国家主义研究》，人民出版社 2005 年版，第 340 页。

② 宋成有、李寒梅：《战后日本外交史（1945—1994）》，世界知识出版社 1995 年版，第 186 页。

③ 时永明：《后冷战时期日本亚洲外交的布局》，载《和平与发展》，2007 年第 4 期，第 43 页。

④ 孙政：《战后日本新国家主义研究》，人民出版社 2005 年版，第 336 页。

⑤ ［日］中曾根康弘：《日本——二十一世纪国家战略》，联慧译，海南出版社 2004 年版，第 3 页。

⑥ 宋成有、李寒梅等：《战后日本外交史（1945—1994）》，世界知识出版社 1995 年版，第 16 页。

从吉田政府的"经济立国"到中曾根的"政治大国"，体现了日本国家发展战略在不同时期的不同定位。优先发展经济，是日本根据战后初期的国内外环境作出的客观选择，而经济实力的提升与国际环境的改变，则进一步健全了日本谋求发展"政治大国"的重要条件。冷战结束，两极格局解体，日本所处的国际环境变得更为有利，不仅战争威胁的可能性降低，而且建立并展示新的国际形象的舞台也更为宽广，于是，日本进一步将"政治大国"战略演化为"普通国家"战略，以日本的国际化为主线，强调日本不仅要在国际社会作出军事贡献，还必须承担起在政治、经济、文化等方面与其他国家一样的责任；不仅包括对外战略的制定，也包括国内政治、经济、社会方面的改造。从历史发展的角度来看，"普通国家化"战略可以说是一个内涵和外延更为广泛和综合的范畴。

## 二、冷战后日本确立"普通国家化"战略的重要举措

"普通国家"这一概念，最初出现在日本政要小泽一郎于 1993 年所著《日本改造计划》一书。其内涵一是否定传统的协调型政治模式，建立两大保守政党制，二是否定重经济轻军事的"吉田路线"，修改宪法和防务政策，作与国力相称的"国际贡献"。该书称：日本既已成为经济大国，就应当成为"国际国家"，其前提是首先要成为一个"普通国家"。"对于国际社会视为理所当然的事情，就把它作为理所当然的事情来尽责实行"，为此要"在安全保障、经济援助等领域作出国际贡献"。与小泽一郎的"普通国家"相近时间出现的，还有 20 世纪 80 年代末 90 年代初外务省高官栗山尚一提出的"大国外交论"，他认为国际秩序主要是由大国来形成和维护的，中小国家的使命只是很好地适应既成秩序，以维护本国利益，为此日本要摆脱以往的"中小国家外交"而向"大国外交"过渡。"大国外交论"是"普通国家"论的另一个表现形式，从本质上来说两者并无差别。

冷战结束后日本的内政外交调整的实践，可以说完全是按照成为"普通国家"的思路来展开的。但是，日本国内并未在正式的官方文件中出现以这一专用术语为内容的表述。那么，这一"隐性"的战略思考是如何进入日本的国家战略轨道的呢？日本在实际奉行"普通国家化"战略的同时却又不把其明示于官方文件的原因是什么呢？这值得我们进行深入思考。从一般常识来说，出于各种考虑，当一个国家试图摆脱一种国家形象而向另一种国家形象过渡时，作为指导这一进程的国家战略是不会完全公开化的。这意味着我们对冷战结束后日本国家战略走势的分析，应主要从日本政府在国内和国际上的各类行为及其战略着眼点进行分析。这一点，正如日本外交评论家泽英武于 1992 年直言那样："外交决不是以徒有其表的善意和道德为动机的，国家利益（才）是它的起点和终点。"①

人类社会生活中的任何一种战略包括国家战略设计都是由两个部分组成：战略目标和实现战略目标的手段。国家战略目标必然也必须通过一系列具体的政治实践来体现，日本的"普通国家化"战略也概莫能外。冷战结束后，日本政治的发展进程，就是"普通国家化"逐渐进入国家战略轨道并开始稳定发展的过程。从各种迹象来看，现在日本已经把废弃"和平宪法"，成为"普通国家"确定为基本的国家战略。

---

① ［日］泽英武：《日本"大国外交"的黎明》，日本《诸君》1992 年 9 月号，转引自李建民《冷战后日本的"普通国家化"与中日关系的发展》，中国社会科学出版社 2005 年版，第 100 页。

日本首先通过改变国民意识，强化国家观念，为推行"普通国家化"战略奠定思想和舆论基础。日本是一个注重舆论一致、信奉集团主义的国家，民族的群体意识很强。作为个体的日本人判断是非通常不是基于自身的标准，而是根据所在团体的价值取向，而价值取向在很大程度上又受到公众舆论的影响。美国学者米尔顿·埃兹拉蒂认为，即使在当今的日本，"这种文化方面对团体的尊重仍是日本政治家、官员和多数社会评论员在公开场合的主流姿态"；"在这个社会里，服从集体和接受其他人意见总是高于个人的看法"。尤其是"二战"结束以后，在和平宪法的制约下，日本在某种意义上出现了社会规范优先于法律规范的情况。美国学者彼得·J.卡赞斯坦指出："公众舆论的影响力在日本要比大多数国家大得多，日本领袖们从来不会漠视这一点，即他们的决定和行动在公众中造成的影响。"国家战略目标是以统一的国家为整体去争取的，民意统一是战略成功的前提。基于这样的认识，日本政府把取得国民认同和形成一种新的社会规范作为推行"普通国家化"战略的重中之重。为此，日本借助大众传媒，对国民意识进行引导，为日本舆论向有利于推进"普通国家化"战略的转变起了重要作用。另外，日本把培养国民的国家观念作为教育的基本方针。例如，1999年，日本国会通过了《国旗国歌法》，在法律上确认了"日之丸"、"君之代"在日本政治中的地位，强化国民对国家的认同感。尤为重要的是，冷战结束后，日本在推进"普通国家化"战略过程中，非常注意通过强调外部世界存在的不稳定和不透明因素为政策改变寻找舆论支持，正是在舆论不断强调日本国力与国际地位失衡的过程中，国民的价值取向逐渐向"普通国家"的思想靠拢。

日本政界对"普通国家"的认识及政策一直呈现稳定甚至上升态势。一方面，战后出生或长大的政治新生代开始逐渐掌握冷战后日本政治的主导权。相对于冷战结束前的一些政治家而言，他们对于"二战"的认识和内疚感均较为薄弱，"历史负债感"影响正逐渐减少。与此同时，他们对强大的日本经济实力以及弱小的国际地位之间的强烈反差十分不满，要求在与亚洲各国的交往中消除因赎罪心理而造成的不对等因素，同时在日本对外关系中也敢于提出和坚持自己的主见。总体来说，新生代政治家普遍要求摆脱由于战败而导致的国家束缚，推动日本成为普通国家的愿望异常强烈。他们以强硬的对外立场，通过改变日本的社会和政治认同，成为推动"普通国家化"的中坚力量。另一方面，日本政党制度也在一定程度上推动了"普通国家化"的发展。冷战结束后，两党或多党联合组阁成为日本政治的一大特点，这一趋向为"普通国家化"成为日本政治主流观点创造了有利条件。当自民党重新获得执政地位后，更是采取了一条积极利用联合政权的形式来推进"普通国家化"进程的政治路线，这不仅有助于自民党执政地位的巩固，而且使以前只限于日本国内政治界口头上的"普通国家"成为执政联盟的施政纲领。

小泉政府的一系列措施使"普通国家化"加速成为日本的国家战略。2002年11月28日，小泉政府的咨询机构"对外关系工作组"提出的《21世纪日本外交基本战略》研究报告承袭了日本决策层20世纪80年代以来推动的"政治大国化"、"普通国家化理念"。逐步摆脱战后体制，走向"普通国家"成为这份报告的主要追求目标。①随着2003年夏季"有事法制"相关法案的通过，走"普通国家"之路已经成为日本各派政治力量的战略共

---

① 李建民：《冷战后日本的"普通国家化"与中日关系的发展》，中国社会科学出版社2005年版，第244页。

识，2003 年秋季日本大选的结果更意味着，绝大多数日本国民已经认可了日本的"普通国家化"的发展道路，日本外交和安全战略调整的方向更为明确。①

不过，特别需要指出的是，到目前为止，日本任何一届政府都未在执政纲领中明确提出"普通国家化"的计划与目标，这说明日本这一战略仍然处在运筹过程中，或许也可以将其理解为一种特别的"隐性"战略。之所以未在官方文件中明确宣示，一方面是因为日本国内仍有少数团体在对"普通国家化"的定位表示怀疑，认为这一战略可能造成发展思路的混乱，为避免国内更多的争论，日本政府暂时仍将其置于"隐性战略"的地位。另一方面，日本围绕"普通国家化"目标所展开的一系列外交举措，包括要消除"二战"影响，扭转其战败国的地位等，不断引起国际社会特别是亚洲邻国的怀疑，甚至其近年来争取"入常"的努力也招致挫折。此外，日本还必须面对自身的国家战略是否能够成功实现、进而使日本能够在国际格局中占据一席之地的未知挑战。这都使得日本不能贸然将关乎自身发展大计的战略草草公布于世。需要注意的是，当前不以官方文件公布并不意味着"普通国家化"战略不能成为日本的核心战略。实际上，从冷战结束以来，"普通国家化"不仅在日本的治国方略中逐渐增强其内涵并占据主导地位，而且也逐渐被国际社会所认识并引起了强烈的反响。特别是从小泉政府开始，日本政府在思想和舆论方面进一步加强了对"普通国家化"的认识与推广，而到安倍上台及福田政府取得政权后，"普通国家化"战略则到了落实和扩张阶段。

### 三、实施"普通国家化"战略的主要步骤

"普通国家化"战略的实质是成为自主性的大国。从日本推行"普通国家化"战略的过程来看，"普通国家"有狭义和广义两种含义。狭义的"普通国家"就是通常意义上人们所说的能够像其他国家一样，在国际上发挥军事作用的国家，就是要"告别战后"，修改宪法第九条，打破战后体制的制约和政治上的"禁忌"，让日本拥有军队和向海外派兵的权力等。也可以说，"普通国家"就是日本走向政治大国、军事大国的代名词。正是在这个意义上，国内外众多学者也将"普通国家化"称为"政治军事大国化"。冷战结束后，"普通国家化"已经成为日本的主流政治共识，更成为关于日本内政外交的重大国家战略。不过，作为一个意在扭转"二战"格局影响的国家发展战略，其内涵的广泛程度以及付诸履行的复杂程度是可想而知的。这一共识要真正地指导日本的政治运作并转化为实践，必须克服期间可能遇到的多重困难，完成多项任务，这就决定了"普通国家化"战略必须是一个综合工程。

首先，"普通国家化"必须在日本国内凝聚更多民心，尽可能减少其反对力量。战后以来，在日本一直有一部分人坚持认为战后民主政治体制对日本的发展并无不妥，他们强调这套体制为日本带来了前所未有的民主，促进了战后日本的飞速发展，而且还可以保证今后的日本不会再度步入歧途。在他们心里，现今的日本不但是已经一个"普通"国家，而且是一个拥有和平宪法、放弃了战争权利的国家。如果需要指出日本的独特之处的话，大概也应该是这种利大于弊的战后体制。因此，他们认为真正干扰日本发展的问题在于部

---

① 李建民：《冷战后日本的"普通国家化"与中日关系的发展》，中国社会科学出版社 2005 年版，第 245 页。

分人对战后体制的肆意解释和歪曲理解。长期以来，正是这部分人群"阻碍"、"限制"了另外一部分人对日本实行的"自主"做法。因此，当普通国家化已经成为大多数日本国民的认识的时候，虽然少部分人的反对并不足以阻碍他们"普通国家化"的脚步，但仍有必要采取一定的舆论或教育措施，使这一战略的认同度更为广泛。在日本，通过社会舆论来引导日本国民同意改变日本当前现状的战略意图，并未受到太多的阻碍。实际上，在日本的政治思潮中，广泛存在着对因战后体制而施加给日本的种种限制的不满，更在深层次上保留着希冀日本能成为世界上重要国家的诉求，所以，日本国民都普遍"不能容忍被蔑视为劣等国家的这种名誉感"。① 可以说，日本国内社会的政治思潮，已经从 20 世纪 70 年代后调整到了民族主义高涨的程度，日本政治领导层所需要做的，仅仅是将这一思潮进行有效地调动和引导而已。

为实现"普通国家化"而开展的国内实践还包括另一层意思，即相应的政治体制改革。外交是内政的延续，不理想的外交状态都应该从内政体制中寻求症结所在。日本政治家也普遍认为，僵化的政治体制是导致日本在国际社会无所作为的重要原因之一。早在 1992 年，小泽一郎就指出，战后的日本政治在冷战格局下并没有发挥应有的政治作用。为了适应冷战结束后的世界形势，必须尽快地对现行的政治体制进行改革，建立一个强有力的领导核心和能够独立思考、独立行动并且能够承担责任的新政治体制。与此相对应，自民党前干事长中川秀直于 2007 年明确了日本规模宏大的制度改革计划，他说："（日本）将进行从公务员制度改革到重组中央省厅、改革道州制、修改宪法等明治维新以来的大改革，从而改变国家的面貌。"② 作为其中的一个组成部分，日本防卫厅升格为防卫省的重大举动，并不是一个政府机构调整的孤立案例，而是日本为追求大国地位而展开的行政改革的宏大体系中的一个环节而已。

相对于"普通国家化"要求在日本国内开展政治体制改革的简要目标而言，这一战略意图在国外所需要实施的任务更为广泛而宏大。为了真正成为"普通国家"，日本必须采取多种方式和途径，以实现日本在国际社会中的"自主性"、"平等化"和"大国化"等多个目标。

日本推行"普通国家化"这一战略，其首要的与直接的原因是将自身与其他国家比较当中得出的对日本欠缺相应国际地位与国际社会成员资格这一客观事实的认识。作为日本强调的"非普通"国家的一个重要特征，就是日本被剥夺了以"国权"为名在国际社会上行使武力的国家职能。除了日本宪法第九条对此有明确规定外，在联合国宪章第 53 条、第 107 条等都有针对日本等国的"敌国条款"，其中规定：第二次世界大战中与同盟国交战的"敌国"如果再次发动侵略行径，其他国家不经联合国安理会批准即可对这些"敌国""行使武力"，"敌国条款"的存在是日本成为"普通国家"的巨大心理和现实障碍，为此，消除"敌国条款"成为日本的联合国外交进程中的第一要务。随着"普通国家化"的内涵的进一步深化，日本进而把成为安理会常任理事国作为整个外交战略的核心目标之一。1991 年日本《外交蓝皮书》提出，在国际新秩序形成过程中，日本在负有主要责任和作用的安理会占有一席之地是极其重要的。这表明了日本争当安理会常任

---

① ［日］新渡户稻造：《武士道》，张俊彦译，商务印书馆 2003 年版，第 97 页。
② 《参议院选举之后的政局预测》，载［日］《读卖新闻》，2007 年 5 月 6 日。

理事国的愿望。1993 年 7 月，日本政府正式致函当时的联合国秘书长加利，表明"日本准备尽其所能，履行在安理会的责任"。其后日本政府多次表示它具有担当联合国安理会常任理事国的候选资格。

日本要实现自身在国际社会中的"普通"地位，更重要的一个步骤是军事能力的扩展。对于这一点，美国方面在《普林斯顿计划》中也曾指出："日本对一个正常国家主体的成熟认知，以及对主权国家的传统权利和与之相应的自卫权利的追求——也就是所谓的日本的'普通国家化'"。①认识到军事能力的发展是"普通国家化"的重点发展步骤，日本自冷战结束后就不断调整其军事战略，特别是小泉政府在增强军事行动能力方面迈出了令世界瞩目的举措，随着"积极防御"、"联合干预"、"主动先制"等行动与口号的出台，日本迈向"普通国家"的步伐愈发增快。1999 年的日本《防卫白皮书》提出了"先发制人"的概念，尽管这一概念并未真正落实，但这一理念却成为日本防卫战略的主线。2007 年 1 月 9 日，日本根据国会通过法案，将防卫厅升格为防卫省，正式成为日本中央部会一级主管单位，可以与内阁其他省平起平坐，日本自卫队的海外活动也随之由附带任务升格为本来任务。

对日本来说，成为安理会常任理事国不是目的，而不过是手段。重要的是成为常任理事国后，对何种问题说"是"，对何种问题说"不。"② 这类言论鲜明地表达了日本渴望对国际事务施加主导权的愿望，与此同时，日本更清醒地认识到升格为安理会常任理事国对实现自身目标的重要意义，因此，日本在冷战后特别是 21 世纪之初不遗余力地展开了"争常"的外交活动，但这也向国际社会证明了一点，即日本的执政者更希望自己成为常任理事国的目的，是为了达到成为"普通国家"的目标。③

在国际社会中实现"普通国家化"，除了协调日本与联合国的关系外，还要协调日本与世界大国的关系，毕竟日本与世界主要国家之间的博弈关系对这一目标的实现程度有深远的影响。为此，需要日本调整与美、欧、中、俄等多支力量的关系，改变日本在国际社会中的地位和影响力。美国是日本战后的重要盟友，同时也是冷战后的竞争者。在普通国家化发展的道路上，"日美同盟是其实现目标的基本途径和重要平台"。④ 作为日本的东亚近邻，中国是日本推行"普通国家化"战略必须重点考虑的因素。明治维新以来，中国就一直占据日本外交政策的核心地位。前首相吉田茂曾说："我国日本外交的中心，在明治时代自不待言，即便进入大正、昭和年代也还是中国问题和对华政策。"⑤ 但由于日美基轴的影响，日中关系的发展不可避免地受到多种因素的影响。作为世界政治多极化的重要推动者，欧盟与俄罗斯对提升日本的国际地位有不可忽视的重要意义。正是基于这样的战略认识，冷战后的日本与欧、俄的双边接触愈加频繁，已经成为日本外交的重要组成部分。

---

① *The Princeton Project*，Http：//www. wws. princeton. edu/ppns/report/FinalReport. pdf。转引自刘卫东：《日本"国家正常化"：美国的对策》，载《现代国际关系》，2007 年第 9 期，第 17 页。

② 《日本经济新闻》，1994 年 5 月 26 日。

③ 肖刚：《冷战后日本的联合国外交》，世界知识出版社 2002 年版，第 205 页。

④ 徐万胜：《日本政治与对外关系》，人民出版社 2006 年版，第 174 页。

⑤ 转引自武寅《中国与日本：邦交正常化与关系正常化》，载《中国社会科学》，2007 年第 5 期，第 68 页。

## 四、"普通国家化"战略主导下的日本外交发展趋势

从冷战后的日本外交实践看，在狭义的"普通国家"概念下，"为国际安全作贡献"和"为国际经济作贡献"是其战略目标。但在广义的"普通国家"概念下，无论为国际安全还是为国际经济作贡献，都构不成"普通国家化"战略的真实的战略目标。从更深层次的意义上讲，成为自主性的大国才是日本"普通国家化"战略的实质，其战略目标和核心就在于自主性，自主性构成了"普通国家化"战略的出发点和归宿点，而其最根本的目的则在于寻求、巩固和提升日本的国家利益。1995 年 1 月，外相河野洋平在一篇文章中对此作了更明确的阐述。他认为，美国实力的下降和东亚经济的发展，使国际结构发生了变化，要求日本加强务实的双边关系；"西方一员"概念已失去其实际内容，日本已不能再据此作外交判断，而应以是否符合国家利益为对外政策的依据。① 虽然此后日美共同价值论在舆论宣传中略胜于"利益外交"这一倡议，但"普通国家化"着眼于日本国家利益的本质并未改变。实际上，冷战结束以来日本外交当中利益当先的路线更能贴切地体现"普通国家"的要求。

战后日本外交的主要手段是经济外交，即它是一种以发展经济为目的、以经济为主要手段的外交。受到日本"普通国家化"战略的影响，同时也为了利用经济手段来获取政治影响力，冷战结束后的日本经济外交特别是经济援助附带了越来越浓厚的政治色彩。总体来看，日本将谋求经济外交为主、政治外交为辅并包括将来可能恢复的军事外交在内的大国外交体系。为此，日本在很大程度上放弃了以往长期坚持的立足于"南北问题"的"开发援助"理念，转而开始采取对他国施加政治影响的"战略援助"理念，动辄对受援国拿起停减援助的制裁大棒。1992 年 6 月 30 日，日本内阁制定了《政府开发援助（ODA）大纲》，该大纲确立了对外援助的政治标准，引进了制裁手段，由此正式启动了"经济外交政治化"进程，这是国际社会必须面对的一个客观事实。

其次，日本外交的军事实力大为增加。日本自卫队的实际行动也表明，日本的军事战略已逐步向主动先制转变。1992 年，日本自卫队趁海湾战争之机首次跨出了国门，其行动范围已由本土扩大到日本周边地区乃至全球。2001 年 10 月通过《反恐特别措施法案》，突破了《周边事态法》中自卫队对美支援的区域在"周边地区"的限制，允许在有关国家"同意"或在"非战斗地区"的前提下，自卫队可在外国领土上开展活动。2002 年通过《武力攻击事态法》，将行使武力的时机从"遭敌入侵后"提前到"遭到武力攻击"或"可能遭到武力攻击"时。日本政府高官声称，"日本应拥有先发制人的打击能力"。日本政府的智囊机构"日本战略论坛"在 2007 年的一份研究报告中建议，日本应拥有先制打击导弹基地的军事能力，建议加强现有战斗机的对地攻击能力，在舰艇、潜艇上装备"战斧"巡航导弹，并努力争取引进 F-22 先进战斗机等。2007 年 11 月 13 日，日本国会众议院通过了新的反恐特别措施法——《关于为海上阻止行动反恐实施补给支援活动的特别措施法案》，并提交参议院审议。2008 年 1 月 11 日上午，日本国会参议院全体会议否决了该法案。但当天下午，日本国会众议院全体会议再次表决，凭借超过三分之二的赞成票通过了新反恐特别措施法。该法是一部为期一年的时限法，用于替代 9·11 事件后出

---

① ［日］河野洋平：《日本外交前进的方向》，载［日］《外交论坛》，1995 年 1 月号。

台并经三次延期于 2007 年 11 月 1 日到期的《反恐特别措施法》，目的是为了恢复日本海上自卫队在印度洋的补给支援活动，包括为参加海上反恐的外国军队的舰船供油、供水和提供劳务。同时，该法删除了原法案第五条——"需经国会批准"的内容，但规定日本政府在决定和变更"实施计划"以及自卫队补给活动结束时有义务向国会报告。虽然遭到在野党——民主党的强烈反对，但日本执政党执意重新制定法律，使自卫队继续为美军等参加反恐活动的外国军舰提供补水、加油和劳务等后勤支援。新反恐特别措施法在日本国会强行通过后，日本海上自卫队已于 2008 年 1 月下旬开始恢复在印度洋的补给支援活动。无论是提高防务部门地位的体制建设，还是主动先制的战略思想；无论是日益高技术化的武器装备，还是频频举行的军事演习，均表明日本正试图通过在地区和全球发挥军事力量的作用，提高其国际地位，从而向"正常国家"、政治大国目标迈进。日本军事实力的强大，不仅仅说明的是其外交实力的增强，对于国际社会而言，这更可能被看做是外交砝码的增加，而这对于日本实现其"大国化"的目标来说，只能被看做积极有力的催化剂。

再次，日本外交重点格局得以扩展。"二战"结束后，日本采取的是以"日美基轴"和"经济外交为支柱的对外路线。"而冷战结束后，日本为了确立新的国际地位和形象，大力修改了对外战略，形成了以"亲美入亚"和"政治外交"为中心的外交路线。冷战后，非洲成为日本外交版图上的重要组成部分。在当今世界格局中，非洲的地位日趋重要。进入新世纪以来，非洲成了多国角逐的新"战场"。对日本的"大国化"政治诉求而言，非洲的"魅力"还主要体现在它因拥有众多国家被称为联合国"最大票仓"这一方面。正因为这个原因，2005 年，日本在"争常"的关键时刻想起非洲，开展声势浩大的"外交攻势"，因缺乏根基，未能奏效。非洲如今已成左右日本"入常"的重要角色，是日本实现"大国梦"的重要战略依托之一。因此，强化与非洲国家的关系对日本具有决定性作用。此外，非洲能源储藏丰富，对日本这样一个严重依赖资源进口的国家无疑具有重要的战略价值。非洲的石油储量为 1018 亿桶，占全球已探明石油资源的 8% 多。非洲国家的石油日产量预计在未来 10 年中将从 1100 万桶增加至 1600 万桶。据预测，到 2010 年，非洲石油产量在世界石油总产量中的比例有望升至 20%。在全球液化天然气市场中，非洲占有 27% 的份额。日本是一个资源稀缺的国家，外来资源进口决定着日本的经济命脉。成为普通国家，意味着日本可在资源竞争日益激烈的世界中占据更为有利的国际地位。发展中国家拥有众多的未开发资源，如果日本能成为国际社会的普通成员，其国际形象和国际影响力都将发生巨大变化，其对发展中国家的影响力也将有所提高。必须指出的是，日本外交触角的延伸，会在一定程度上激发其与相关国家的竞争。比如，日本对非洲政策的出台，也充分考虑中国在非洲的影响因素。尽管非洲大部仍处于未开发状态，但其丰富资源储量在国际能源需求日益激烈的大背景下，势必面临国际需求者展开多层次竞争的结果，因此，日本针对第三国的在非洲的资源竞争不仅仅是一种必然，更可能随着亚洲国家能源需求的上升而提前到来。

再次，"普通国家化"将深刻地影响到日美中三边关系的发展变化。在日美关系方面，日本认识到"国家正常化进程离不开美国的支持，但也不能单纯顺应美国的要求"。① 20 世纪 90 年代中期以后，日本在很大程度上丧失了 80 年代那种基于经济实力的自信，重新加深了对美国的依赖心理。以 1994 年开始的日美安全同盟"再定义"为契机，日本采取了以辅助和维护美国在东亚地区的霸权地位来换取自身的地区第二主导大国地位的战略方式。在现阶段，日本各界精英也都承认未来世界秩序不会是"美国单极霸权体系"。然而，他们未能就东亚新秩序勾勒出清晰的图景，因而也就难以就日本未来走向提出明确的战略思路。但是，他们认为在现阶段只能依靠现成的日美同盟框架，坚持"对美协调"，同时视美国的宽容程度而逐步推进政治大国战略。可以说，目前主张强化日美同盟的各种理论，与其说是 21 世纪日本的长期战略，还不如说是在没有替代方案的情况下而采取的中、短期战略和长期策略。而"普通国家化"的步伐速度与力度，将在很大程度上受到日美关系的牵制。在日中关系方面，"日本的政治军事大国化战略取向正成为影响终日关系发展的新问题，并刺激老问题处于显性状态"。与此同时，"日美同盟的强化也会在国家、地区和全球三个层次上对中国的发展空间造成挤压，这将是中国必须直接面对的重大挑战，尤其是中国创造和平发展的国际环境和友好的周边环境过程中必须克服和解决的问题"。②

最后，日本的"普通国家化"对国际关系中思潮也必将产生一定的影响。如果说"普通国家化"对日本朝野来说是一种积极正面的发展路线，那么对国际社会来说，就是一个未来发展与影响不确定甚至存在一定危险的趋势。国际社会普遍认为日本的这一战略存在巨大隐忧，其中主要的原因则是日本对"二战"罪责的反省程度并不能让国际社会认为日本已经清醒地认识到自己所承担的责任。国际社会众多国家认为，日本对"二战"的记忆更多地局限于广岛和长崎的核爆炸，以及战争后期盟军对日本的大规模空袭，而对于日本军国主义给亚洲国家和人民带来的深重灾难，则有意回避。荷兰作家布鲁马一针见血地指出："德国人理解二战的关键不是在斯大林格勒战役或柏林之战，而是在发现奥斯威辛集中营的那一刻。日本人的理解则不在珍珠港或中途岛之战，而是在广岛的原子弹。"③所以，如果"普通国家化"不能确保日本认真而深刻地反省历史，那么，它就不意味着日本将为国际社会作出重大贡献，反而成为一种预示危险的信号。

（冯存万　武汉大学政治与公共管理学院讲师）

---

① 刘卫东：《日本"国家正常化"：美国的对策》，载《现代国际关系》，2007 年第 9 期，第 22 页。

② 徐万胜：《日本政治与对外关系》，人民出版社 2006 年版，第 175、191 页。

③ 转引自《美高调回应日本对国际格局的挑战》，载《中国经济时报》，2007 年 8 月 9 日。另参见 http：//finance1. jrj. com. cn/news/2007-08-09/000002529263. html。

# 英国的欧安会谈判策略

申红果

**摘要**：欧安会是冷战缓和的高潮。为了这次前所未有的东—西方对话，英国做了大量的、相对比较充分的准备，其中为西方集团确定基本谈判策略是其重要任务之一。英国主张欧安会多边预备会谈不应该谈判实质性问题。此外，英国为欧安会正式谈判阶段设想了足够复杂的会议组织结构，并且还构思了"归纳法"和"平行法"两种谈判方法，以便能够使西方各国的欧安会代表们能够在欧安会谈判期间随心所欲地提出他们所关心的各种问题，保持对东方的压力。英国的这些谈判策略对欧安会谈判以及未来的欧安会进程产生了十分重要的影响。

**关键词**：缓和　欧安会　英国　东方　西方

欧安会是包括所有欧洲国家（阿尔巴尼亚除外、安道尔的代表权由法国行使）以及美国、加拿大在内的一次盛会。它也是东西方关系史上前所未有的。在为欧安会所做的战略准备方面，英国主要是以维护西方集团的整体利益为根本目标，以保持对东方的压力，加强欧洲两个部分之间的非政府交流，进而对东方实行和平演变为冷战斗争的目标，以发挥欧洲大国作用为本国的最主要目标。为了实现这些目标，在策略层面上，英国设计了一些谈判策略和方法，主要谈判策略包括避免欧安会多边预备会谈谈判实质性问题，确定欧安会的组织结构等；主要谈判方法有"归纳法"、"平行法"，大致划分谈判阶段和起草文件阶段。通过这些策略的实践，使得西方在谈判期间长期占据优势，对苏联东欧国家保持了强大的压力。

## 一、避免欧安会多边预备会谈讨论实质问题

欧安会多边预备会谈是为正式会议做准备的，它于 1972 年 11 月 22 日开幕，1973 年 6 月 8 日结束。预备会谈本身就不是简单的事情，其间，东、西方已经在各个议题上展开了争论和斗争，其中最重要的问题是多边预备会谈应不应该谈判实质性问题。西方国家所谓的"实质性问题"，主要指"人道主义"、"人权"方面的议题以及经济领域里的"最惠国待遇"等议题。这些议题要么是东方非常陌生的，同时又能通过它们对东方推行"和平演变"，要么是苏联东欧迫切需要、可能会付出巨大代价的。因此，西方国家十分重视这些议题。在这个问题上，西方集团内部存在两种相反的意见：一种以美国为代表，另一种以英国和法国为代表。美国多次主张，预备会议应该谈判实质性问题，为正式谈判提前制定一些清晰的实质性协议留待正式会议期间批准。美国利用苏联希望召开欧安会的迫切心情，迫使苏联在诸如"人道接触"（human contacts）等议题上付出代价，换取西方

同意参加欧安会，因此多边预备会谈应该磋商实质问题。如果预备会谈不涉及实质性内容，那么美国国会和公众就会向政府增加压力，要求美国军队单方面从欧洲撤出，同时不利于盟国支持必要的军队增加。① 荷兰和美国这两个国家都想让西方"从一开始就采取毫不含糊的态度"，至于以后，则再根据需要调整。② 英国和法国虽然也想让苏联付出代价，可是它们都主张多边预备会谈只能谈议程和程序，而不能谈实质问题，它们反对多边预备会谈变成欧安会的"会前会"（pre-conference）。两国都比较坚持这一立场。法国在较早的时候就提出，实质问题应该留给正式会议期间的专家委员会。③ 越是临近欧安会，法国的主张在欧共体内就赢得越来越多的支持。法国的主张基本上得到了英国的全力支持。不过，英国也认为一切必须取决于具体形势。此外，当很多西方国家都赞成制定一份详细的议程表时，英国却希望保持欧安会议程的"模糊性"，因为只有这样，西方代表们才能随心所欲地提出自己的建议而不违反任何规章制度④。

英国之所以认为多边预备会谈不应该谈实质问题，主要是为了避免"提前对抗"，同时继续利用苏联的急切心理为西方参加欧安会创造有利条件。如果西方过早提出要求，就很难使苏联在此基础上让步，后面的谈判就没有多少东西可以争取了，东欧以及欧洲中立国也许就不会太在意西方联盟已经说过的东西。⑤ 在英国看来，"一旦电梯启动，那么想要再下去，这是不现实的"，英国希望在任何部长会议上都保持"完全的灵活性"。⑥ 英国驻北约代表汤姆森于是提出了英国的"议程文件"：西方声明、东方声明和共同基础。这样，既可以有一些实质性东西，又不会导致辩论。联邦德国被这个主意"吸引住了"。⑦ 英国认为美国低估了两个政治问题：其一，一旦欧安会多边准备工作开始，就没有一个欧洲政府希望因为阻止会议的举行而招致责备，除非发生苏联入侵罗马尼亚这样严重的事件。其二，美国忽视了"扩大了的欧共体"成员国之间有了越来越多的一致性。这种一致性"来自共同利益的自然感觉，并在欧洲政治合作的工作中觉悟起来了"。⑧ 欧安会被西欧国家选为推行共同对外政策的对象之一，本身就说明它们的一致性在增加。在本质上，英国是为了保证西方代表们能够在欧安会上随心所欲地提出他们认为重要的问题，"要让东方朝着英国的要求前进，而不是相反"。⑨ 此后，"小心谨慎地拒绝承诺参加欧安会"，不让苏联认为西方参加欧安会是理所应当的，这成为西方联盟——包括欧共体

---

① Bennett, G., Hamilton, K. A. (eds). (1997), *Documents on British policy overseas* (*DBPO* infra), Series III, Vol. II, *The Conference on Security and Cooperation in Europe*, 1972-1975. Great Britain: Foreign and Commonwealth Office, No. 8, p. 41; No. 6, note 4; No. 7, note 1; No. 8, p. 41; No. 6, note 4.

② *DBPO*, Series III, Vol. II, No. 10; Preface, p. X.

③ *DBPO*, Series III, Vol. II, No. 1; No. 8, p. 42. 欧安会正式谈判期间，会议针对各议题组成了若干个专家委员会（commissions）。

④ *DBPO*, Series III, Vol. II, No. 1, pp. 8-10, 11; No. 8, p. 42.

⑤ *DBPO*, Series III, Vol. II, No. 7, pp. 38, 79.

⑥ *DBPO*, Series III, Vol. II, No. 7, note 1.

⑦ *DBPO*, Series III, Vol. II, No. 7, p. 39 and note 12.

⑧ *DBPO*, Series III, Vol. II, No. 6, p. 35.

⑨ *DBPO*, Series III, Vol. II, No. 29, pp. 114-115.

和北约——的正式立场。① 欧安会期间，英国始终坚持把前一阶段的谈判成果作为继续前进的条件。西方联盟也采取了这一基本立场。

### 二、欧安会组织结构的确定

由于欧安会谈判包括欧洲的"安全层面"与"合作层面"，涉及的具体议题非常多，因此如何使谈判顺利进行、争取谈判优势，是东、西方都非常重视的问题。欧安会的组织结构问题有两层含义：一是会议是分阶段举行，还是由多个小会议组成；二是会议期间应设立什么样的、数量是多少的磋商机构。英国之所以非常重视欧安会的组织结构，是因为它关乎西方代表们是否能够在会议上畅所欲言，西方能否对苏东保持强大压力。

在法国提议的基础上，西方最终确定欧安会将分三个阶段举行。英国则为欧共体制定并修改了一份文件，确定了欧安会建立一个合作委员会、三个委员会的基本组织结构。苏联也在 1972 年 11 月多边预备会谈前夕主张欧安会分三个阶段举行，并提出了自己的议程方案。② 西方和苏联在多边预备会议期间分别提出了欧安会正式会议的结构设想。1971年 6 月 3 - 4 日的北约里斯本会议上，北约国家就正式会议的结构提出了两个观点：第一个观点主张用多个会议组成欧安会，意大利支持这一观点；第二个观点主张举行一个会议，但分成几个阶段，这个主意是由法国提出的。③ 最后，法国的观点获胜。

关于欧安会的组织结构，最主要的问题不在于是否分三个阶段，而是欧安会正式谈判期间该建立何种组织、它们各自的职责是什么。在这方面，英国坚持要求根据欧安会安全、合作等议题建立"足够数量的"委员会和分委员会，并确定它们的职权范围。英国希望保持欧安会组织结构的复杂性，保证谈判的细致性。④ 英国的"西方组织司"这样认为：西方的利益可以通过一个相当复杂的委员会和分委员会结构来实现，如果不是这样，那么在一个西方各国使团规模有限、会议的各种便利被迫受到限制的赫尔辛基，西方的利益很难有效实现。⑤ 1972 年 11 月 13 日，英国外与联邦事务部在给本国预备会谈代表团的指导简报的附件里提出，为欧安会第二阶段设立三个委员会，分别处理：安全；经济、科学和技术合作；文化合作、发展人道接触和扩大信息传播。第一委员会下设两个分委会，第三委员会下设四个分委会。⑥ 各与会国已经基本同意设立委员会的构想，但英国估计苏联也许会反对，因为苏联想限制第二阶段会议的会期，想避免详细磋商各种议题。英国则认为，建立委员会和分委员会是最基本的工作，是多边预备会谈应该解决的，它可以为未来的谈判提供基础。⑦

---

① *DBPO*, Series III, Vol. II, No. 17, pp. 73-74；No. 19, p. 86；No. 20, p. 89；Acimovic, Ljubivoje（1981）. *Problems of security and Cooperation in Europe*（Margot & Bosko Milosavljevic, Trans.）. Sijthoff & Noordhoff, p. 98.

② *DBPO*, Series III, Vol. II, No. 16, p. 70.

③ Acimovic, *Problems of Security and Cooperation in Europe*, p. 96.

④ *DBPO*, Series III, Vol. II, No. 1, p. 11；No. 19, note 13.

⑤ *DBPO*, Series III, Vol. II, No. 19, p. 87, note 12.

⑥ *DBPO*, Series III, Vol. II, No. 17, note 7. 欧安会的"委员会"最初是 Commission，后来改称 Committee。与之相应，"分委会"从 Sub-Commissions 变成 Sub-Committees。

⑦ *DBPO*, Series III, Vol. II, No. 17, p. 78.

1973 年 7 月中旬，在欧安会第二阶段会议开始以前，欧共体九国要求英国修改关于欧安会组织结构以及九国应该采取对策的文件。英国的文件编号是第（73）44 号，该文件最终成为欧共体的共同文件，英国的主张也成为欧共体的一致立场。这份文件以多边预备会谈最后建议为基础，详细回答了以下问题：委员会的个数；哪个委员会最先开始工作；分委员会的个数及开始工作的时间；分委员会的工作应该怎样组织；委员会如何监督分委员会所负责的工作；合作委员会如何协调各委员会的工作。英国认为，赫尔辛基"最后建议"十分清楚地规定将建立三个实质性委员会和一个合作委员会，这顺应了欧共体的观点，也不会在其他与会国中引起困难。英国主张"合作委员会"（Coordinating Committee）的主要功能是协调各个实质委员会的工作，并通过开会的方式保持工作的连续性，但是，合作委员会不应该过于频繁地开会，以避免给各个委员会造成压力；它也不应该要求各个委员会定期提交报告。同时，英国对外与联邦事务部还感到，如果合作委员会定期开会，就可能给苏联人提供一个"可以施加压力以提高会议速度"的场合。对于"实质性委员会"（即针对欧安会各个主要议程的委员会），英国主张三个委员会应该同时展开工作，但是苏联不可能同意，它还反对建立多个委员会。至于各个分委会，在英国的设想里就是详细讨论所有欧安会提议的地方，这样就可以保证西方所重视的问题不会被忽视。英国坚持认为，各个分委会应该首先处理实质性问题，各个分委会讨论的总和则构成委员会的工作结果。这个方法已经在欧安会多边预备会谈上迫使苏联和东欧国家接受了，在第二阶段会议期间西方更不应该放弃这一点。①

欧安会多边预备会谈结束后，欧安会的组织结构最终确定为：（1）一个"合作委员会"。"合作委员会"的建议是法国首先提出的，它由各国"拥有全局观的高级官员们"组成。英国完全支持。②（2）三个"委员会"，分别处理欧安会三大主题，每一个委员会之下再设不同数量的分委员会。（3）"特殊工作机构"（Special Working Body），有时也被称为特殊工作组。它是根据瑞士和罗马尼亚的愿望建立的，为的是处理瑞士提出的"和平解决争端"建议。各国在欧安会第二阶段会议期间达成共识，把这个工作组视为一个分委员会来对待。③（4）若干非正式的"小小组"（Mini-Groups）。这些"小小组"是在预备会谈期间设立的，它们是为了向预备会谈期间的"工作组"（Working Group）提供磋商结果等。瑞士、瑞典、芬兰和奥地利等在较早时候就形成了同盟，并对欧安会第二阶段的组织结构提出过建议，但是没有成功，绝大部分原因是它们没有咨询过西方国家（包括英国，尽管英国和这些中立国保持着比较密切的联系）。④ 此外，欧洲小国要求减少分委会数量，但是道格拉斯·霍姆认为应该抵制这个要求。⑤

随着委员会的建立，接踵而来的问题是：如何确定各个委员会及其分委会的职权范围。英国主张，必须明确规定各个委员会和分委会的职权范围。英国非常重视清晰界定委

---

① 英国在欧共体第 73（44）号文件里对欧安会第二阶段会议结构的建议，见 *DBPO*, Vol. II, No. 43。

② *DBPO*, Series III, Vol. II, No. 38, note 9.

③ *DBPO*, Series III, Vol. II, No. 44, note 3.

④ *DBPO*, Series III, Vol. II, No. 44, pp. 174-175.

⑤ *DBPO*, Series III, Vol. II, No. 43.

员会及其分委会的职权范围，而且在预备会谈期间就应该解决这个问题。只有这样，才能更好地处理议题细节，否则当正式谈判开始的时候，代表们也许还不知道该做些什么。① 英国希望保证西方各国代表能够在会议上自由地、不受阻挠地提出自己关心的问题（特别是苏联不喜欢的人道主义等问题），从而保证实现西方利益。埃利奥特说，英国"应该能够保证一个实实在在的欧安会第二阶段"。② 为了能够获得清晰的"职权范围"，英国还坚持把这个问题和欧安会议程的确定联系起来，同时展开讨论，以此迫使苏联在希望获得有利议程的同时在"职权范围"问题上让步。③ 西方接受了两个问题同时讨论的建议。当预备会谈开始第二个会期（1973年1月15日）时，戴维农九国和北约已经制定了欧安会议程和委员会职权范围方面的提议，由比利时、意大利和丹麦代表西方制定并提交给预备会议。中立国和不结盟国家代表团总体上欢迎西方的提议，并且补充了它们的深层次观点，特别是安全领域的。④ 事实上，"职权范围"问题的磋商覆盖了欧安会多边预备会谈和正式会议的初期。多边预备会谈之前，欧共体九国就取得了一致意见，即：预备会谈阶段就应该磋商委员会和分委会的授权范围，这个方案是在法国人的文件里制定的。苏联不乐意确定"职权范围"。⑤ 苏联最初完全不提"职权范围"问题，它不想授权给各个委员会，而且抵制界定"职权范围"的行动。当预备会谈进入第三个会期，也就是1973年4月初的时候，苏联和东欧国家在一些问题上"朝着西方行动了"，它们提交的一些草案暗示它们准备接受三个主要委员会的职权范围。⑥

设立足够多的委员会，保持欧安会组织结构的复杂性，明确各个委员会及其分委会的职权范围，这些是英国坚持的谈判策略。从根本上看，英国的用意是，确保欧安会能够详细磋商各种问题，保证西方代表们能在会上提出自己感兴趣的问题，最终保证西方利益得以实现。特别是当基本确定了"职权范围"以后，英国感到产生了一些令人鼓舞的东西，比如，如果西方努力去制定一份原则的话，就可以定出一份政治性"原则宣言"，更重要的是，英国可以努力改善苏联谈判"人道接触"和"信息"等自由流动议题时的行为。在这个领域里，苏联一直坚持主张只能采用双边磋商的方式，但是在确定职权范围以后，英国现在拥有了向苏联及其盟国施加"多边压力"（multilateral pressure）的途径，而以前英国从来没有过这种力量。埃利奥特说，至少英国现在可以迫使苏联要么在"人道接触"领域里做一些切实的改善——哪怕这些进步很微小，要么用实际结果向世人展示苏联公开

① *DBPO*, Series III, Vol. II, No.16, p. 70；No.17, p. 78；No.19, p. 86 and note 13；No.20, p. 89.

② *DBPO*, Series III, Vol. II, No.30, p. 117.

③ *DBPO*, Series III, Vol. II, No.19, notes 2, 13；No.20, p. 89 and note 8；No.21, pp. 91-92.

④ 西方针对欧安会的三个主要领域提出了三个相应部分的提议，它们是：政治—安全；经济和环境合作；文化和人道关系。根据西方国家内部分工，这三个领域里的提议分别由比利时、意大利和丹麦代表团提出，每一个代表团都单独处理一个独立的议程领域。1973年1月15日，比利时提交了西方的议程提议和处理经济及相关问题的委员会的职权范围提议；意大利提交了处理安全问题的委员会的职权范围提议；丹麦提交了人道接触、文化和信息委员会的职权范围提议。参见 *DBPO*, Series III, Vol. II, No.20, p. 88.

⑤ *DBPO*, Series III, Vol. II, No.16, p. 70.

⑥ *DBPO*, Series III, Vol. II, No.30, p. 117.

承认的"缓和愿望"是多么空洞。① 其实,在设定相当复杂的会议机构及其职权范围的背后,是英国的自信,英国相信在"人道接触"和"信息"、经济合作等领域,西方拥有绝对优势,可以让苏联为了得到欧安会而让步,西方可以在"人道主义"领域打破苏联阵营。"人道领域"正是英国希望用来"充实"苏联缓和概念的东西。从结果看,苏联领导人为了欧安会成功召开,为了争取多边承认"二战"后的"欧洲现状"付出了巨大代价,特别是在人道接触和信息方面,从而被迫充实了自己的"缓和"概念,因为欧安会的组织结构足够复杂,足以让西方在会上随意提出它们认为重要的而苏东国家又十分陌生的问题。

### 三、"归纳法"和"平行法"的提出

为了保证对欧安会进行细致磋商,从而保证西方集团利益的实现,英国提出了两个重要的谈判方法,即"归纳法"和"平行法"。这两个方法不仅被西方集团所接受,而且也最终被苏联所接受,成为欧安会正式谈判的重要方法。

"归纳法"(inductive method)② 是英国坚持的主要谈判策略之一。英国对这种方法的解释是:采取了这种方法,西方国家才会"考虑每一个篮子里的每一个主题,并寻求对各个主题达成一致方案,然后首先建立一些比较小的主题领域(这得符合各个分委员会),最后获得一个合成的议程议项"。③ "归纳法"的目的是:在最大程度上保证西方各国的提议被充分考虑,让英国诸位大臣能够在欧安会上自由地提出他们所关心的问题而不会被苏联阻挠;可以最大限度地避免欧安会像苏联想象的那样简单和重于宣传。"归纳法"尤其适用于西方非常重视的"第三只篮子",因为这只"篮子"以扩大"人道接触"及"信息"等的"更自由流动"为主要内容。基辛格曾经泼冷水,说欧安会在"更自由流动"方面毫无进展也许是可能的。但是,英国更看重的是:西方代表能够就欧洲安全和东—西方障碍等问题自由发表看法。④ 苏联对"归纳法"非常不满。1974 年 5 月 14日,葛罗米柯告诉英国驻莫斯科大使 T. 加维(T. Garvey)说,在英国代表团面前,"过多的小事情被夸大到它本身的十倍百倍"。⑤ "归纳法"是针对苏联想尽早结束预备会谈、开始正式会议以及早日举行首脑级第三阶段会议的渴望,是为了利用苏联急于前进的心态。英国不希望苏联"牢牢控制走向妥协的步伐",英国"不需要急急忙忙地让步"。⑥从另一个角度看,也许正是因为"归纳法"的采用,才使得欧安会旷日持久。

"归纳法"是在欧安会预备会议期间,在苏联暗示建立"工作组"(working groups)的情况下酝酿产生的。1973 年 2 月 5 日,苏联代表 L. I. 门德尔列维奇(L. I. Mendelevich)在一次晚餐会上向英国驻赫尔辛基大使馆第一大臣 R. C. 比瑟姆(R. C. Beetham)暗示建立"工作组",以便加快多边会谈进度,"也许第一只篮子建一个,第二

---

① *DBPO*, Series III, Vol. II, No. 37, p. 145.

② "归纳法"也被叫做"演绎法"(deduce)或者"自下而上"法(bottom up,本书根据英国对该方法的解释将其意译为"自下而上"法)。

③ *DBPO*, Series III, Vol. II, No. 23, p. 98;No. 26, p. 104.

④ *DBPO*, Series III, Vol. II, No. 7, note 12.

⑤ *DBPO*, Series III, Vol. II, No. 81, note 7.

⑥ *DBPO*, Series III, Vol. II, No. 22, note 4 and p. 96.

只篮子建四个，第三只篮子建一个，同时召开更少的（预备会谈）全体会议"。英国认为，苏联构想的会议组织结构表明苏联想让各国从容易的问题——即各个议程议项的标题、简单而一般性的委员会任务规定——开始讨论，但西方不能追随苏联人。苏联的提议很危险，因为一旦苏联的想法被接受，那么西方就会处于一个"虚弱的讨价还价地位"，不能更加详细地规定委员会的职权范围，也不能建立足够的分委员会来保证一个有效的欧安会第二阶段。苏联的建议对中立国很有吸引力，因为中立国更希望看到欧安会提高效率、谈出一些成果，而不是无限期拖延下去。埃利奥特认为不能低估苏联建议对中立国和不结盟国家的吸引力，如果预备会谈进展速度不能加快，那么"中立国和不结盟国家就会对西方提议中的大量细节变得没有耐心"。英国等从来没有正式承认建立"工作组"这个建议，但在实际谈判中，这个方法被广泛使用，而且变成欧安会预备会议的重要磋商主题。在北约内部，挪威和美国都支持建立工作组的建议，法国反对。① 此后，针对苏联的"工作组"建议，英国提出了应对策略，即建议所有提交的提议"现在应该归总到一起，以便通过一部分接一部分的方式详细加以考虑"，西方和中立国家广泛支持英国的提议，② 最终形成了"归纳法"。英国把自己的想法制定成一份文件，分发给西方盟国，很快就得到西方盟国和欧共体伙伴国的赞成。在 1973 年 2 月 23 日的北约高级政治委员会会议上，英国的提议被北约委员会完全接受了。③ 在 2 月 26 日在欧共体九国会议上，九国也认为"归纳法"符合此前欧共体政治领导人会议决议。④ 法国驻赫尔辛基大使 M. G. 安德烈（M. G. Andre）也曾列举了演绎法。⑤ 苏联代表团从来没有正式接受"归纳法"，但是在预备会谈开始的时候放弃了建立"工作组"的建议，并接受了"归纳法"。⑥ 在欧安会第二阶段会议开始之前，英国再次向九国提交文件，确定必须详细讨论所有代表团的提议，保证欧安会各委员会和分委会对所有问题都进行细致的磋商，于是，"归纳法"成为欧安会第二阶段的重要谈判方法和程序。

和"归纳法"同时采用的，还有大致区分谈判阶段和起草文件阶段的方法。英国认为，必须首先对问题加以充分讨论，然后才能拟定相关文件，尤其不能让苏联获得它最想要的文件，同时却把它不想要的东西抛到一边。不过，英国没有绝对把讨论阶段和草拟文件阶段截然分开，毕竟欧安会谈判相当复杂，这两者无法完全分离。其实，当谈判过于缓慢的时候，英国反而敦促尽快起草文件。

"平行法"（parallelism）是英国着重提倡的另一个谈判方法。"平行法"强调欧安会各个委员会及其分委会的工作必须同步前进，防止在某一个问题上走得太快而其他问题则落在后面，本质上就是保证欧安会各提议同步前进。它可以用来抵制苏联故意排斥"人道主义"，同时争取早日就自己想要的"原则宣言"达成协议，它还可以防止苏联采取先易后难的谈判方式。因此，"平行法"和"归纳法"有异曲同工之处，两者都在欧安会第

① *DBPO*, Series III, Vol. II, No. 22, pp. 94-95 and notes 3, 4; No. 23, p. 98 and note 2.
② *DBPO*, Series III, Vol. II, No. 20, p. 89.
③ *DBPO*, Series III, Vol. II, No. 22, p. 95 and note 5.
④ *DBPO*, Series III, Vol. II, No. 23, note 1.
⑤ *DBPO*, Series III, Vol. II, No. 23, p. 99.
⑥ *DBPO*, Series III, Vol. II, No. 23, note 2; No. 26, p. 104.

二阶段期间得到了彻底贯彻。

"平行法"是多边预备会谈结束、确定各委员会及其分委会的工作方式过程中，由英国政府提出并被欧共体接受的，最终提交给欧安会。英国认为，当设立足够数量的分委会以后，"各个分委会的工作必须并行展开，而不是让某一个走在前面，其他的跟在后头"；在实际行动上，要避免两个极端，一个是所有分委员会同时开会，另一个是一个委员会只设一个分委员会；同时，欧安会"合作委员会"需制定一份决议，要求各委员会根据各个分委员会并行开展工作、密切合作的重要路线来安排各自的工作。① 英国强调，尤其不可以把第三委员会的工作落在最后。由于第三委员会的分委员会数目多于第一委员会，那么在时间有限、会议次数相对固定的情况下，第一委员会无疑将会前进得更快些，这当然不利于西方在"第三只篮子"里追求更多东西。不论哪一个委员会开展工作，英国的"主要目标是保证第一委员会的原则宣言工作和第三委员会的人道联系与信息工作尽可能同时并行展开"，如果欧安会程序妨碍这个目标，英国就不可能同意。② 道格拉斯·霍姆还认为，由于第三委员会一旦开始工作就难以控制节奏，所以必须在欧安会第二阶段之初就平行展开工作，甚至可以推迟起草欧安会"原则宣言"，直到英国代表对第三委员会各分委会的结果有了清晰的看法。③ 苏联要求第一委员会召开更多会议，以便早日制定好"原则宣言"。④ 1973 年 12 月中旬，埃利奥特团长仍然坚持认为英国代表团在"原则分委会"里的主要目标就是使"第一只篮子"的一般讨论时间足够长，以便能够完成对"第三只篮子"的彻底审查。⑤ 在 1973 年 10 月 17 日的北约国家欧安会代表团团长会议上，英国团长埃利奥特建议西方迫使欧安会重新安排工作计划。但是他没有得到其他代表的支持，因为当时的工作计划实际上还没有导致第一委员会和第三委员会各自的进展出现严重不平衡，而英国提出的新安排会树立"尴尬的先例"。⑥ 英国"东欧和苏联司"官员白里安·福尔（Brian J. P. Fall）指出，如果第二委员会（负责经济合作事宜）前进得过快，英国代表团可以从第二委员会借东西充实到第三委员会，以解决不平衡前进的问题。⑦

英国主张各只篮子平衡发展的想法，在西方内部没有得到普遍认同，只是当各个主题的谈判出现严重不平衡的时候，英国才特别坚决主张"平行主义"，并且基本达到了目的。1974 年 1 月 7 日至 9 日，欧共体会议同意了"平行主义"路线。这个路线是由欧共体主席国联邦德国提出的，但该路线是以 1973 年 12 月英国提交给联邦德国的一份非正式文件为基础，英国文件明确说明要"平行开展"各项谈判，西德的指导路线确定了"平行主义"的必要性。⑧ 整个欧安会第二阶段期间，英国始终坚持保持欧安会三只篮子大致同步前进，特别是不能让第三委员会的工作落在其他委员会后面。应该指出的是，法国也是主张同时开展各个委员会工作的。在 1973 年 2 月 26 日的欧共体会议上，法国大使安德

---

① *DBPO*, Series III, Vol. II, No. 43.
② *DBPO*, Series III, Vol. II, No. 49, note 2.
③ *DBPO*, Series III, Vol. II, No. 47, p. 187.
④ *DBPO*, Series III, Vol. II, No. 49, p. 192.
⑤ *DBPO*, Series III, Vol. II, No. 57, p. 216.
⑥ *DBPO*, Series III, Vol. II, No. 49, note 4.
⑦ *DBPO*, Series III, Vol. II, No. 52, p. 200.
⑧ *DBPO*, Series III, Vol. II, No. 60, p. 233 and note 15.

烈说，工作组将连续开展欧安会四只篮子的工作，而不必在完成一只篮子以后再继续第二只篮子。①

## 四、结　语

20 世纪 60 年代中后期到 70 年代初，英国的三届政府——从威尔逊工党政府到希思保守党政府，再到威尔逊工党政府——对欧安会的态度绝对称不上积极赞成。相对而言，希思这位"欧洲主义者"的态度稍稍积极一些，但这除了表明希思的某种主动外，显然还因为欧安会此时已经被许多欧洲国家以及中立—不结盟国家所认可，英国因此面临着一种压力。当 1972 年欧安会多边预备会谈即将开始的时候，希思政府怀着"某种忧郁的、混合着乐观主义的悲观主义"的心态参加了多边预备会谈。② 1970 年 6 月以前，第一届威尔逊政府对欧安会的态度比较模糊、甚至消极（个别官员除外）。不过，第二届威尔逊政府则延续了希思政府基本接受欧安会的路线。对于欧安会，英国领导层的观点从来都不是一致的，政府和公众的期望也相左。"不想要、但不可避免的"这一基本态度真实反映了缓和大趋势中英国对欧安会的矛盾心态。不论是保守党政府，还是工党政府，它们对欧安会的态度都是相当谨慎的，它们并不认为欧安会能够带来某种突破性改变，但它们的确十分看重欧安会的长远意义，即在冷战斗争中对苏联与东欧的压力，乃至渗透。

英国在欧安会问题上有种"天然的责任感"，这种责任感来自维护西方利益、尤其是安全利益的需求。英国为欧安会进行了大量的、相对充分的准备。大致来说，英国的准备有两层含义：一方面是心理上的，即在缓和趋势中对欧安会倡议的回应从消极、怀疑转变为接受，同时还分析欧安会的积极方面，影响了其他盟国；另一方面是就欧安会预备会谈和正式会议所做的多项准备。虽然英国被东方和西方共同视为态度强硬者，可是英国的准备耐心而扎实。就第二个层面而言，除了对预备会谈和正式会议的准备，还有战略和策略方面的准备；不仅构思了西方集团的欧安会战略和策略，还随时详细剖析苏联和东欧国家的欧安会战略；不仅提出了北约和欧洲政治合作这两个西方机构各自内部的合作，还设想了这两个机构之间的合作模式；不仅有对会议议程和结构的准备，而且还有对会上可能出现的问题的准备。

就制定西方集团的欧安会战略和策略而言，整个 1972 年，英国和伙伴国及盟国之间、欧共体和北约之间，一直在磋商这个问题。英国把维护西方防务有效性作为西方欧安会战略的前提，同时反对苏联的欧洲新"集体安全体系"主张。在维护西方团结、增加东欧国家自由并抵制"勃列日涅夫主义"、争取中立—不结盟国家的支持以及争夺"缓和"宣传优势等战略中，英国最重视的就是西方团结，不论是英国政府，还是英国欧安会代表，都非常重视西方团结，维护欧共体和北约两个组织的合作以及两个组织之间的合作。在实践欧安会战略和策略的时候，英国不遗余力。从英国的外交档案看，它几乎定期分析欧安会形势，并及时向欧共体或者北约（主要是欧共体）提出应对策略。不过，英国的能力是有限的，它不仅取代不了美国的领袖地位，有时候也无法说服比较强硬的盟国，比如荷兰和比利时；在有些问题上，英国在欧共体中被孤立了，比如关于是否给予苏联和东欧

---

① *DBPO*, Series III, Vol. II, No. 23, note 1.
② *DBPO*, Series III, Vol. I, Preface, p. XVIII.

"最惠国待遇"。

英国在欧安会的组织结构和会议程序方面发挥了决定性的作用，扮演了有影响力的角色。英国代表欧共体九国提出了欧安会组织结构，如建立足够数量的欧安会委员会和分委会，还提出了"归纳法"和"平行法"等重要谈判方法。事实上，这些都是为了保证仔仔细细地磋商欧安会各议题，从而保证实现西方利益。由于这些谈判程序和方法多是在预备会谈结束时确定的，因此为欧安会正式谈判奠定了有利于西方的良好基础，给苏联造成很大压力，并迫使苏联日益倾向于西方的路线。虽然不是所有重要建议都是英国提出的，但是英国扮演了相当重要的角色，英国还是这些谈判程序和方法的坚决维护者。英国"西方组织司"官员 P. M. 马克西（P. M. Maxey）最恰当地总结了英国的贡献："就实质和程序两方面而言，我们在（欧安会）第二阶段会议的第一轮较量期间仍旧扮演了在赫尔辛基时候的老角色——西方的主力（anchor man）。"英国的胜利同时还鼓励了更多的"胆怯的与会国"大声说出它们所关心的问题。① 在一定程度上讲，欧安会之所以旷日持久，其原因除了会议本身所谈的议程十分广泛外，另一个重要原因就是复杂的会议组织结构。也正是在这种比较复杂的结构里，西方成功地在长时间内保持了对苏联东欧的压力，迫使其为了得到一份"国家间关系指导原则宣言"，为了得到多边确认二战后的"欧洲现状"，而付出了巨大代价，这种代价就是英国及其盟国在未来通过欧安会最后文件向东方进行渗透。

（申红果　武汉大学政治与公共管理学院讲师）

---

① *DBPO*, Series III, Vol. II, No. 56, p. 211.

国际政治研究

# 十月革命胜利的历史逻辑与现实启迪①

戴德铮

**摘要**：十月革命的胜利，是综合作用的结果：俄国统治者再也不能照常统治下去了，俄国广大人民再也不能照常生活下去了，广大人民群众已经充分发动起来了，布尔什维克党已经成熟了。"正说"十月革命的胜利，有正本清源的历史意义，有确认中国革命胜利正确的深意，更有社会主义革命和建设应该如何搞、从中汲取哪些经验教训的本意。

**关键词**：十月革命胜利　综合原因　现实启迪

2008 年是十月革命胜利 91 周年。作为学者，我认为最好的纪念是为十月革命说点"真话"、"实话"。苏联解体后，许多著述探讨其中的深刻教训，其观点发人深省，警钟长鸣。但也有人出于各种目的，打着说"新话"的招牌，全盘否定苏联的历史，公开提出十月革命本身就搞错了，是"原罪"，"是一个病态的早产儿"。所以必然会垮台。美国前总统国家安全事务助理兹·布热津斯基就曾断言："把一个犹太血统的德国移民知识分子在大英博物馆公共阅览室中苦思冥想出来的、一种基本属于西欧的思想，移植到一个相当遥远的欧亚帝国的准东方的专制传统之中，再由一个专会写小册子的俄国革命者来充当历史的外科手术师，其结果必然是荒诞不经的。""共产主义是一种错误的尝试。""俄国之所以奉行共产主义，并不是人民大众起义的结果，共产主义是由民主口号掩饰起来的少数人自上而下强加给俄国的。这一明显事实，就决定了共产主义此后的历史道路。"② 大量的历史事实也表明，十月革命的胜利，并不是像布热津斯基等人所说的。起码是四个"了"综合作用的结果，即：俄国统治者再也不能照常统治下去了，俄国广大人民再也不能照常生活下去了，广大人民群众已经充分发动起来了，布尔什维克党已经成熟了。即革命首先是从帝国主义薄弱环节突破，十月革命正是在这样的薄弱环节中取得胜利的。这才是历史的真谛、历史的逻辑。弄清楚这一点，有正本清源的历史意义，又有确认中国革命胜利正确的深意，更有社会主义革命和建设应该如何搞、应该从中汲取哪些经验教训的本意。

---

① 该文是戴德铮教育部 2006 年度立项的人文社会科学研究项目《马克思主义的和平理论——兼评赫鲁晓夫"三和"论》结题成果之一。项目批准号：06JA710020。该文在 2008 年中国国际共运史年会上主旨发言。

② 转引自刘昀献《10 年来中外学者关于苏联演变原因的述评》，载《河南大学学报》，2002 年第 1 期。又见《新华文摘》，2002 年第 2 期。

## 一、十月革命的胜利，是俄国各种矛盾普遍激化与各种危机无法解脱的结果

十月革命前，俄国是帝国主义各种矛盾的集中点，当政者不去缓和，反而采取了激化的政策。具体矛盾大致有如下几种：其一，民族矛盾。沙俄大帝国的形成，其庞大的领土面积，是软硬两手并用的结果。但主要是靠武力兼并所取决的。这种强征暴敛，本来就在被吞并的民族中种下了仇恨的种子，沙皇政府又采取民族高压政策，推行大斯拉夫民族主义。沙皇政府特意把少数民族大多数男丁送到前线充当炮灰，使其大量惨死他乡。后来成立的克伦斯基临时政府仍不愿退出战争。民族矛盾空前激化。沙俄的130多个民族中，少数民族的人数占一半以上（当时俄国人口1.5亿左右）。一半以上的人们愤怒了，沙皇政府、临时政府还能照样统治下去吗？沙皇政府的垮台就是士兵哗变的直接推动。被压迫民族的人民群起斗争，在中亚细亚的哈萨克斯坦，因反对征兵而爆发了民族起义，参加者达几百万人。

其二，农民与地主的矛盾。列宁把沙俄定为"军事封建帝国主义"，其中的重要表现就是农民与地主的客观大量存在。地主残酷地压榨农民，在沙皇时期一贯如此，临时政府对此没有任何改变，使得农民与政府、农民与地主的矛盾激化，反对征兵、夺取地主财粮、烧毁地主庄园的农民运动接踵而起。

其三，资产阶级与地主农民的矛盾延续。正如恩格斯在1893年2月24日与考茨基夫人共同认识的一样："俄国是被资本主义大工业征服的**最后**一个国家，同时又是**农民人口最多**的国家，这种情况必然会使这种经济变革引起的动荡比任何其他地方都更强烈。由一个新的**资产阶级**土地占有者阶级代替大约50万地主和大约8000万农民的过程，只能通过可怕的痛苦和动荡来实现。但历史可以说是所有女神中最残酷的一个，她不仅在战争中，而且在'和平的'经济发展时期中，都是在堆积如山的尸体上驰驱她的凯旋车。"① 俄国的这一过程，直到1917年还在进行，可见这一矛盾的客观存在与尖锐性。

其四，工人阶级与沙皇政府、临时政府之间的矛盾激化。在1915年秋，俄国工人阶级反对战争，反对沙皇的群众性罢工浪潮急剧高涨起来。1916年，罢工事件达1500多起，参加人数超过100万。二月革命胜利后，临时政府倒行逆施，一面在前线发动进攻，一面又从前线调回军队以便镇压革命。前线进攻的惨败，引起群众的无比愤怒，1917年7月3日，彼得格勒几十万工人和士兵举行示威游行，要求打倒临时政府。

其五，沙皇政府、临时政府与其他帝国主义国家之间的矛盾也严重激化。它们一直坚持在一战中与对手拼命厮杀，就是明证。

这些激化的矛盾，集中到一点，是沙皇政府与临时政府采取反动政策，欺凌下层人民，人民已经不能照常生活下去了，只有进行革命反抗。历史表明，十月革命胜利恰恰是人民大众起义的结果，并不是少数人自上而下强加给俄国的。

另外，十月革命的胜利，又是俄国各种危机无法解脱的结果。

其一，战争的危机。1914年8月，酝酿已久的第一次世界大战爆发。这次战争是帝国主义强盗为争夺世界霸权，重新瓜分世界而进行的非正义战争。战争爆发后，双方的资

---

① 《马克思恩格斯选集》第4卷，人民出版社1995年版，第724~725页。

产阶级政府为了欺骗人民，都极力掩盖其进行战争的目的，宣称自己是为了"保卫祖国"，是正义的，并且都毫不例外地把战争的罪责推给对方。沙皇政府也是如此，并且加入以英法为主的协约国集团，与德、奥匈为主的同盟国集团拼命厮杀。沙俄之所以加入协约国，是害怕德奥要向东、向南扩张，兼并俄国的土地，并且把俄国降低到二流国家的地位。三年下来，战争夺去了俄国数百万人的生命，整个国民经济遭受破坏。大约有40%的工人和农民被迫去当兵，许多工厂倒闭，大片土地荒芜，交通瘫痪，物资奇缺，民不聊生，首都彼得格勒（大战爆发后，将圣彼得堡改名为彼得格勒）的供应情况尤其恶劣。前线士兵饥寒交迫，缺乏枪炮弹药，加上将领腐败，使沙皇军队屡战屡败，德国军队占领了俄西部最富庶、人口最密集的部分地区。所有这一切都激化了工人、农民、士兵和知识分子对沙皇政府的深恶痛绝，连资产阶级也对之不满，越来越认识到只有推翻沙皇的反动统治，才能摆脱战争的苦难。于是爆发了"二月革命"（俄历1917年2月27日，公历1917年3月15日），推翻了罗曼诺夫王朝，逼迫沙皇民古拉二世退位。沙皇民古拉二世是个懦弱的君主，时人把他比做法国大革命时的法王路易十六。他的皇后亚历山大拉（Hlexandro），原为德意志小邦赫斯的公主，是英国女王维多利亚的外孙女。她迷信神道，宠信妖僧拉斯普汀（Rasputin），操纵政事，民怨甚深。但人民关心的结束战争的危机并没解除，俄国的各种矛盾继续发展。

其二，临时政府危机。二月革命是资产阶级民主革命，历史的进步性不言而喻。但建立的克伦斯基资产阶级临时政府起码面对四大危机：一是两个政权并存。沙皇退位后，议会（杜马）代表们就选出了一个委员会来行使国家政权。这个由议会代表们所组成的委员会，自称为临时政府，以李沃夫公爵（大地主）为首脑，克伦斯基（社会革命党人）实际起作用。就在临时政府成立的同时，由起义的工人和士兵建立了工兵代表苏维埃，拥有革命的武装，是工农民主专政的政权机关，对政府进行"监督"。这样就出现了两个政权不对称的并存局面。二是临时政府仍决定在前线进攻，不退出战争，战争又节节失败，民心丧失。三是发生"七月事变"，危机上升。1917年7月13日，彼得格勒几十万工人和士兵举行示威游行，要求推翻临时政府。尽管这次示威是和平进行的，临时政府却派出军队进行血腥镇压，使四百多人伤亡，这就是"七月事变"。接着，临时政府强行解除工人武装，逮捕共产党人，托洛茨基等人被捕，列宁被迫转移到芬兰，俄国民心沸腾。四是临时政府内发生内讧。1917年夏末，临时政府独裁者克伦斯基与俄陆军总司令科索尼洛夫将军的矛盾加剧，克伦斯基指责科索尼洛夫正在策划一次军事政变（这项指责捕风捉影，不确定），于是把被捕的人释放出来，发给武器，让其帮助救平所谓军事政变。结果政府军队不再支持政府。政权的危机全面上升。

其三，社会危机。战争危机、临时政府危机是社会危机的重要表现，又是社会危机的重要动因。临时政府成立时曾昭告在先，说要尽快召开立宪会议，在俄国建立一个崭新的共和制的政府。然而，临时政府虽然进行过改组（1917年5月3日组成策烈铁里·斯柯别别夫和托洛茨基等6个孟什维克和社会革命党人参加的联合政府），克伦斯基越来越独裁、反动。它一次又一次地推迟立宪会议的选举日期。同时，它一次又一次地推迟了土地改革。这时，那些急于要分得土地的农民已经起来打土豪、分田地，而前线上的士兵也纷纷开小差逃离前线，急急忙忙地赶回家去，以期在那即将到来的土地的再分配中分得一份土地。少数民族争吵着要自治，而且有几个少数民族要完全脱离俄国而独立。在这段时间里，临时政府总是坚持把战争进行到底，而这个战争在国内已经越来越不得人心了。数百年来，俄国的统一是靠政府权力而不是靠社会亲和力来维持的，这时俄国分裂了，陷于无政府状态。

可见，临时政府的反动和全国危机呼唤十月革命的到来，这是大势所趋，人心所向，是顺应历史潮流的产物、不能认为是少数人密谋的结果。

### 二、十月革命的胜利，是马克思列宁主义科学指导的结果

俄国激化的矛盾、全面的危机，呼唤推动革命的到来。但如果没有正确理论的指导，或者革命会失败，或者会走错方向，或者会引起俄国的分裂。

马克思主义是科学，列宁主义也是科学。列宁主义不是对马克思主义的背离，恰恰是根据时代新变化与俄国国情对马克思主义的坚持与发展。十月革命之所以会胜利，马克思列宁主义的正确指导功不可没。"没有革命的理论，就不会有革命的运动。"①

马克思、恩格斯的"资本主义论"，创立了唯物史观与剩余价值论，发现了资本家剥削工人的秘密，肯定了无产阶级的伟大历史使命，指出了无产阶级革命迟早会发生的客观必然性。列宁的"帝国主义论"，指出了帝国主义的五大经济特征：垄断突出、金融寡头统治、资本输出扩展、国际托拉斯开始瓜分世界，最大资本主义国家已把世界全部领土瓜分完毕。帝国主义激化了三大矛盾：帝国主义之间、无产阶级与资产阶级、帝国主义与殖民地半殖民地的矛盾。帝国主义就是战争，战争引起革命，帝国主义是无产阶级革命的前夜。无产阶级革命的时间和时机已经到来。宏观上形成了革命即将到来的理论预测和战略准备。没有这个认识，十月革命胜利的全局思维就没有基础。

马克思、恩格斯认为，无产阶级革命必须有必要的物质前提。列宁提出了帝国主义是资本主义的最高阶段，"国家垄断资本主义是社会主义的最充分的**物质**准备。是社会主义的**前阶**，是历史阶梯上的一级"。② 俄国虽然发展资本主义较英、美、法、德等国较晚，但到20世纪初已进入帝国主义阶段。以垄断经济来说，俄国的五金辛迪加垄断了国家全国铁产量的80%以上，煤炭辛迪加垄断了顿涅茨矿区煤炭开采量的3/4，几家最大的银行掌握了股份银行全部资金的80%以上。尤其是第一次世界大战"异常地加速了垄断资本主义向国家垄断资本主义的转变，**从而使人类异常迅速地接近了社会主义**"。③ 列宁强调指出："如果社会主义在经济上尚未成熟，任何起义也创造不出社会主义来。"④ 有人说十月革命胜利是"跨越"的产物，这不太准确。十月革命胜利有必要的物质前提。

马克思、恩格斯认为，在19世纪，资本主义的矛盾在西欧表现得最为突出，所以社会主义革命可能首先在西欧爆发。进入帝国主义时代，资本主义已发展为统一的无所不包的世界体系。列宁论证了社会主义革命将在帝国主义链条的薄弱环节首先突破。他说："经济和政治发展的不平衡是资本主义的绝对规律。由此就应得出结论：社会主义可能首

① 《列宁选集》第1卷，人民出版社1995年版，第311页。
② 《列宁选集》第3卷，人民出版社1995年版，第266页。
③ 《列宁选集》第3卷，人民出版社1995年版，第266页。
④ 《列宁选集》第3卷，人民出版社1995年版，第266页。

先在少数甚至在单独一个资本主义国家内获得胜利。"① "社会主义**不能在所有国家内同**时获得胜利。它将首先在一个或者几个国家内获得胜利，而其余的国家在一段时间内将仍然是资产阶级的或资产阶级以前的国家。"② 俄国是帝国主义一切矛盾的集合点，既有垄断资产阶级和无产阶级的矛盾、大俄罗斯主义势力同各被压迫民族的矛盾，又有人民大众同沙皇与专制主义和农奴制残余的矛盾、俄国帝国主义同外国帝国主义的矛盾。在推翻沙皇专制制度之后，资产阶级临时政府继续推行战争政策，摧残人民民主自由，迟迟不解决土地问题，国民经济濒临崩溃，广大群众忍饥挨饿。要解决和平、土地、面包这些迫切问题，只有实行社会主义革命。在 1917 年，俄国要通过社会主义革命来解决的社会矛盾比西欧国家更为突出，更为迫切。

马克思、恩格斯指出，推翻资本主义和实现社会主义乃是无产阶级的历史使命；社会主义革命必须依靠无产阶级的阶级力量，还要有"再版的农民战争来支持"。③ 列宁论证了俄国无产阶级的特点和优点。俄国无产阶级受沙皇专制主义和资本主义双重压迫，有很强的革命性。它的集中程度高，有很强的战斗力。1910 年时在 500 人以上大企业里做工的人数占工人总数的 54%，而当时在工业最发达的美国也仅占工人总数的 1/3 左右。它具有高度的组织性。例如 1917 年 7 月首都圣彼得堡 66% 的五金工人已经组织起来，这是"红色的"革命组织，而不像西欧工人那样"黄色的"工联主义组织。俄国无产阶级1917 年二月革命后已拥有地方性的苏维埃政权，掌握了一定的武装，已开始实行工人监督。它还拥有广大农民和各民族被压迫人民作为同盟军。这就是说，俄国具有首先进入社会主义的经济条件和政治需要，具有比西欧更强大的领导阶级和广泛的同盟军。

马克思、恩格斯认为，社会主义革命是一场无产阶级推翻资产阶级统治的阶级斗争，革命要取得胜利，无产阶级必须有力量能够战胜资产阶级。西欧英、法、德等国未能首先进入社会主义的重要原因之一，就在于资产阶级富于统治经验，善于玩弄让步、妥协、拉拢、欺骗等手腕。相比之下，俄国资产阶级则较为软弱无力，缺乏统治经验。加之当时帝国主义大战正酣，各主要帝国主义国家正忙于互相厮杀，顾不上支援。这就便于社会主义革命首先在俄国突破。正如列宁曾指出的，欧洲开始革命之所以困难，是因为那里执政的，既不是像（沙皇）罗曼诺夫那样的白痴，也不是像（临时政府总理）克伦斯基那样的吹牛大王，而是资本主义真正的领导者，这种情况过去在俄国是不存在的。列宁在总结俄国革命的经验时写道："一切革命，尤其是 20 世纪俄国三次革命所证实了的一条革命基本规律就是：要举行革命，单是被剥削被压迫群众认识到不能照旧生活下去而要求变革，还是不够的；要举行革命，还必须要剥削者也不能照旧生活和统治下去。只有当'**下层**'不愿照旧生活而'**上层**'也**不能照旧维持下去**的时候，革命才能获得胜利。"④

这些基本理论和创新理论，列宁通过各种渠道与方式使之变成了布尔什维克党的指导思想和意志，具体指导了十月革命。十月革命正是遵循了马克思主义，特别是列宁主义的普遍真理，首先在俄国奏响了世界第一曲响彻云霄的社会主义革命凯歌。

---

① 《列宁选集》第 2 卷，人民出版社 1995 年版，第 554 页。
② 《列宁选集》第 2 卷，人民出版社 1995 年版，第 722 页。
③ 《马克思恩格斯选集》第 4 卷，人民出版社 1995 年版，第 548 页。
④ 《列宁选集》第 4 卷，人民出版社 1995 年版，第 193 页。

### 三、十月革命的胜利是布尔什维克党正确领导的结果

恩格斯在其晚年（1889）曾经说过，"马克思和我从 1847 年以来就坚持这种立场"，"要使无产阶级在决定关头强大到足以取得胜利，无产阶级必须组成一个不同于其他所有政党并与它们对立的特殊政党，一个自觉的阶级政党"。①

列宁在俄国建立的布尔什维克党，就是马克思、恩格斯期望组成的这样的党，即新型的无产阶级政党，正是它在"决定关头"正确领导了十月革命的胜利。

布尔什维克党的"特殊"性和正确领导，体现在下述几点：

第一，布尔什维克党形成一个以列宁为首的、稳定的、团结合作的、职业革命家的领袖群体，在十月革命中起到了核心领导的作用。

列宁说："在现代社会中，假如没有'十来个'富有天才（而天才人物不是成千成百地产生的）、经过考验、受过专业训练和长期教育并且彼此配合得很好的领袖，无论哪个阶级都无法进行坚持不懈的斗争。"② 而且"任何革命运动，如果没有一种稳定的和能够保持继承性的领导者组织，就不能持久"。③"无产阶级的自发斗争如果没有坚强的革命家组织的领导，就不能成为无产阶级的真正的'阶级斗争'。"④ 列宁同时强调革命家组织是党的核心领导力量，有着巨大的作用，他说："给我们一个革命家组织，我们就能把俄国翻转过来！"⑤

后来，布尔什维克党的确形成了这样一个职业革命家的领袖群体：

列宁，是布尔什维克党内公认的领袖。则斯大林，在理论上、军事上、组织上都是一流的。对于托洛茨基，列宁认为"他个人大概是现在的中央委员会中最有才能的人"，"具有杰出的才能"。而对于布哈林和皮达可夫，列宁则说："依我看，他们是最杰出的力量（在最年轻的力量中）。""布哈林不仅是党的最宝贵的和最大的理论家，他也理所当然被认为是全党最喜欢的人物。""皮达可夫，他无疑是个有坚强意志和杰出才能的人。"⑥另外还有把沙皇牢底坐穿的斯维尔德洛夫、安全工作上十分执着的捷尔任斯基、著名政治家奥尔忠尼启则、军事著名将领伏龙芝、布琼尼等。这些人尽管有着这样或那样的缺点，但都忠诚于布尔什维克，紧密团结在列宁周围；列宁则与他们"配合得很好"。英明的领袖与一批优秀的职业革命家群体的形成，是布尔什维克党成熟的重要标志。以前的、当时的西欧其他工人政党没有达到这样的水平和"人气"，就是马克思、恩格斯直接关怀的德国社会民主党也始终没有形成这样的坚强的领导核心，使得他们的社会主义革命始终难以成功。俄国有了这样一个革命家组织，所以他们在历史关键时刻，能团结一致，力挽狂澜，即时决定起义，首先把俄国翻转了过来，十月革命成功了。

第二，布尔什维克党汲取了第二国际改良主义党破产的深刻教训，根据时代的新变

---

① 《马克思恩格斯选集》第 4 卷，人民出版社 1995 年版，第 685 页。

② 《列宁选集》第 1 卷，人民出版社 1995 年版，第 401 页。

③ 《列宁选集》第 1 卷，人民出版社 1995 年版，第 404 页。

④ 《列宁选集》第 1 卷，人民出版社 1995 年版，第 414 页。

⑤ 《列宁选集》第 1 卷，人民出版社 1995 年版，第 406 页。

⑥ 《列宁选集》第 4 卷，人民出版社 1995 年版，第 745 页。

化、俄国的国情，使之逐渐成为组织严密、铁的纪律、密切联系群众的无产阶级先进部队，在十月革命中起到了战斗堡垒的作用。

布尔什维克党是一个先进部队，首先体现在它的思想基础先进、理论科学。布尔什维克明确地把党的指导思想确定为"新世界观"，即马克思列宁主义。列宁说："我们完全以马克思的理论为依据。"① 之所以这么做，就是因为马克思主义是科学，并且是人类历史上各种思想体系中最为科学的一种。早在 1847 年与蒲鲁东的理论争辩的高峰时，马克思就阐明了他和恩格斯代表的学说，是"革命的科学"，列宁主义依然。列宁主义的科学性，就在于它依据了马克思主义的基本原理，是在总结世界各国的革命经验和革命思想的总和中创新出来的。因而它是最科学的理论。正如列宁在谈及唯物史观时指出的，唯物主义并不像某些人想象的那样，"'多半是科学的历史观'，而是唯一科学的历史观"。② 马克思列宁主义的先进性、科学性还体现在它代表着历史上最先进的阶级——无产阶级的利益和意图。"科学越是毫无顾忌和大公无私，它就越符合工人的利益和愿望。"③ "**只有以先进理论为指南的党，才能实现先进战士的作用。**"④ 科学理论的作用是巨大的，一旦它掌握了群众，就会迸发出无穷无尽的力量；旗帜的感召力是突出的，一旦人民群众认识到它的正确，就会义无反顾，勇往直前。

布尔什维克党是一个先进部队，其次体现在它是由无产阶级先进分子所组成。当然，布尔什维克党阶级性非常鲜明，那就是代表整个无产阶级的根本利益和意志。无产阶级的优点和特点是马克思、恩格斯发现和肯定的，那就是革命性、先进性、有组织性。列宁总结第二国际党的积弊，根据俄国国情，提出阶级与党是有区别的："把作为工人阶级先进部队的党同整个阶级混淆起来，显然是绝对不行的。"⑤ 布尔什维克党只是无产阶级的一部分，是最先进、最觉悟、最积极的一部分，是无产阶级中优秀分子的集合点，因而决定了党的先进性，决定了党是无产阶级先锋队的性质。这一规定性和客观实践，对于十月革命以及后来的社会主义建设意义重大。因为，只有布尔什维克党，即共产党"才能团结、教育和组织无产阶级和全体劳动群众的先锋队，而只有这个先锋队才能抵制这些群众中不可避免的小资产阶级的动摇性，抵制无产阶级中不可避免的种种行业狭隘性或行业偏见的传统和恶习的复发，并领导全体无产阶级的一切联合行动，也就是说在政治上领导无产阶级，并且通过无产阶级领导全体劳动群众"。⑥ 在十月革命中，正是这个先进部队冲锋在前，退却在后，因其正确的领导，才使十月革命顺利成功。

布尔什维克党是一个先进部队，还在于它克服了旧式政党以及第二国际党的组织松散、纪律松弛、成员复杂、思想混乱等缺点。实行民主集中制、组织严密、铁的纪律，成为无产阶级的最高组织形式，密切联系群众，同机会主义进行不调和的斗争。1912 年 1 月，俄国社会民主工党在布拉格召开了第二次全俄代表会议。这次会议决定把孟什维克驱

---

① 《列宁全集》第 4 卷，人民出版社 1984 年版，第 160 页。
② 《列宁选集》第 1 卷，人民出版社 1995 年版，第 10 页。
③ 《马克思恩格斯选集》第 4 卷，人民出版社 1995 年版，第 258 页。
④ 《列宁选集》第 1 卷，人民出版社 1995 年版，第 312 页。
⑤ 《列宁选集》第 1 卷，人民出版社 1995 年版，第 473 页。
⑥ 《列宁全集》第 41 卷，人民出版社 1986 年版，第 85 页。

逐出党，从而结束了布尔什维克党与孟什维克形式上联合在一个党的局面。"脱去了肮脏的衬衫"，布尔什维克党呈现出勃勃生机，1917 年十月革命前夕布尔什维克党已拥有 20 万名党员。这种政党组织上先进，力量强大，有铁的纪律规范，得到了群众普遍的拥护，是十月革命胜利的基础和保障。

第三，布尔什维克党制定、实施了正确的路线、方针、政策，为推翻临时政府，促使十月革命的胜利起到了摧枯拉朽的作用。

列宁经过精心研究，公开宣布第一次世界大战是帝国主义重新瓜分世界的非正义战争，布尔什维克党应采取的战略和策略是"变帝国主义战争为国内战争"，"让本国政府在这次战争中失败"。这一惊世骇俗的理论和口号，不仅彻底地揭露了这次战争的罪恶实质，使第二国际、沙皇政府、临时政府"保卫祖国"的谎言大白于天下，而且使俄国人民猛醒而团结。他们团结在布尔什维克周围，推翻了沙皇统治，最后打倒了临时政府，取得了十月革命的胜利。

布尔什维克党是一个革命的战斗的党，也是一个代表最广大人民群众利益的党。它在党内和党外努力排除各种干扰，巧妙地把争取和平、民主、土地、面包和民族解决的各种运动汇为革命的洪流，精心组织群众的政治队伍。俄国绝大多数民众看到了前途，看到了光明。人民是真正的英雄，当人民充分发动起来之日，就是俄国旧政权垮台之时。

布尔什维克党在十月革命中做到了原则的坚定性和策略灵活性的统一。使"无产阶级上升为统治阶级，争得民主"，根本改变国家的阶级内容，摧毁镇压群众的国家机器，建立无产阶级专政的国家，这是根本原则与近期目标。布尔什维克党从未为此动摇过。但采取什么样的方式，是暴力革命，还是和平方式，这取决于阶级力量的对比，特别要看革命的武装力量掌握的程度。俄国二月革命后，曾经出现过短暂的"两个政权并存的局面"，苏维埃手中有武装，临时政府内矛盾重重，列宁曾提出过和平夺取政权的方式，并为此做过努力。"七月事变"后，两个政权并存的局面消失，临时政府对革命者大肆镇压，和平发展的方式和道路被资产阶级临时政府堵塞，布尔什维克党适时、坚决贯彻武装起义的方针，抓住克伦斯基与科尔尼洛夫的内讧的大好时机，于 1917 年 11 月 7 日（俄历 10 月 25 日）一举拿下了彼得格勒和莫斯科，取得了十月革命的胜利。之后，以此为基础，向俄国其他地方凯歌行进，1918 年 2、3 月间，革命在全国范围内取得胜利。1918—1920 年苏维埃政权先后粉碎了高尔察克、邓尼金、尤登尼奇和弗兰格尔等在西方 14 国策动和支持下的叛乱和联合进攻，保卫和巩固了新生政权。十月革命最终取得了胜利。

## 四、十月革命的胜利，具有深远的历史意义和鲜明的现实意义

恩格斯在他的晚年（1890 年 9 月 21 日）给约·布洛赫的信中有一经典名言："历史是这样创造的：最终的结果总是从许多单个的意志的相互冲突中产生出来的，而其中每一个意志，又是由于许多特殊的生活条件，才成为它所成为的那样。这样就有无数互相交错的力量，有无数个力的平行四边形，由此就产生出一个合力，即历史结果，而这个结果又可以看作一个作为整体的、**不自觉地**和不自主地起着作用的力量的产物。"①

十月革命的胜利，恰恰是恩格斯认为的这个许多平行四边形的各种力，"融合为一个

---

① 《马克思恩格斯选集》第 4 卷，人民出版社 1995 年版，第 697 页。

总的平均数，一个总的合力的结果。这"无数互相交错的力量"，在整个十月革命胜利的过程中，可能每一个力量是直接的、间接的、隐形的、公开的、巨大的、微小的，但组合在一起力量是巨大的、摧枯拉朽的。本文着重强调和讲述了上述的三个方面，认为是最重要的，但并不否认其他力量的作用。这就是十月革命胜利的真正的历史逻辑。《共产主义实录》一书否认，甚至歪曲这个逻辑，与书的作者的世界观、历史观一致，经不起历史的考验与实践的检验。

关于十月革命胜利深远的历史意义，学界作过许多有见地的概括。在21世纪的今天，特别是社会主义处在低潮的情况下，从下述角度考察更有意义：

其一，从对苏联和当今的原苏联地区国家的影响看：豪气长存。

1917—1922年，十月革命给俄国人民带来的是什么？是翻天覆地的变化。一方面，在俄国首先出现了一个全新的社会制度，即人民当家做主的制度，建立了人民民主专政的国家。这是剥削阶级颠倒的历史由人民重新颠倒过来的大转变。历史本来是人民创造的，但进入有产阶级社会以来却被有产阶级独占统治地位，这种极不合理的事实被十月革命重新颠倒过来。这是俄国人民历史地位的根本改变。另一方面，俄国退出了罪恶的帝国主义战争，使俄国人民不再遭受不义战争的摧残；平定了反革命的叛乱和帝国主义的联合干涉，使苏维埃俄国出现了相对稳定的政局，人民可以安居乐业，同时治理战争创伤。

1922—1991年，十月革命给苏联人民留下的是什么？苏联解体后，有人追索十月革命的责任，说是"早产儿"，这不恰当。我认为十月革命胜利恰恰是各种条件综合"成熟"的结果，是"十月怀胎，一朝分娩"，可能个别条件有缺憾，但总体条件成熟了。后来苏联一度成为世界上两个"超级大国"之一，这是客观事实。所谓"超级大国"，内含两个层面，一是综合国力超级别，二是在世界上称王称霸的国家。苏联搞全球霸权主义，是苏联后来解体的重要原因。但苏联曾几何时在综合国力上达到仅次于美国的水平，即苏联综合国力在世界第二的水平。这是一种辉煌、一种罕见的上升。这个成就是如何取得的？与十月革命有否关系？答案是肯定的，生产关系的革命性变革，已被人们公认为是历史前进的表现和动力，十月革命胜利后实行的公有制，是史无前例的，也是功不可没的。至于后来，公有制"超度"，成为阻力，那是错误，是实践的偏差。不能以后者否认前者。生产力的大解放，人的精神面貌焕然一新，是十月革命胜利的直接产物，也是苏联综合国力猛升的主要活力。至于后来，苏联人民的积极性减退，是后来众多错误作为挫伤的结果，也不能记到十月革命的账上。苏联模式，人们议论得最多，讨伐之声盈耳，究其实，苏联模式"新形成的高度集权的经济政治体制在当时确实起过巨大的历史作用，显示了社会主义的优越性"。[①] 十月革命所追求的以马列主义为指导，共产党的领导、人民民主专政、社会主义道路等内含其中。至于这个模式后来出现一党揽权、个人专权、层层集权、干部特权、对外霸权现象，在马克思列宁主义中则没有倡导，十月革命胜利的目的中也没有这些。奉行和平外交，这是十月革命的动因和目标之一，苏维埃政权建立的同时，所公布的"和平法令"就是明证。苏联一直坚持反对帝国主义、殖民主义、种族主义、法西斯主义、西方特别是美国的霸权主义，这无可厚非，但采取大党主义、大国主义，后来逐步膨胀到采取超级霸权主义的战略和政策，就明显违背了马克思列宁主义，背

---

① 周作翰：《求真思录》，湖南教育出版社2001年版，第98页。

离了十月革命的初衷。害人、害己、害人民。

1991 年以来，苏联因为各种原因解体了，资本主义在原苏联地区复辟了。苏联的解体，把苏联沉积的"脏水"泼掉了（如霸权主义），但也把社会主义这个艰难中培育的"孩子"丢弃了。从这个意义上说，十月革命的成果被毁了，这是一个历史性的悲剧，应该从中认真地总结其经验教训。但如果简单地说十月革命的影响在现今的原苏联地区不存在了，这也不客观。十月革命胜利的历史毕竟主要是人民创造的，它是一种进步，它是一种辉煌，它是一种精神，它是一种客观存在。列宁的光辉著作，并没因苏联的解体而消失；阿夫乐尔的炮声仍在世界人们的心中回荡；每年的十月革命纪念日，仍有成千上万人以各种方式纪念；共产党的主要文献中并没抹去十月革命的丰功伟绩。

其二，从对人类历史和世界历史影响看：四大开辟。

十月革命是人类历史上一次划时代的革命，它从根本上推翻了人剥削人的制度，在世界 1/6 的土地上建立起第一个无产阶级专政的国家，这就改变了整个世界历史的方向，划分了整个世界历史的时代，开辟了从资本主义旧世界进到社会主义新世界的新纪元。

十月革命冲破了世界帝国主义战线，动摇了帝国主义的统治中心，在俄国这样一个帝国主义大国里，推翻了资产阶级的统治，无产阶级掌握了国家政权，使广大劳动群众得到了解放，这就为世界各国无产阶级和劳动人民树立了光辉的榜样，增强了他们斗争的勇气和胜利的信心。十月革命开辟了世界无产阶级革命和无产阶级专政的新纪元。

十月革命的胜利，打击了帝国主义的后方，动摇了帝国主义在殖民地、半殖民地的统治，鼓舞了殖民地、半殖民地人民的革命斗争。十月革命"在社会主义的西方和被奴役的东方之间架起了一座桥梁，建成了一条从西方无产者经过俄国革命到东方被压迫民族的新的反对世界帝国主义的革命战线"。① 十月革命开辟了民族解放运动的新纪元。

十月革命使得马克思主义关于无产阶级革命和无产阶级专政的理论变成了现实，这就从实践上证明了马克思主义的科学性，宣告了第二国际的破产。而十月革命的胜利，又以它极其丰富的斗争经验发展了马克思列宁主义，为世界无产阶级解放开辟了胜利的道路。

其三，从对中国历史的发展进程影响看：史无前例。

十月革命对世界的觉醒，对中国的觉醒，影响是巨大的。十月革命一声炮响，给中国送来了马克思列宁主义，使得中国的面貌焕然一新。十月革命送来的马克思列宁主义，使得中国众多在苦苦探寻中方向不明的志士仁人和希望革命的知识分子眼界大开，精神振奋。陈独秀、李大钊、毛泽东、蔡和森、董必武、李达、周恩来等革命领袖脱颖而出，在中国革命史中群星灿烂，英气勃发，群体决心"走俄国人的路"，救国救民。就连中国革命的先行者孙中山也为十月革命的精神所倾倒，公开宣布把旧三民主义改为"联俄、联共、扶助农工"的新三民主义。

"如果没有十月革命，中国革命的胜利是不可能的。"② 这是因为中国共产党创立到逐步成长壮大，直到最后带领中国人民建立新中国，十月革命的影响始终如影随形。北伐战争、土地革命、抗日战争、解放战争，直到把国民党政府赶到台湾岛上去，均与十月革命的道路、十月革命的精神与中国实践结合相关，结合得好，胜利就大，结合得不好，就

---

① 《斯大林全集》第 4 卷，人民出版社 1956 年版，第 149 页。
② 《毛泽东文集》第三卷，人民出版社 1996 年版，第 261 页。

会经历曲折，遭受重大损失。但从整体上看，是结合得好的，终究中国革命成功了。中国革命学习十月革命的经验是诚心的，但逐渐突出中国特色，农村包围城市，武装夺取政权的中国革命道路的实施，与十月革命道路实质一致，但运作的先后顺序有异。中国共产党学习十月革命的经验，建立了人民的军队，其中有一条党领导军队双方是一致的，这个人民的军队的名称开始也称"赤卫队"、"红军"，领导机构为"中国工农红军革命委员会"。后来才根据环境与任务的改变，改为"八路军"、"新四军"、"解放军"。在瑞金建立了"中华苏维埃共和国中央政府"，后来改为中华人民共和国。统一战线的方式方法是从布尔什维克那儿学来的，但后来扩展为"三大法宝"，做得更有成绩，更符合中国国情。使得"中国共产党所领导的人民革命，从来就是十月革命所开始的世界无产阶级社会主义革命的一个组成部分"，① 并且更具中国特色。如果说十月革命的胜利开辟了人类历史的新纪元，那么，中国革命的胜利则开辟了人类历史的次纪元（第三个最伟大的胜利②）。

十月革命经验对中国社会主义建设也有直接或间接的影响。正如毛泽东所说："中国人民感到幸运，因为有十月革命和苏联社会主义建设的经验，使自己可以减少或者避免许多错误，可以比较顺利地进行自己的事业。"③

从十月革命胜利对现实的启迪看，具有如下意义：

其一，"不忘老祖宗"，重视理论创新。这是十月革命，中国革命成功的基本经验之一。十月革命之所以能够胜利，以列宁为首的布尔什维克党正是依据马克思主义的精神，并不拘泥于马克思主义的词句，而且敢于抛弃某些过时的结论，把马克思主义创造性地运用于帝国主义时代的俄国，形成了列宁主义，适时领导俄国无产阶级和人民大众去夺取社会主义革命的胜利，为开创世界社会主义的第一个阵地树立了不朽的功勋。中国革命的胜利，首赖毛泽东等中国共产党人把马列主义普遍真理同中国的具体实践相结合，形成了毛泽东思想。没有马列主义、毛泽东思想的指引，中国就不可能实现社会主义。西方其他发达国家，多数发展中国家没有革命胜利，一则是因为统治阶级的强大；二则与这些国家的共产党或把马列主义当成洪水猛兽，或者像《共产主义实录》一书的观点一样把它看成异端邪说、伪科学相关。这是这些国家的广大劳动人民的教训和悲哀。

社会主义建设是比之夺权斗争更艰巨、更细致、更考验理论指导的事业。把马克思主义当教条不行，丢弃马克思主义的正确指导也不行。极左或极右都会使社会主义事业遭受损失，甚至毁掉社会主义。对此，苏联和中国都有深刻的教训，当然也有经验。苏联综合国力一度猛升，中国社会主义的辉煌，都是理论上不忘老祖宗又与时俱进的结晶。中国"左"的错误，曾把中国折腾得够呛。苏联从辉煌到解体，其中把马列主义当教条（如固守苏联模式，中止列宁的新经济政策，拒绝社会主义市场经济），背离马列主义（外交上先是犯大党主义、大国主义错误，后来发展到犯大搞霸权主义严重错误），公开丢掉了马列主义（戈尔巴乔夫把马列主义换成资本主义实质的"民主的人道的社会主义"）都是重

① 《毛泽东文集》第 7 卷，人民出版社 1999 年版，第 314 页。

② 毛泽东认为，第一个胜利是十月革命；第二个是"二战"胜利，第三个是中国革命胜利。参见《毛泽东文集》第 5 卷，人民出版社 1996 年版，第 261 页。

③ 《毛泽东文集》第 7 卷，人民出版社 1999 年版，第 314 页。

要原因和深刻教训。

十月革命的经验告诉世人，社会主义辉煌与曲折的现实警醒世人。马克思主义是科学，其基本立场、观点、方法是科学的，其实质是穷人的理论，是穷人翻身求解放，过上富裕、安康、幸福生活的理论。富人不喜欢这个理论，所以千方百计地诽谤它，诋毁它，想把它置之死地而后快。共产党人千万不能上这个当。丢掉了马克思主义，就等于丢掉了穷人的灵魂，使穷人无所适从，在茫然（思想危机）中"跟着感觉走"，难免会走错路，办糊涂事。与此同时，解放思想、实事求是，与时俱进又是马克思主义的精髓，把马克思主义当教条，采取教条主义的态度，与马克思主义格格不入。正确的做法是，在坚持马克思主义的同时，必须把马克思主义的基本立场、观点、方法与时代的变化、本国的国情、社会主义的进程有机地结合起来。照搬不行，篡改不行，丢弃更可恶。马克思列宁主义、毛泽东思想、邓小平理论、"三个代表"重要思想、科学发展观，都是一脉相承的创新理论成果。苏联的列宁主义之后，斯大林也在理论上有新贡献，但已有明显的理论缺憾。苏联后来领导人，理论上的新东西不多，倒是理论上教条、背离、丢弃越来越严重，最终搞垮了苏联。中国则在认真总结苏联的经验教训的基础上理论硕果累累，使得中国社会主义事业蓬勃发展。坚持正确理论的同时进行理论的创新，是十月革命胜利、社会主义建设事业不断推进的不竭源泉、动力和必要条件。

其二，"心系老百姓"，始终代表最广大人民群众的根本利益。

十月革命的目的，说到底就是为了俄国劳动人民的根本利益。当时俄国劳动人民需要什么？需要民主，把剥削阶级颠倒的历史，再重新颠倒过来，人民真正当家做主。十月革命实现了这些，把资产阶级临时政府推翻了，建立了无产阶级政权、工兵农代表苏维埃政府。解决了人民迫切要解决的和平问题，退出"一战"，免遭非正义战争的蹂躏、摧残和杀戮，过上了安定、平静的正常生活；解决了土地和面包问题，人民有了土地，有了粮食、面包和必要生活用品。所以在十月革命中，俄国人民支持十月革命是真心的、全心全意的。中国革命的胜利更是如此。

打江山难，巩固和长久地维持江山更难。难在哪里？涉及的层面很多，其根本是新生政权能否真正代表最广大人民群众的根本利益。得民心者得天下，失民心者失天下，这已成为历史的规律、客观的真理。苏联的领导者、路线、方针、政策前期深得民心，苏联人民就拥护，社会主义建设就搞得生机勃勃，有声有色；后期的领导人或固步自封、或对外搞霸权主义、或改革时改变方向，使得国家动荡，经济停滞，政治出现危机。中国几代领导人总结了这方面的经验和教训，形成了邓小平理论、"三个代表"重要思想、科学发展观，并制定、实施了相应的方针政策。人民的向心力在增强，中国特色的社会主义建设更有希望，世界社会主义的认可程度在提升。

历史警示世人，人民的根本利益不可违。谁失掉老百姓的信任，谁迟早要受到历史的惩罚。

其三，重视新型无产阶级政党的建设和领导作用。

建设一个什么样的党，怎样建设党？并非是近些年才提上议事日程的。列宁早就进行了长期的努力，有了成功的经验：一是用革命理论和革命风格武装党；二是以严格的条件、铁的纪律组织党；三是使党由无产阶级先进分子组成，又密切联系群众；四是重视职业革命家、忠诚于无产阶级革命事业的人才的培养教育；五是制定和实施正确的路线、方针、政策；六是布尔什维克党成为执政党后，列宁很快地使之中心转移，千方百计地抓经济，扎扎实实地搞建设。这些使党经受住了内外压力的考验，从根本上保证了十月革命的胜利，使得相对落后的苏联综合国力不断上新台阶。苏联后来的解体，很大程度上是共产党出了问题：在党内大搞个人崇拜、连续的终身制，奉行大党主义、大国主义，甚至后来的超级霸权主义；在政治上严重损害了社会主义的形象；在经济上严重地阻碍了发展的活力；在外交上成为与美国一样人人喊打的对象。戈尔巴乔夫在位六年，最终搞垮了苏联共产党，先是在宪法中删去了"共产党领导"的条款，1991 年 8 月 22 日干脆辞去共产党总书记的职务，建议解散苏联共产党，导致苏联很快解体，教训空前。

共产党的领导，与马克思主义的指导、人民民主专政、社会主义道路一起，是任何搞社会主义的人们、国家必须坚持的四项基本原则，须臾动摇不得，削弱不得，丢弃不得。是被邓小平晚年一再坚持、一再提醒的与资本主义根本区别的"特色"。列宁坚持了这个"特色"，在俄国搞成了一个震撼世界的十月革命，后来的苏联逐渐丢掉了这个"特色"，使苏联人民重新饱受动荡的苦果；现今的中国坚持这个"特色"，并且特别重视共产党的建设和领导，中国的社会主义建设就欣欣向荣，蒸蒸日上。

历史是现实的一面镜子。十月革命的历史、精神、经验是人类社会的宝贵财富。它昔日开辟了人类历史的新纪元、新方向、新道路，它现今仍在激励奋发向上的人们、国家不断进取，探索新路、逆境中奋起。社会主义代替资本主义是人类历史的总趋势，虽然它会经历这样那样的曲折、考验，但终将会以扎实的步伐实现共产主义的宏伟目标。

（戴德铮　武汉大学政治与公共管理学院教授）

# 国家安全与国际安全关系透视

刘胜湘　邓　彪　朱伯清

**摘要：**20世纪末，随着全球化的迅猛发展，各国间的相互依赖更加紧密，国家安全与国际安全之间的界限也越发模糊，探讨国家安全与国际安全的互动成了国际政治不可回避的话题。本文分析了安全、国家安全与国际安全的含义、国家安全与国际安全的背离与统一、国家安全与国际安全的三种关系状态以及中国国家安全与当今国际安全的关系，提出在全球化的进程中，国际安全正越来越引起人们的关注，国家安全与国际安全互动出现新动向，中国外交需要抓住这一战略机遇，谋求实现国家安全与国际安全的双重目标。

**关键词：**国家安全　国际安全　互动关系　安全平衡

据考证，"国家安全"的现代用法最早出现在美国报纸专栏作家沃尔特·李普曼（Walter Lippmann）1943年的著作《美国外交政策》中。① 从这以后，国家安全一直以来是国际政治学科中出现频率最高的词汇之一。然而至20世纪90年代以来，伴随着全球化的浪潮，国际安全取得了近乎同样显要的地位，国际安全受到普遍的关注，并作为理论研究，实际观察和努力追求的对象，这是前所未有的。② 如何定位国家安全与国际安全的关系具有前瞻性，尤其对于正在迅速发展的中国，寻求国家安全与国际安全的平衡关系具有长远的指导意义。

## 一、安全、国家安全与国际安全的定义

从古至今，人们对安全问题都给予了极大的关注，尤其是近百年来，随着国际政治学科的产生，安全又衍生出国家安全和国际安全等术语。然而，在国际政治领域中，一些国内外学者对安全及其相关概念却有着不同的解读，有的侧重安全的主观性，有的侧重安全的客观性，也有的将安全的主客观属性并重。

**1. 安全含义的解读与界定**

（1）安全含义的不同解读。首先从社会生活中来看，关于安全的基本含义，在汉语中，《现代汉语词典》对安全的解释是：没有危险，不受威胁，不出事故。③ 在《韦伯国际大词典》中对安全的解释则更为具体，安全主要包括如下三个含义：安全的状态或特

---

① 王逸舟：《全球化时代的国际安全》，上海人民出版社1999年版，第37页。

② 时殷弘：《国际安全的基本哲理范式》，载《中国社会科学》，2000年第5期，第177页。

③ 吕叔湘，丁声树：《现代汉语词典》（修订本），第3版，商务印书馆1996年版，第7页。

征，没有恐惧，不受损害；预防措施和防御手段，指通过相应的手段和措施来维护安全；维护安全的机构。①

在国际政治领域中，一般认为：安全就是客观上不存在威胁，主观上不存在恐惧。王逸舟指出安全是行为主体（不论是个人、国家或其他集团）在自己生活、工作和对外交往的各方面能够得到或保持一种不受侵害、免于恐惧，有保障的状态。② 这一定义中安全的主体契合了巴瑞·布赞等学者在《安全——新的分析框架》一书中提出的纵向分层中的单元层次，且从主观和客观上阐述了安全的内涵。另外，阿诺德·沃尔弗斯（Arnold Wolfers）认为："安全，在客观的意义上，表明对所获得的价值不存在威胁，在主观的意义上，表明不存在这样的价值会受到攻击的恐惧。"③

还有一些学者，如丹尼尔·弗雷（Daniel Frei）、罗伯特·杰维斯（Robert Jervis）认为安全并没有确切的定义，他们认为安全不过是一个模糊的象征，非要对安全做出一番解释则需要联系具体的情况。对于安全概念的模糊性，卡尔·多伊奇（Karl Deutsch）也表示赞同，他认为安全意味着和平及和平的维护，但是，由于安全作为一种价值，同样是享受其他许多价值的方式和条件，所以它的含义往往是不明确的。然而，作为国际政治学科中的重要概念，安全若不给予明确的界定，则会给学术交流带来极大的不便。

（2）安全含义的界定。在汉语中，安全被解释为"没有危险，不受威胁，不出事故"，安全往往关乎"生死存亡"的问题，往往与危险、伤害相对。汉语中有个成语叫"居安思危"，说的就是要努力避免危险状态的产生。在英语中，为世所公认的权威英语学习工具书《牛津高阶词典》对安全的首要解释是：使国家、社区或个人免遭攻击，免于危险。④ 此外，前面提到的《韦伯国际大词典》同样侧重于安全为一种客观上不受损害，不存在威胁因素的状态。安全具有客观属性，一些学者强调主客观并重，认为"所谓安全，主观上指不存在担心外来攻击的恐惧感，客观上指不存在外来攻击的状态或现实"。⑤ 这种观点则是泛化了安全的定义，因为主观上的恐惧主要指的是一种感觉，而安全感并不是安全。安全的定义一直存在争议也正是由于没有对安全及其相关概念进行严格区分。所以，我们可以将安全定义为：安全就是没有威胁因素的存在，客观上不受威胁和损害。

### 2. 国家安全的定义

国家安全同样侧重其客观上的安全，国家是否安全则看一个国家是否处于一种稳定、和平的状态，国家利益是否不受损害、不存在危害损害国家利益的因素。《大不列颠百科全书》对国家安全的解释是：一般来说，国家安全指因外部强国的控制甚至侵略的危险所引发的民族安全，同样也包括国际关系中一国生死攸关的权利和利益的安全，这种安全

---

① Webster's Ninth, *New Collegiate Dictionary*. Merriam-webster + Inc. , 1983：1062.

② 王逸舟：《论综合安全》，载《世界经济与政治》，1998 年第 4 期，第 5 页。

③ Roger Carey & Trevor C. Salmon, *International Security in the Moern World.* New York City：St. Martin's Press, 1992：13.

④ 《牛津高阶英汉双解词典》第六版，商务印书馆，香港：牛津大学出版社（中国）有限公司 2004 年版，第 1569 页。

⑤ 李瑛：《多极化时代的安全观：从国家安全到世界安全》，载《世界经济与政治》，1998 年第 5 期，第 42 页。

是任何组织良好的民族共同体中的人在其私人交往中均享有的。① 这种解释强调在国家生死存亡上的一种权利和利益的安全。进入 21 世纪以来，由于非传统安全隐患的出现，各国的安全形势发生了深刻的变化，国家安全的内涵也相应地发生了改变。在冷战结束以前，国家安全主要指国家军事安全，而到了冷战后，威胁国家安全的因素日趋复杂化、多样化。国家安全不仅受到传统国家安全领域的领土争端、民族矛盾、宗教纷争等诸多因素的困扰，还受到来自大规模杀伤性武器的扩散、恐怖活动、生态危机等非传统安全因素的威胁。这使得国家安全的主体不断扩大，要素不断增多。安全主体由一国延伸到他国，使得无政府状态下的国际社会、国际安全形势更趋复杂化。然而，不管国家安全形势如何变化，其不变的是每一国要保障自身安全，而最重要的就是保障本土在客观上不受到外力的损害和侵犯。因此，我们可以将国家安全定义为国家利益不受危胁、破坏，国家处于一种稳定和平的状态。

### 3. 国际安全的定义

相对于国家安全，由于国际体系的主体多样、复杂，国际安全的内容及定义则更难以界定。由于国际社会长期处于不稳定的无政府状态，一直以来，国际安全更多地强调的是一种客观属性的国际安全。在众多国际政治学者中，英国学派的主要代表人物之一海德利·布尔（Hedley Bull）对于国际安全及其概念的探讨取得了相当的成就。布尔在对国际安全进行界定前首先提出了国际安全的起码标准，这一标准包括三条：国家免于遭受外部暴力侵害；国际承诺和协议得到遵守；国家主权和领土完整得到保障。在此基础上，布尔从国际视角提出另外两项标准：首先是国际社会本身的保存，这意味着阻止超级大国图谋霸权，避免将国际社会转变成"普遍帝国"；其次便是国际社会的和平。② 结合安全的定义和布尔对国际安全的相关阐述，我们可以将国际安全概括为：国际社会的和平、稳定不受威胁，国际社会的各行为体不受损害，国际承诺和协议得到遵守。由于国际社会长期处于无政府状态，加之非传统安全的威胁因素增多，国际安全似乎愈发难以保障。同时，各国在维护本国的国家安全时，同样无法绕开国际安全而独善其身，新的国际形势和全球化的进程促使人们重新审视国家安全与国际安全的关系。

## 二、国家安全与国际安全的背离与统一

在当前，以国家为最重要的行为体的无政府体系下，各国往往以维护本国的安全为最终取向来制定对内对外政策，这样国家安全与国际安全必然会有相互冲突的地方。然而，近几十年以来，全球化的进程又使得国家安全与国际安全在某些层面出现了交集。

### 1. 国家安全与国际安全的背离

（1）国家安全的实现以破坏国际安全为代价。自从让·布丹（Jean Bodin）的"国家主权说"提出以来，尤其在 1648 年《威斯特伐利亚和约》确立"国家主权至上"原则之后，国际主权的特殊地位被凸显出来。随后，国家安全概念又被提出，国家安全便开始作为安全的核心被思考和研究。在无政府状态下，国家一直是国际社会中最核心的行为主体，各国关心的只是自己的利益是否受到损害。

---

① Encyclopedia Britannia, *Chicago London Toronto*: *Encyclopedia Britannia*, LTD, 1953：263.
② 时殷弘：《国际安全的基本哲理范式》，载《中国社会科学》，2000 年第 5 期，第 179 页。

尤其在现实主义看来，国家是国际政治中最主要的行为体，其理论以无政府状态、人性恶为分析基点，获取最大利益为终点。这样必然导致国家之间的争权夺利，增强自身军备，各大国为谋求自身安全利益，而将国际社会推向不安全的境地。

此外，在一些非常时期，一些国家为增强本国安全，不惜以损害国际安全为代价来获取本国国家安全的收益。如果国际社会存在不安全状态会对 A 国有利，而对对手 B 国有害，A 国还有可能进一步破坏国际安全，甚至把国际安全的受损看成是促进本国安全的一种手段。这样一来，国家安全与国际安全背道而驰。

两次世界大战中，美国在战争爆发的初期都温文尔雅地置身事外"中立"，向参战方出售军火，大发横财。尤其在"一战"中，美国甚至希望同双方都做贸易（由于英国海军对同盟国的封锁，以德国为首的同盟国跟美国之间的贸易才不如协约国），让双方拼得筋疲力尽，待到双方战局愈发明朗之际，美国才参战，以最小的代价获取最大利益。在这一过程中，可以说美国的权力得以扩张，国家安全进一步得到保障，而国际安全状况则在战争的泥淖中越陷越深。在近代国际关系史上，这样为维护本国安全而破坏国际安全的例子不胜枚举。

（2）国际安全的实现要求国家安全的让渡。冷战结束后，全球化进程迅猛发展。谈到安全问题，人们更多趋向于转向国际层面，国家间在安全上的合作也越来越广泛。然而，尽管各国的相互依赖程度加深了，但是各国的博弈仍然存在，国际安全困境仍在起作用。这样一来，在这种矛盾的现实中，一些居于主导性地位的大国或是其主导的国际组织便会以维护国际安全为目的来阻止或干涉这些国家的行为，甚至破坏这些国家的国家安全。

在一战结束时，美国总统威尔逊带着他的"十四点计划"极力推崇成立国际联盟，建立国际机制来维护国际安全，主张采用集体安全的模式，使用包括战争在内的手段来变更专制国家的国内体制，使之民主、和平。这可以说是为和平而发动战争，为国际安全而损毁国家安全。①

从另一角度来说，国际安全在实现过程中必然限制和约束了各主权国家的相关权力。国际安全通过相关国际机制发挥作用，进而维护国际安全，就必然要求各国让渡一部分主权给相关的国际机制，尤其在安全问题上。近几十年来，发展势头良好的欧盟，为实现其整体安全，制定了共同外交与安全政策，而这一政策的推行需要也要求进一步减少或消除其政府性质，建立、加强和行使超国家权力，但这种超国家权力的加强意味着国家主权的相对削弱。② 类似于欧盟的地区安全，要实现国际安全，同样要求各国将本国的军力投入到一个更高级的组织范围内进行统一调度，然而这势必会影响一国的国家安全防务能力。另外，让渡本国的主权给相关国际组织，本身就是一种国家安全的受损，因为在传统安全观看来，实现安全所要保卫的东西，最根本的就是国家的主权地位。③

**2. 国家安全与国际安全的统一**

尽管在无政府状态下，各国为保障自身安全，努力寻求维护自身安全的各种方法，在

---

① 时殷弘：《国际安全的基本哲理范式》，载《中国社会科学》，2000 年第 5 期，第 184 页。

② 刘文秀，埃米尔-J-科什纳等：《欧洲联盟政策及政策过程研究》，法律出版社 2003 年版，第 455 页。

③ 李少军：《国际政治学概论》，上海人民出版社 2005 年版，第 218 页。

一些时候，国家安全的实现与国际安全的实现可能会走向相反的两个极端，但是国家作为国际社会的组成部分，作为国际社会的子系统，国家是否安全必将直接影响到整个国际社会是否稳定。同样，国际社会作为国家的母系统，在整体上，其和平与稳定与相关国家的安全密切相连。

（1）国家安全与国际安全互为前提。在国际社会中，安全总是一定关系的产物。国家之间或国家与国际社会之间的互动才产生了安全问题。作为部分与整体的关系，一个国家的不安全则是国际社会动荡的最大威胁。要保证国际社会的安全必然要求各国的和平稳定。同样，一个稳定有序的国际环境也为各国实现国家安全提供了条件。反之，即使在一个原本稳定和平的国家，若周边国家处于长期战火之中，很难保证该国的安全状况会持续好下去。目前中东，一个动荡的伊拉克足以对整个中东地区的安全带来巨大挑战。加之该地区石油资源丰富，全世界大部分国家的经济状况都有可能因伊拉克的混乱局势陡然变坏，从而引起整个国际社会的安全状况恶化。

（2）国家安全与国际安全互为目的。国家是国际关系中的主要行为体，是安全的指示物。[1] 尽管全球化的浪潮一浪高过一浪，但主权国家作为国际社会最主要行为体的地位并未撼动。因此，在目前，国家安全依然是人们寻求安全的最终归宿。当今国际政治的三大主流学派在讨论安全问题上均将国家安全作为出发点和最终的落脚点。现实主义主要通过均势的手段来寻求国际社会中的各大国间的平衡，维护国家安全。自由主义其相互依存安全观和制度安全观的基本出发点是国家安全……建构主义也没有跳出国家安全的传统框架。[2]

国际联盟的盟约中第一句话就是：各缔约国为促进国际合作，保证国际的和平与安全，承担不从事战事的义务。联合国宪章开门见山地指出，欲免后世再遭今代人类两度身历惨不堪之战祸，维护国际和平与安全是联合国人民的决心。话虽这么说，但人们不禁要问：如果不是为了自身国家安全谁会支持这种所谓维护国际和平的盟约和宪章呢？[3] 正是为了最终更好地保障本国的国家安全，所有成员国才会共同遵守联合国宪章，维护国际安全，也正因为这样，联合国才发展到了今天。反观国际联盟，由于一些成员国认为遵守其盟约并不能保证本国所谓的国际安全，才先后退出国联，希望用战争的方式来维护"本国安全"。可以说，在很大程度上，国际安全是以国家安全为取向的。

（3）国际安全是一种系统化的国家安全。在某种意义上，国际安全是国家安全的外延。国家安全与之所处的国际安全结构状态有直接的联系，而这种安全的结构构成一种系统，这一系统决定各国尤其是各大国的安全秩序，在这一系统中，国家安全是实现国际安全的载体。在全球化的时代，由于非传统安全的隐患的出现，国家安全与国际安全的联系更为紧密。我们不仅要将国际安全作为国家安全这一开放大系统的外部环境来看待，而且需要把国家安全作为全球安全和国际安全这个更大的社会系统中的子系统来看待，必须从

---

① 李少军：《国际政治学概论》，上海人民出版社 2005 年版，第 200 页。
② 刘胜湘：《西方国际安全理论主要流派述评》，载《国外社会科学》，2005 年第 3 期，第 21 页。
③ 郭学堂：《集体安全与权力均势——兼析国际政治体系的演变》，载《中国社会科学》，2001 年第 2 期，第 167 页。

国际安全的广阔视野中审视国家安全。① 在当代世界一体化的国际大系统中，要保障国家安全必须保障其系统化的国际安全，各大国必须摒弃冷战的遏制、对抗思维，坚持互信合作，努力营造全球范围的国际安全。

### 三、国家安全与国际安全的三种关系状态

20 世纪以后，伴随着国际政治学科的产生与发展，各种国际政治理论学派在国家安全与国际安全的地位孰轻孰重这一问题上有不同的见解。另外，从历史来看，自《威斯特法利亚和约》确立了国家主权原则，到 19 世纪末 20 世纪初，国家安全一直作为安全的首要取向被人们思考着，而在 20 世纪上半叶历经了两次世界大战后，人类开始意识到，安全考虑的范畴不应该仅仅限于某个国家，在不同的时期人们开始倾向于不同的安全取向。

#### 1. 国家安全重于国际安全

以现实主义为理论基底的传统的国家安全观一直主导着人们对国家安全的认识。② 现实主义认为，在国际政治中安全主要是指一个国家的军事、政治、经济等安全，国家主权至上，因而安全主要考虑的是国家安全，即使在一些场合讨论到国际安全问题也是以维护国家安全为最终归宿。以往人们讲安全尤其在国际政治领域，主要是指国家（民族）层次上的安全，如不受外来侵略，不被他国控制，不危害本国主权，等等。事实上，这种概念今天仍然十分重要和有效，因为民族国家仍然构成国际社会大家庭的主干部分，也是最有力量、最有影响的部分，各国政府的对外交往和各种政策仍然是各种国际活动的中心。如果一个国家连自己最基本的权益都无法捍卫，例如领土任人分割，外交事务由外部势力操纵，或者经济和社会活动完全取决于本国政府不能左右的因素，那么可以想象，不仅这个国家谈不上任何安全，而且，由此类国家组成的区域共同体或国际社会同样是不安宁和不稳定的。③

尽管当今非传统安全问题越来越多地被提上议程，人们更多地从全球安全来考察安全问题，并且似乎有取代传统安全中注重国家安全的趋势，但是在当今国家仍是最主要的行为体的国际社会中，国家安全仍是国际政治中的指向标。因为无论全球化怎么发展，在当下国家主权至上并未过时。在国际社会的无政府状态下，不存在高居于主权之上的权力系统。虽然说没什么是永恒的，但认为主权国时代已经过时是缺乏依据的。④ 因为如果国家消失了，可以预测某种新的政治实体来取代它，但好像还没有能够说出怎样代替。⑤ 各国在面对全球性问题时，互利合作，共同解决问题，以求实现国际安全，但为使本国免于不安全状态才是其根本动力。

在国际关系史上，17 世纪到 20 世纪初这段时期，国家安全被人们远远看重于国际安全。尤其在 19 世纪末 20 世纪初，这期间各大帝国主义在争夺海外殖民地和势力范围中矛

① 刘跃进：《系统安全观及其三层次》，载《国际关系学报》，2001 年第 2 期，第 6 页。
② 丛鹏：《大国安全观比较》，时事出版社 2004 年版，第 15 页。
③ 王逸舟：《全球化时代的国际安全》，上海人民出版社 1999 年版，第 9 页。
④ 约翰·米尔斯海默：《大国政治的悲剧》，王义桅译，上海人民出版社 2003 年版，第 512 页。
⑤ 约翰·米尔斯海默：《大国政治的悲剧》，王义桅译，上海人民出版社 2003 年版，第 51 页。

盾重重。各国都想获取最大利益和权力来保障本国安全，而全然不顾国际社会的和平与稳定。为最大限度地保障本国安全，各帝国主义相继开展了激烈的军备竞赛。在 1874—1896 年间，欧洲各大军事强国的军费开支大约平均增长 50% 以上。各国具体情况如下：德国为 79%，俄国为 75%，英国为 47%，法国为 43%，奥匈为 21%。① 各帝国主义为保全自身安全，导致整个国际社会的安全局势日趋恶化，并最终导致了第一次世界大战的爆发，不但国际社会的安全遭到打击，各大列强国家的国家安全也是"皮之不存，毛将焉附"。此外，在 20 世纪的美苏冷战时期，美苏之间为保全自身安全，展开军备竞赛，在世界范围内争取主导权，置国际社会的和平安全于不顾，多次造成整个国际社会安全的紧张状态。

**2. 国际安全重于国家安全**

相对于现实主义，理想主义则更注重整个国际社会的安全稳定。理想主义主张建立一个由国家组成的国际联盟，通过国际道义、法规、制度等来约束国家行为体，以维护整个国际社会的和平稳定。以威尔逊为代表的理想主义，所倡导的国际社会和平稳定是以集体安全形式为保障的。他主张各国在维护集体安全的制度安排下，各国相互裁减军备，尤其是那些威胁现状的国家都要受制于集体安全，任何破坏国际社会安全的国家都要被解除其武装力量。

与理想主义一脉相承的新自由主义同样在国家安全与国际安全之间更青睐国际安全。只是在维护国际安全的方式上，理想主义通过集体安全与相互裁军来实现。而自由主义则主张通过加强各国之间的联系与合作来消除各国间的矛盾，并创立相应的机构和制度来规范这样一种联系与合作。新自由主义认为，这样的机构和制度，使得其缔约国之间有了一定的组织形式来解决其不可避免的矛盾与分歧，从而为国际安全打下了基础。此外，在合作后取得收益的分配问题上，新自由主义以绝对收益模式来取代新现实主义的相对收益模式，加之，在收益分配问题上通过制度协调机制来使各国达成一致。以新自由主义看来，在一个受国家权力和不同利益制约的世界里，发展国家间的制度化的合作，可以为实现更大范围的国际安全提供机遇。②

另一方面，在历史上，两次世界大战的惨痛教训都使人们重新思考安全的取向，将目光聚焦于国际安全层面，希望通过国际社会相应的机制来维护国际社会的安全，以此来约束那些破坏国际和平的国家或国家集团，并保证人类生活的稳定和平。最显著的例子便是两次世界大战后分别建立的国际联盟和联合国。两者的主要目标都是倾向于解决国际争端，维护世界和平，保障国际安全。

此外，由于核武器的试爆成功，随之大规模杀伤性武器的出现，加之 20 世纪 70 年代以来，经济政治全球化后，全球化的非传统安全问题也不断涌现，如毒品、走私、国际恐怖主义等这些需要整个国际社会共同努力来解决的安全问题更是使得人们不禁惊呼：国家安全让位国际安全？到了冷战后，由于各种全球化因素的出现，一些学者甚至认为国家主权过时了，应将国际安全置于国家安全之上，强调国际安全的优先性。持这类观点最主要以日本学者大前研议（Kenichi Ohmae）为代表，他认为"传统的民族国家已成为全球经

---

① 刘德斌：《国际关系史》，高等教育出版社 2003 年版，第 187 页。
② 李少军：《国际政治学概论》，上海人民出版社 2005 年版，第 206 页。

济中不和谐，甚至不可能再继续存在的活动单元"。①

### 3. 国际安全与国家安全的平衡

虽然目前国家安全仍优先于国际安全被绝大多数政府所追求，但在当今全球化趋势下，国家安全与国际安全的界限越来越模糊，两者的地位也越来越趋向于平衡。因为在当今，安全问题已融入每一个角落，国家安全带有综合性的特点，虽然在大多数国家仍将国家安全置于至高无上的地位，占据着安全问题的主导地位，但这并不意味着这些国家将本国的国家安全与国际安全的对立起来，因为它们都知道，在多极化趋势下，任何一国试图挑战国际社会的现状都有可能招致整个国际社会的谴责与制裁，那么最终受损的还是本国国家安全。

在国际层面上，随着国际政治经济一体化的深入，各国利益的相互依赖程度与影响逐步增多，影响国家安全因素也日趋复杂化，尤其是非传统安全的出现，为实现国家安全，各国会更倾向于采取合作的方式共同致力于国际安全的构建。因为各国都深深地认识到，一些全球性的安全问题如气候变暖，金融危机等都不是单独靠哪一个国家就可以解决的，一个国家要维护本国的国家安全，必须考虑国际安全问题，将本国安全同国际安全结合起来。于2005年2月16日正式生效的《京都议定书》就是各缔约国在认识到全球气候变暖给整个地球带来不可预测的后果而共同努力的结果。

当下各国政府努力建立国际机制来维护国际安全本身就是为了维护本国的国家安全。的确，在当前，国家安全的实现必须要以国际社会的安全为前提。因为在资讯、交通高度发达的今天，整个国际社会是一个牵一发而动全身的整体，没有国际社会的安全就没有哪个国家的安全可言。现阶段，随着国际交往与合作的增多、国家间相互依赖程度的加深，各国正逐渐形成一种全球意识，一种努力致力于国际安全的和平意识。但这并不意味着这些国家的民族国家的主权意识的丧失，而是认识到在国家主权的内容形式发生了变化后，趋向于对全球意识和国家主权意识的平衡，在国际安全与国家安全中寻求一个均衡点。

## 四、中国国家安全与当今国际安全

近代以来，中国的国家安全与国际安全两者之间的命运可以说是息息相关，从鸦片战争到甲午中日战争，从抗日战争到美苏之间的冷战时期，中国的安全被推到悬崖边时，整个国际社会也处于混乱与危机之中。中国作为一个大国，其国家安全形势好坏与否，在很大程度上也影响着国际安全局势的稳定与否。进入新世纪以来，中国的国家安全状况正逐步好转，这时国际社会的安全状况在总体上也日趋稳定。

### 1. 中国国家安全与国际安全紧密相连

（1）鸦片战争以来至新中国成立时期中国的安全形势。在鸦片战争以前，清政府为免受外来侵扰采取了闭关锁国的政策，中国生活在一个与国际社会交往很少、以中国为中心的东亚"封贡体系"中，在这样一种体系中，中国的国家安全得以保障，中国周边的东亚、东南亚国家也处于相对和平稳定的状态。然而，在1840年鸦片战争爆发后，中国的门户被西方列强的坚船利炮打开了。通过两次鸦片战争，西方列强迫使清王朝接受以西方为主导的国际关系法则。与此同时，西方列强在全球努力追求殖民地，国际社会完全陷

---

① Jean-Marie Guehenno, *The end of the nation state.* New York: Free Press, 1995: 5.

入无政府状态弱肉强食的混乱局面，中国的国家安全经过两次鸦片战争后，也在这股殖民地的瓜分狂潮中遭受重创。

在甲午中日战争后，西方资本主义国家其资本主义社会发展到了一个新的阶段，各国开始向帝国主义过渡。此时，世界的殖民地几乎被主要资本主义国家瓜分完毕，这时的帝国主义只有把爪牙又伸向半殖民地的中国。中国又在一系列不平等的条约中割地赔款，丧权辱国。国家安全几乎丧失殆尽，国家随时处于生死存亡之际。这段时期，在中国国家安全处于存亡之秋时，国际社会的安全同样遭到严重破坏。一方面是列强对殖民地半殖民地的侵略，给这些国家造成巨大的伤害；另一方面各大帝国主义国家在掠夺殖民地的过程中由于分赃不均，各大国矛盾重重。在 19 世纪 90 年代，各帝国主义之间出现了对立的军事集团，并最终形成了德、奥、意同盟国集团与英、法、俄协约国集团对峙的紧张局面，在这种局面下国际形势经常处于紧张的状态。1914 年的"萨拉热窝"事件最终导致了两大军事集团的纷纷登场，几十个国家先后卷入这场世界大战，国际安全遭受空前的浩劫。

西方两大军事集团在大战中斗得你死我活之际，日本则乘机加快了对中国的侵略步伐，并于 1915 年提出了旨在灭亡中国的 21 条，虽然日本的最终目的没有达到，但中国在这一过程中丧失了大量主权，国家安全再次遭到重创。

"一战"结束后，各西方列强表面上达成协议，并成立了国际联盟，以保障国际社会的安全。但各大资本主义国家仍在国家利益与安全问题上暗中较劲，由于"凡一华体系"对德国的处理不当，同时，迅速崛起的岛国日本，对自身狭小生存空间极度不满意。这些因素时刻挑战着国际安全。国际社会在"一战"结束后同样处于十分紧张的状态。经过 1919—1939 年后的"20 年危机"后，国际社会再一次卷入世界大战，国际安全无从谈起。在这样一种国际环境中，中国的国家安全状况同样堪忧。先是以不同列强做后盾的各派军阀相互掠夺，然后是国民党与共产党的内战，尤其是日本全面侵华后，中华民族几乎陷入亡国亡种的惨境。1945 年在抗日战争胜利后，国共两党再次爆发内战，直到 1949 年新中国的成立，中国国内的战争局面才算告一段落。在国际安全遭受严重破坏的环境中，中国的国家安全也逃不出遭到蚕食的命运。

总的看来，鸦片战争至新中国成立这百余年中，中国的国家安全在紧张混乱的国际社会中没有任何保障。中国的生存安全受到极大的挑战。中国作为一个大国，其安全状况同样反过来作用于国际安全，各西方列强在中国的利益争夺一定程度上加剧了列强之间的矛盾，造成了国际社会的紧张局面。此外，割地赔款成了这段中国历史的主要内容，中国的近代史是一部抵御外敌入侵的历史。这段历史对中国人的安全观念的影响是十分巨大的。在中国人的心目中，领土主权是第一重要的，是国家安全的根本。①

（2）新中国成立以来至冷战结束时中国的安全形势。1949 年中华人民共和国成立之初，虽然社会主义国家对新生的中华人民共和国表示出了巨大的善意，但另一方面也招致了以美国为首的西方国家的长期敌视。

1950 年 6 月 25 日爆发的朝鲜战争，美国企图将中国扼杀于摇篮之中，中国的国家安全处于十分险恶的境地。朝鲜战争结束后，由于当时处于美苏两大巨头争霸正酣之际，作为以苏联为首的社会主义阵营中的一员，中国国家安全仍时刻受到来自美国的威胁，主要

---

① 丛鹏：《大国安全观比较》，时事出版社 2004 年版，第 265 页。

表现在台湾问题上，1954 年和 1958 年的两次台海危机都是在美国的"催化"作用下发生的。同时，美国在中国的周边国家采取行动。在 20 世纪 60 年代，美国先后侵略越南、老挝、柬埔寨。"城门失火，殃及池鱼"，在两极格局的冷战阴影下，美苏对抗导致了国际安全严重受损。中国的国家安全在这样的环境中潜伏着巨大的危机。

进入 20 世纪 70 年代，美苏对抗中苏攻美守，美国不得不调整其全球战略，而且当时中苏之间的裂痕越拉越大，美国开始重新审视对华政策。另一方面，中国本国的国家实力不断提高，国防建设取得巨大进步，国际影响力不断增强，尤其是 1971 年中国在联合国的合法席位得以恢复。然而，在冷战的大背景下，由于国际安全处于一种不稳定的状态，中国的国际安全形势也并不乐观。

勃列日涅夫在苏共二十四大以及在后来的一些正式讲话中，多次攻击、威胁和敌视中国。苏联用霸权主义的态度对待中苏边界问题，在中国北部陈兵百万，时刻威胁中国国家安全。此外，在这一时期，中国与周边一些国家多次发生小规模的冲突，其中包括与印度的边界冲突、与越南的边界冲突及 1979 年对越自卫反击战等。

进入 20 世纪 80 年代，在戈尔巴乔夫"新思维"的指导下，苏联采取了全面收缩的战略，美苏间的冷战对抗有所缓和。中国也在邓小平的领导下进行了对内改革，对外开放，走上了现代化建设的道路。在国际形势有所缓和的背景下，中国的国际安全形势也有所改善。

总之，在冷战时期，在国际安全形势并不稳定的背景下，中国的国家安全同样难以得到保障。中国在这一时期，主要采取了外交结盟、军事对抗求安全等手段来维护本国国家安全，由于手段相对单一，加之国际安全环境的复杂性，其效果并不理想。

（3）冷战后中国的国家安全形势。冷战结束后，世界正以空前的速度全球化，各国之间的联系空前紧密。美苏的对抗已经成为历史，大规模的武装冲突和对抗已经失去了存在的环境，和平与发展成为时代的主题。整个国际社会整体上处于稳定的和平状态，中国周边的一些国家和地区也积极致力于本国的发展。中国与一些周边国家在历史上遗留下来的分歧与纠葛都得到妥善处理，目前几处领土、领海争端或在争取和平解决，或被冻结，不至酿成新危机。中国的国际环境迎来了中华人民共和国成立以来最好的时期。

与此同时，全球化的加深也使全球性的安全问题凸显，如毒品、国际走私、国际恐怖主义、环境问题等。这些新的全球安全问题向世人提出了新的挑战。中国作为最大的发展中国家和联合国安理会的常任理事国，更需要做出表率，肩负起维护国际社会和平的一份责任。

这对我国的安全战略调整提出了新的要求。冷战后的十几年以来，中国接受和逐步采取综合安全的新安全战略思想，注重国家安全与周边地区的安全共建，努力实现国际安全状态下的中国国家安全。1997 年 3 月，中国政府在同菲律宾共同主办东盟地区论坛信任措施会议上，首次正式提出了适合冷战后亚太地区各国维护各国安全的"新安全观"，此后，中国政府又在不同场合对这种"新安全观"做出了比较全面的阐述，强调中国国家安全与亚太地区安全及整个国际社会安全的共建。

可以说，这一时期，中国的外交安全政策吸取了冷战时期的教训，借助于和平稳定的国际大背景努力构建本国的国家安全。

**2. 如何更好地处理中国国家安全与国际安全的关系**

基于对中国国家安全形势与国际安全形势历史演变的勾勒，我们可以清晰地看到，中国国家安全与国际安全休戚相关。进入 21 世纪，国家安全与国际安全重叠的范围越来越广，中国越来越以负责任大国的形象展现于世人面前，中国要更好地维护自身的国家安全，为国际安全的实现贡献力量，这就要求我们在处理国家安全与国际安全关系上要更加注重国家安全与国际安全的平衡，从而实现国家安全与国际安全的双赢。因此，必须从以下几点处理好中国国家安全与国际安全的关系。

（1）积极营造一个和平、和谐的亚太安全环境。由于历史、地理等因素，长期以来，我国周边安全环境恶劣：与印度等国的边界冲突；与日本长期的紧张关系；美国对台海地区的干涉等时刻威胁中国的国家安全。要改变这样一种局面，中国除了要发展自身实力外，更要以积极合作的姿态来对待这些问题。在"朝核六方会谈"中，中国向世界表明了中国致力于亚太地区和平与稳定的决心与态度，也表明了中国国家安全与国际安全的良性互动。

（2）积极参与国际合作，共同打击非传统安全威胁。非传统安全所涉及的往往是国际安全问题。虽然非传统安全不是国家行为体之间对抗性的政治军事关系的产物，但是它仍然涉及国家行为体之间的关系。① 这也就是说，要处理这些所谓的非传统安全需要各国共同努力。中国积极与他国合作消除非传统安全隐患，不仅是作为国际上负责任大国形象的体现，更是在维护国际安全的过程中也保障了本国的国家安全。

（3）努力共建安全共同体。共同安全体模式是共同体内成员国共同获得安全，而不是"零和"安全，是成员国对安全和威胁的认同。长期以来，国际上由于缺乏权威，国家安全处于自助状态，国家间的安全分歧常常无法解决……一国的安全度增加意味着另一国安全度的降低，从而出现安全上的恶性循环。② 中国要跳出这样一种"安全困境"，必须把共同安全体模式作为实现国家安全的手段和目标，强调平等对话与合作互信，寻求国际共同安全，以国际安全共同体取代超级大国的霸权体系。

当然，在目前，维护国际安全归根到底是为了保证本国安全，所以尽管国家安全与国际安全之间的联系越来越紧密，两者在很多场合出现了趋同，但我们在考虑安全时，仍需将国家安全置于主导地位。同样，在处理中国国家安全与国际安全的关系时，我们仍不能忽视这一点。因为中国是世界的中国，但世界不是中国的世界。我们在观察当今国际冲突和中国的安全环境时，不应该忘却这样一个事实及道理。③

**五、结　语**

由于国际形势的变化，人们的安全观念也正在发生迅速的转变。国际安全与国际安全的关系也处在一个动态的演绎过程之中。在不同的时期，双方的关系或背离或统一，其互动主要取决于一个国家的国家安全是否实现。在国家主权仍然至上，国家仍然作为最主要行为体活跃于国际舞台的今天，国际安全有时只是国家安全实现的条件或手段，国家安全

---

① 李少军：《国际政治学概论》，上海人民出版社 2005 年版，第 220 页。
② 刘胜湘：《全球化与美国——安全利益的冲突分析》，北京大学出版社 2006 年版，第 210 页。
③ 王逸舟：《国际政治析论》，上海人民出版社 1995 年版，第 330 页。

是所有安全问题的核心。然而，在全球化的进程中，国际安全正越来越引起人们的关注，这也昭示着未来国家安全与国际安全互动的新动向，中国外交需要抓住这一战略机遇，谋求实现国家安全与国际安全的双重目标。

（刘胜湘　中南财经政法大学政治学系教授）

（邓彪　中南财经政法大学政治学系 2008 级研究生）

（朱伯清　中国人民解放军通信指挥学院教师）

# 认同与权力变迁

封永平

**摘要：** 从大国崛起的历史来看，国际政治中似乎存在着一个权力转移的冲突逻辑。建构主义理论所提示的认同维度是一种解决权力困境的新思路。认同独特的构成性作用可以通过利益的重新建构而引导国家行为的偏好变化。从本质上看，认同赋予了安全的意义。在大国崛起的过程中，权力作用的发挥更多的受到国家间认同框架的制约。认同程度越高，权力变迁引发冲突的可能性就越小。进一步提高中国自身文化特别是价值观的国际认同水平，对于当下中国而言，无疑是一项关涉和平崛起成功与否的具有挑战性的重大课题。

**关键词：** 认同　权力变迁　大国崛起

卡尔·多伊奇（kar Deutsch）指出，安全意味着和平及和平的维护。① 然而，国际政治中似乎存在着一个权力转移的冲突逻辑，一个与新兴大国相伴的崛起困境。毫无疑义，如果按照现实主义的权力逻辑加以应对，新兴大国将永远难以走出战争的漩涡，历史上屡次上演的血雨腥风式的大国崛起剧情将会反复出现。约瑟夫·奈曾告诫道，作为"国际政治研究者的任务就是要借鉴历史以理解延续性与变迁性，而不应为过去所束缚"。② 建构主义所提示的国家间建立安全共同体的办法是一条从认同着眼解决大国崛起困境的新思路，其关键取决于国家间能否形成一种互信与集体认同。在某种意义上，认同作为一种权力和制度发挥作用的重要通道和关节点，在大国崛起的过程中起着削弱权力竞争、保障崛起安全的作用。从作为一种共同认知框架的认同着眼，霸权战争的怪圈就有可能被打破，从而有可能走出一条超越大国崛起困境的和平发展之路。

## 一、认同的含义及其机理

认同③是建构主义的逻辑起点和核心概念。但它并非源自国际政治理论本身，而是从哲学、社会学、心理学等学科中借鉴而来。它最初源于哲学中两事物相同时"甲等于乙"的同一律公式。《新哥伦比亚百科全书》将其归于哲学的范围，表示"变化的同态和同一

---

① ［美］卡尔·多伊奇：《国际关系分析》，周启朋译，世界知识出版社 1992 年版，第 283 页。

② ［美］约瑟夫·奈：《理解国际冲突：理论与历史》，张小明译，上海人民出版社 2002 年版，第 2 页。

③ 国际政治理论中的"identity"一词，在中文里有身份、特性、属性、认同、同一性等多种译法，为研究之便，本文基本采用"认同"的传统译法，同时视具体语境加入其他词复合使用。

问题"。后来，美国学者埃里克森（Erikeson）将认同这一概念引入社会心理学，认为认同是"一种自我（认知）框架，通过现实的和想象的人们对自我内涵共同认识而形成和保持"，① 是"一种自我同一性和历史连续性感觉"，② 另一位美国哲学家和心理学家米德将认同视为自我概念。他在其《心灵、自我与社会》一书中指出，个体从每一个互动场合的具体他人处获得暂时的自我想象，最终形成相对稳定的、把自己归属于某类客体的自我概念。

建构主义学派的国际关系学者在 20 世纪 80 年代后开始把认同引入到国际政治理论中来，更多地把认同定义为一种对自我与他者关系的理解，强调认同是行动者的社会特性，体现的是一种社会关系。某一实体单位的认同并不是物质因素使然，它总是社会建构的产物。就像一个人被孤立地观察时很难为之定性，而只有在被它周围的人所承认的前提下才能形成自己特有的认同一样，一个国家要想形成自己的认同，直接取决于自己为其他国家所承认的程度。建构主义学派的代表人物温特强调认同既具有主体或单位层次的特征，也具有主体间性或体系特征。单位层次的特征植根于行为体的自我领悟。不过，这种自我领悟的内容常常依赖于其他行为体对一个行为体的再现与这个行为体的自我领悟这两者之间的一致。所以，在认同身上体现了两种观念：一种是自我持有的观念，一种是他者持有的观念。认同是由内在和外在结构建构而成的。由于所处的社会环境不同，认同的呈现方式也不一样。认同可以是多样的，既有单位层面的个人/团体认同和类属认同，也有基本依赖于社会的互动关系及其实践的角色认同和集体认同。基于国际关系本身的特点及问题视阈的指向，本文主要在包含角色认同在内的集体认同意义上谈论认同。③

积极的角色认同使行为体在认知上把他者看做是自我的延伸，这个时候，集体认同就产生了。集体认同即自我与他者的认同。认同是一个认知的过程，在这一过程中，自我与他者的界限渐渐模糊，并在交界处产生完全的超越。自我通过认知的方式把其边界扩展到包含他者的领域，从而可以克服行动者由于"搭便车"而带来的集体行动的困境。④

如果国家彼此之间是否定性的认知，那么，国际体系就像现实主义所理解的那样，是一种竞争性的安全体系，国家对相对收益的考虑占主导地位，如果国家之间是肯定性的集体认同，那么他者的利益就成为自己利益的一部分，集体收益成为国家的主要考虑。在这两者之间的是国家像新自由主义所设想的那样，对绝对收益的考虑占主导地位，而对他者

① B. R. Schlenker and M. F. Weigold, *Goals and the Self-identification Process: Constructing Desired Identity, in Goal Concepts in Personality and Social Psychology*, edited by Pervin, Hillsdale, Erlbaum, 1989, p. 245.

② E. H. Erikeson, *Identity, Youth and Crisis*, New York, Norton, 1968, p. 17.

③ 对于认同概念的理解，除温特外，其他建构主义学者的观点可参见 Michael Barnett, *Culture, Strategy and Foreign Policy Change: Israel's Road to Oslo*, *European Journal of International Relations*, 5 (1), 1999, p. 9; Peter Katzenstein, ed., *The Culture of National Security: Norms and Identity in World Politics*, (New York: Columbia University Press, 1996, pp. 6-8; Amir Pasic, *Culture, Identity and Security: An Overview*, http://www.rbf.org.

④ 参见 ［美］ 亚历山大·温特《国际政治的社会理论》，秦亚青译，上海人民出版社 2000 年版，第 282 ~ 288 页；袁正清：《国际政治力量的社会学转向：建构主义研究》，上海人民出版社 2005 年版，第 130 ~ 133 页。

的安全不关心。国家的认同端线可以用图 1 来表示：

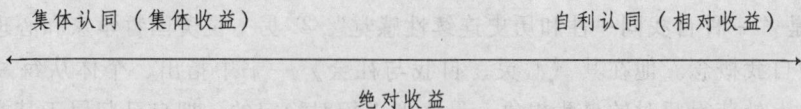

集体认同（集体收益）　　　　　　　　　　　　自利认同（相对收益）

绝对收益

图 1　国家认同端线

资料来源：yucel Bozdaghohlu，*Turkish Foreigh Policy and Turkish Identity*，Routledge，2003，p. 20.

认同端线之所以会发生如此变化，其原理在于认同与利益这个介质的关系上。利益决定着国家的政策行为，而认同则指引着利益前进的方向。通常认同的作用可以归纳为规范作用（regulative）和构成作用（constitutive）。认同的规范作用规范约束行为，规定了适当行为的标准。而构成作用则创造了新的行为体、利益和行为的类型。现实主义认为国家利益以权力来界定，追求权力、增加权力、显示权力是最重要的国家利益，以"权力界定国家利益"是"帮助政治现实主义进入国际政治领域的主要路标"。① 而建构主义认为，国家利益固然与权力密切相连，但利益本源上却根植于认同、规范结构中，认同决定利益，利益决定行为。从某种意义上说，建构主义是认同政治（politics of identity）理论。②

温特认为，认同与利益具有构成性的关系。追溯到哲学—社会心理学上，就是意愿（desire）与信念（belief）的构成性关系问题。利益就是意愿，也就是"想要的东西"。认同则属于信念范畴。根据传统的行为意向理论（intentional theory of action），意愿与信念相加就构成行动。所谓意愿就是"为"得到某种东西，而信念则是指关于这种东西本身的知识。意愿是动机，信念是知识。当代人类文化学家洛伊·丹德拉德（Roy D'Andrade）研究表明，意愿、动机或利益都应该被视为一种认知结构，这种认知结构使得人类主体对个体对象或事件成为可能。他认为，"实现愿望意味着界定合理期望的社会标准，所以是文化事物而不是物质事物"。③ 这意味着意愿本身就是信念。

此外，意愿由信念规定。美国哲学家豪尔（Howe）的研究表明，人类的原始意愿是一束没有方向的力量，它必须依赖信念给它导航并赋予内容；意愿的对象是什么，意愿采取何种进路，达到何种程度，既非与生俱来，亦非由意愿本身所规定，而在大多数情况下由信念所界定。当人们产生追求某种对象的动机时，构成这个动机的主要不是什么内在的生物冲动，而是一种对该对象价值的看法，这种看法是社会的产物，是通过社会经验和社会学习受社会文化影响的结果。④

在国际政治中，国家利益是个人意愿的扩大，（集体）认同是个人信念的扩大。意愿

---

① ［美］汉斯·摩根斯：《国际纵横策论》，上海译文出版社 1995 年版，第 4 页。

② ［美］亚历山大·温特：《国际政治的社会理论》，秦亚青译，上海人民出版社 2000 年版，"译者前言"，第 27 页。

③ 转引自［美］亚历山大·温特《国际政治的社会理论》，秦亚青译，上海人民出版社 2000 年版，第 153 页。

④ R. B. K. Howe，The Cognitive Nature of Desire，*The Southern Journal of Philosophy*，1994，32，pp. 182-183，转引自郭树勇《建构主义与国际政治》，长征出版社 2001 年版，第 100 ～ 101 页。

与信念的构成性关系决定了利益与认同的构成性关系，即一方存在以另一方存在为前提，一个行为体若不知道自己是谁（自我认同），就不可能知道自我想干什么，而要维护自己的认同，就必然付诸某种愿望。没有认同，利益就失去了方向；而没有利益，认同就失去了动力。利益与认同不可分。国家认同需要加以维护、再生产或可持续发展时，国家利益就由此产生，因为这种需要本身就是利益所在。外交行为总是在维护认同的基础上在利益驱动下实施的，利益包含认同，利益的判定有赖于认同，利益的实施凭借有认同感的人去实施。

当建构主义对认同这种因素的作用进行再审视后，认同在国际政治领域不再扮演无足轻重的角色。认同在理性主义眼里至多被看做解释行为的剩余变量。无论是古典现实主义还是结构现实主义都认为在国际政治领域，认同本身没有力量影响国家的行为，只有无政府状态下的国家所具有的相对权力才决定国家的行为。新自由主义虽然突出了国际制度对国家行为的塑造作用——降低合法交易的费用，增加非法交易的费用，减少不确定性，促进国家之间达成互惠协定，但新自由主义仍然以工具理性的观点来看待认同影响国家行为的作用，认为这种作用很有限，只是有助于自利的行为体之间的合作，并不影响和改变行为体的认同和利益，而且认同本身依赖于权力分配。总的来说，理性主义对认同观念的探讨仅仅限于规范作用，而建构主义认为认同具有构成作用，它嵌入行为体的行为之中，不是一种外生于行为体的变量，而是内生于行为体的互动过程中。认同给行为体提供了对利益的集体理解，其作用并不只是规定行为，更重要的是建构行为体的利益。因此，认同和国家利益并非如理性主义所认为的"同质的东西"，国家无论大小、强弱，国家利益和认同是既定不变的，不需要具体考虑其的形成与变化。相反，托马斯·伯格（Thomas Berger）在研究了二战以来德国和日本的认同变化后，认为两国的政治—军事文化的核心原则可以在外来冲击下发生变化。①

认同视野下国家利益是不同国家根据自身需要具体确定的。国家利益的形成受国际体系中认同与规范的影响。国家只有在国际体系中确定了自我认同以后，才能相对地确定其利益的范围、程度的数量。认同和国家利益都处于不断变化的过程中，它是通过与国际社会相互作用而建构的，与国际体系形成互动的关系。这样一旦行为体在互动的过程中被赋予新的认同，国家行为的图景就会发生变化。认同不同，利益自然不同，国家的行为也就不一样。这样的事例很多，比如德国统一后并没有像人们担心的那样再次走向扩张之路，这是因为战后出现的超国家的欧洲认同构成了德国国家认同的重要组成部分，这种欧洲认同告诉了德国利益之所在。因此，尽管国际和国内环境发生了很大变化，但德国的国家认同并没有发生改变，它继续推进欧洲一体化进程，把自己的国家利益与欧洲共同体的利益紧密的联系在一起。再如戈尔巴乔夫的"新思维"，实质上也是体制内具有西方倾向的专家网络集体认知（复杂学习）演进的结果，"新思维"重新确立了苏联的新认同及其与以前截然不同的国家利益，从而由此最终导致了苏联的解体。

---

① Peter Katzenstein, ed., *The Culture of National Security: Norms and Identity in World Politics*, New York: Columbia University Press, 1996.

## 二、权力变迁的认同框架

长久以来，国际无政府状态一直都被认为是导致国际权力冲突的终极原因。根据建构主义的研究，两者之间并没有必然的联系，是否产生暴力取决于国家行为体的互动实践。依据所谓的互应逻辑（logic of reciprocity），国家行为体的实践活动导致了国际体系结构的形成。两个国家在从来没有交往的情况下是没有认同产生的，双方一经交往，初始行为通过互应机制使互动的双方产生并加强一些观念，并开始共同拥有这些观念，于是便产生了文化。而不同的互动行为，通过互应机制，就可以产生不同特征的无政府状态。正是从这个意义上说，不会存在一个单一的、以每一个人反对每个人的战争为基本特征的无政府逻辑。根据国家之间互动性质的不同，可能存在多种无政府文化。温特提出了三种理想类型的国际体系文化，即：霍布斯文化、洛克文化和康德文化。国际体系文化的构成是由行动者之间的角色结构决定的。根据前面关于认同的论述，这种角色结构实际上就是一种认同，属于角色认同。国际体系中可以存在三种认同结构：敌人、对手和朋友认同，不同的认同产生不同的国际体系文化：敌人认同建构霍布斯文化，对手认同建构洛克文化，朋友认同建构康德文化。这样不同的认同就存在着不同的安全逻辑。

在国际政治意义上，安全是一种关系。一国的安全并不完全取决于自己，"零和"式的自助不能保证自己的安全。只有在与他国相比较的关系中才能存在。即使一国实力再强大，但如果有一个或几个与之缺乏认同的敌对国家，该国的安全感就会大大降低。安全的程度受认同框架的影响。

安全虽是一个"具有高度争议性的概念"，① 但不管对它有多少定义，人们总感到有威胁时才会想到安全问题。所以，安全的最基本的特征就是与"威胁"相关联。安全就是不存在威胁或危险。而对威胁的感知同行为主体所抱有的认同是分不开的，是否具有威胁是由行为主体互动形成的认同框架建构的。从根本上说，安全既不是客观的，也不是主观的，而是主体间性的，是认同赋予了安全的意义。只有在确定了国家间的认同后，我们才能理解安全的意义。认同与安全在行为者互动实践中形成一种同构关系。

温特使用第一次相遇的假定来说明认同框架内的安全是如何在实践中被建构起来的。假定自我和他者是第一次相遇，没有预先的互动经验和认同，那么他们相遇的时候不一定要感到对方是在威胁自己。如果第一次相遇他者发出的动作和信号是威胁性的，自我经过自己的接收、解释和赋予其认同意义这样一个过程，把这种信号也理解为威胁性的，才会产生威胁感。如果他者发出的信号是友好性的，自我经过同样的过程把信号也理解为友好性的，那么不会认为相互具有威胁。是否具有威胁性是双方在互动过程中通过认同观念建构起来的。自我和他者最初在互动中确立了关于自我与他者的认同，而在以后不断的互动中会再现这种认同，使之得到加强并相对稳定下来，这样在每一阶段自我和他者就共同界定了对方的角色。

据此，两个国家在无政府体系中相遇，可能成为朋友也可能成为敌人。从这个意义上看，由威胁定义的安全不过是（国际）社会建构的产物，行动者通过互动的社会实践活

---

① Barry Buzan, People, *States and Fear: An Agenda for International Security Studies in the Post-Cold War Era. Boulder*, Co.: Lynne Rienner, 1991, pp. 3-5.

动改变行动者的作为主体间性存在的认同，从而就可以改变无政府状态下安全的性质。

事实上，当行为体考虑自身安全的时候，首先影响到这种考虑的就是自我与他者的这种认知性认同。安全到底具有什么意义、体系中物质权力到底有什么意义，都取决于这种认同的差异。不同的认同决定了国家不同的安全状态。如果国家之间持有的是敌人认同，国家遵循暴力原则，在敌意的驱使下以消灭对方为根本利益，安全威胁得以建构，它们就处于一种暴力性的安全关系中，依靠权力派生的暴力来谋取安全，是你死我活的零和博弈，安全困境就是这种敌人认同相互加强的产物。

如果国家之间的认知性认同是对手认同，对手认同下的国家会遵循允许生存的主权原则，在竞争的驱使下以寻求安全为根本利益，国家安全基本得到保障，总体上处于一种和平性的安全关系中，但威胁和暴力仍时有发生，在很大程度上，安全的维护依然停留在自助的个体阶段。一国的安全就是这个国家自己的事，与其他国家无关。但是，如果国家之间是朋友认同，国家就会从非暴力和互助原则出发，相互之间不再视为威胁，国家间处于一种高度互信与集体认同的安全关系，实现了共同安全。国家不再根据自利的零和逻辑而是按照国际共同体的方式来思考国家利益和安全，把他国的安全视为自己的事情，属于自己的责任所在，安全共同体由此得以建构。因此，作为一种由认同建构并体现国家间主体间性的安全（"零和"）性质并不是既定不变的。国家既可以处于安全困境，也可以实现安全共同体。

在国际体系中，安全与认同紧密相关，"行动者（国家）的安全取决于行动者的认同"①。国家是否感到威胁在于自我和他者之间建立了何种认同，国家之间有什么样的认同就会有什么样的安全关系与之相对应。现实主义的权力/物质力量不能说明国家间的安全程度，因为"尽管结构位置相同，但美国的军事力量对加拿大和古巴具有不同的意义，正如英国的导弹对美国和苏联具有不同的意义一样"。② "国家要抗衡的是威胁，而不是权力，如果他国与自己的安全利益一致，那就不会视他国为军事威胁。"③ 国家感到安全是由于国家间建立起一种趋于良性互动的集体认同，"加拿大如今不会担心美国的威胁，英国也不会担心法国的威胁"，④ 就是这种认同的作用。"正是认同的逻辑而不是无政府状态的逻辑对哪样的国家被视为国家的潜在或现实威胁提供了更好的解释。"⑤

从上述安全与认同关系的论述中，可以得出的一个结论：安全的程度随着国家间认同程度的提高而提高。这说明认同对暴力的抑制存在着一定的积极作用。在大国崛起的背景下，有关国家安全的判断就不仅仅取决于相对权力对比，而更取决于国家间尤其是霸权国

---

① 袁正清：《国际政治理论的社会学转向：建构主义研究》，上海人民出版社 2005 年版，第 232 页。

② Alexander Wendt, Anarchy is What States Make of it: The Social Construction of Politics Powers, In James Der Derian, ed, *International Theory: Critical Investigation*, p. 135.

③ Stephen Walt , The Origins of Alliance, Cornell University Press, 1987. 转引自［美］亚历山大·温特《国际政治社会理论》，秦亚青译，上海人民出版社 2000 年版，第 135 页。

④ ［美］亚历山大·温特：《国际政治社会理论》，秦亚青译，上海人民出版社 2000 年版，第 135 页。

⑤ Michael Barnett, Identity and Alliance in the Middle East, in Peter Katzenstein, *The Culture of National Security: Norms and Identity in World Politics*, Colunbia University Press, 1996, p. 401.

和新兴大国之间的认同框架。在此基础上，可以顺乎逻辑的明晰本文的一个基本假设：国家间认同程度越高，权力冲突（国际暴力）的可能性就越小，权力和平转移或超越大国崛起困境的可能性就越大。

国家的安全取决于国家间的角色认同，而且随着认同程度的提高而提高，这必然涉及对权力作用和意义的认知和评估。显然，认同与权力之间存在着密切的关系。

前面已经说过，现实主义以权力维系的安全难以实现，即使实现也是暂时的，难以保证国家长久的安全。在敌人认同构成的霍布斯文化里，国家之间毫无集体认同，完全依赖权力来保障和平和安全，权力政治盛行，权力斗争引发的冲突和战争司空见惯，权力的作用在这一结构中发挥到极致。然而，在此后随着国家良性互动和认同转变，权力的作用和意义逐渐递减，而认同的力量日益凸显。到了洛克文化，一些认同观念比如主权原则开始发挥作用，得到行为体的普遍认同，国家生存也允许他国生存，军事实力的比重减弱，权力的运用受到限制，国际暴力得到一定程度的遏制。而国际社会进化到康德文化的时候，权力逻辑逐渐让位给认同逻辑，认同政治而不是权力政治开始占据康德文化的主导地位，国家行为受到认同逻辑的支配，权力的作用降低到了最低点。好的邻居并不一定需要好的篱笆，国家之间相互认同为朋友，完全放弃战争手段而采取和平方式解决国家之间的利益冲突。美加之间形成和长期保持了世界上最为漫长的和平边界就是例证。从这里可以看出，权力意义和作用的递减同认同强化的方向是一致的，认同对权力的负面运用起到了削弱的作用。

从根本上看，权力效应上所发生的变化同权力的认同建构是分不开的。权力不仅仅是物质力量也是社会建构的，认同的根本作用是建构具有解释能力的权力，① 行动者在实践中建立起来的不同认同赋予了国家权力以不同的意义。物质力量本身并不能说明它的作用，而是由行为体者主体间的理解或共享的观念即认同决定的。正如摩根索指出的那样，"人们并非因为持有武器而进行斗争……如果夺取他们手中的武器，他们仍会赤手空拳地进行战斗。这乃是人们头脑中意识的作用……只要人们企图互相控制互相掠夺……就免不了要进行战争"。② 权力与认同之间是一种构成性的关系。物质主义和理念主义涉及建构问题的辩论不是认同观念对社会生活的解释力大，就是权力的解释力大的问题。这两种理论辩论的焦点是：单纯的物质力量对权力和利益到底有多大的解释力。温特认为，国际社会的特征在很大程度上是由知识（认同）结构而不是物质结构造成的，但这并不意味着物质力量不重要，而是说物质力量只有通过其所嵌入的认同结构才能对人类行动具有意义。也就是说，"对人类行为来讲，只有通过共享的知识结构，物质资源才被赋予含义"。③ 例如，国际体系以物质力量界定的"极"是有意义的，但它的意义取决于各"极"之间的关系，即是敌人、对手还是朋友，而这种关系却是认同所界定的。因此，现

---

① ［美］亚历山大·温特：《国际政治的社会理论》，秦亚青译，上海人民出版社2000年版，第146～150页。

② ［美］汉斯·摩根索：《国家间政治》，章亚航所作的序言：《浅谈摩根索的权力学说的由来及影响》。

③ Alexander Wender, Constructing International Politics, *International Security*, Vol. 20, No. 1, 1995, p. 73.

实主义的物质力量本身并不能说明国家间关系的友好与安全程度。"国家对待敌人的行动与它对待朋友的行动是不一样的,因为敌人是一种威胁,而朋友不是。"只有敌人的权力才是真正的威胁,权力的含义本质上是由认同规定的,权力的作用只有通过深嵌于其中的认同才能产生力量。权力之所以具有意义和作用是因为认同观念使然,利益背后总是有文化的背景。虽然权力的分配总是会影响国家的计算,但如何计算则取决于主体间性的理解和预期。①

认同的分配建构了自我和他者的权力概念。比如,德国和丹麦这两个国家在 1940 年和 2000 年这两个时间点上,权力的差距并没有发生什么变化,但由于德国的国家利益在这两个时期是根据德国对它与丹麦之间关系的不同理解而确定的,也就是说是根据涉及自我和他者的认同决定的。在 1940 年德国把丹麦视为没有生存和自由权利的敌人,二者之间是敌对认同;而在 2000 年,则把丹麦视为朋友,二者之间是友好认同,因而,由于认同的差异及其影响,造就了德国的军事力量在不同的时期对丹麦的不同意义。同样是美国的军事力量,但对英国和朝鲜具有不同的意义。500 件英国的核武器对美国的威胁还不如朝鲜 5 件核武器对美国的威胁大,因为美国和英国是朋友认同,美国和朝鲜则是敌人认同,使这些核武器产生意义的是这种力量置身其中的毁灭关系,即构造国家间暴力的认同。② 如果把使权力具有意义和内容的这种认同因素剥离出去,仅仅从单纯的权力出发很难解释和理解国家之间的关系。

总之,国际政治中权力分配的意义在很大程度上是认同观念建构的,这个论点突出了建构作用而不是因果作用。这不是说认同比权力更重要,也不是说认同独立于权力。权力像以前的研究所认定的一样重要、一样具有决定作用。我们所需要阐明的是:权力之所以具有它们实际上所具有的作用,是因为造就权力的认同观念起了作用,权力作用的发挥以认同为先决条件。随着国家间认同程度的提高,权力的运用程度不断递减,国家间权力冲突的可能性会日益减少。如此,权力和平转移才有可能实现。

就中国自身而言,当务之急需要的是进一步提高中国自身的国际认同层次与水平,逐步得到世界更多国家的认可与接受,这对于当下处于崛起关键期的中国来说,无疑是关涉和平崛起持久与否的一项具有挑战性的重大课题。

## 三、认同的限度与中国崛起

在全球化的浪潮推动下,世界各国之间的联系和互动日益频繁与密切,纵横交织的密集的全球网络业已形成,传统国际关系正在经历深刻的蜕变。在此背景下,中国同西方世界主要国家特别是美国的互动关系实践无论从广度和深度上都出现了前所未有的变化,为超越传统大国崛起困境提供了某种可能性。但是,我们也看到,在关涉和平发展能否成功实现至关重要的认同视阈内,中国与美国之间的认同转换依然处于一个较低的水平,还没有凝聚和升华为牢固的集体认同。除却在战略上进一步设计和稳固双方的战略互动框架

---

① Alexander Wendt, Anarchy is What States Make of It: The Social Construction of Power Politics, *International Organization*, Spring, 1992, p. 135.

② [美] 亚历山大·温特:《国际政治的社会理论》,秦亚青译,上海人民出版社 2000 年版,第 323 页。

外，还需要从涉及认同观念的深层因素入手，破除影响认同变迁的根本滞障。资中筠先生曾经深刻地指出："在中美关系中，除去正常的国与国之间可能发生的问题之外，在思想层面上有许多外加的复杂问题，为其他国家之间所少见。另外，这方面的相互影响是极不平衡的；可以说美国总是出超而中国总是入超，或者说，美国处于攻势，中国处于守势。这种情况在可预见的将来还将继续下去。中美关系健康的发展有赖于明智地、恰当地处理好这个问题。"①

伴随着中国的崛起，各种版本的"中国威胁论"甚嚣尘上，不绝于耳。尽管中国不断向外释放和平发展、永远不称霸的善意，但依然难以真正得到西方主要大国的信任和认可，双方之间双向度认同结构处于不对称的失衡状态。2008年上半年，中国奥运火炬海外传递和西藏暴乱事件在中西之间所引发的风波就是一个十分典型的例子。事件发生后，中西之间的反应和评价截然对立，反映了中西之间依然存在着深刻的观念差距和认同瓶颈，双方尚未真正形成认同的转换。冷静下来，扪心自问与反思，为什么会发生这样的事情？问题到底出在什么地方？除却一小部分反华人士的别有用心之外，关键的原因在于中国自身的软实力或认同能力还十分薄弱乏力，中国的软实力建设没有及时跟上其高速发展的经济建设。中国与发达国家尤其是美国相比，差距最大的不是国内生产总值和军事实力，而是各种能够赢得国际认同的软实力。资中筠先生在总结20世纪美国的百年发展史时说道："一个国家可以有两条主线，一是物质的和表层的，科技、经济、政治、军事、外交等等，姑称之为'硬件'；一是包括精神、思想、历史传统、价值观念、信仰习俗等等比较内在而抽象的，姑统称之为'软件'。美国在这两个方面都有其特色，而这二者相互之间既有区别又有关联，既相辅相成又有矛盾。"② 对于那种"厚"硬件、"薄"软件的观点倾向，资中筠批驳道："关于物质文明昌盛而精神文明贫弱之说，首先在理论上就说不通，那等于说一个民族不要精神只要物质就可以达到繁荣富强。"③ 美国之所以能够成长为世界性大国，不仅是因为硬件的高度发达，而且在于软件力量的高度发达。这也是为什么美国对世界产生吸引力，以至于每年成千上万人愿意背井离乡移民美国的原因。在美国学者约翰·伊肯伯里的《美国无敌：均势的未来》一书中提出，美国在崛起过程中之所以没有受到他国的集体攻击，或者说没有陷入"安全困境"，而且战后美国的发展模式深受西方国家的青睐，很大程度上取决于该国在建立霸权、维持霸权过程中强调民主、人权观念与自由制度等"软件"的培育，将美国武装成一个"仁慈的帝国"，这头"温和的大象"凭借其先进的民主制度和价值观念在国际社会中形成一种"合作性权利"和吸引力，并与西方的工业体系融为一体，从而固化了美国网络式的同盟关系。④

历史和现实经验证明，在国际斗争中占据主动地位、纵横捭阖的大国都成功地凭借其先进的软实力而拥有强大的认同力量。认同是大国崛起不可或缺的"稳定器"和"推进器"，它们化解着矛盾、提供着国际理解和支持、保障着崛起安全、凝聚着国际力量。没有认同护持的国家崛起是不成功的崛起，最终逃不出战争与衰亡的历史规律。

---

① 资中筠：《百年思想的冲击与撞击》，载《美国研究》，1996年第4期，第28页。

② 资中筠：《冷眼向洋 百年风云启示录》上卷，三联书店2000年版，第3页。

③ 资中筠：《冷眼向洋 百年风云启示录》上卷，三联书店2000年版，第7页。

④ 林逢春：《另一种崛起力量：软实力》，载《决策与信息》，2007年第5期，第75页。

中国曾经具有强大的国际认同能力。中华民族拥有五千年的灿烂文明，源远流长、底蕴深厚、博大精深的中华文化，不仅是中华民族共有的精神家园，而且同样滋润了世界其他民族，也是世界其他民族的精神养料。美国历史学家保罗·肯尼迪在《大国的兴衰》中评价说："在近代以前时期的所有文明中，没有一个国家的文明比中国文明更发达、更先进。"① 历史上，日本、朝鲜、越南等国推崇中国的治国理念，不仅"拿去"汉字，还积极引进中国的律令制度等，由此形成了以中国为中心的"汉字文化圈"（或称"儒教文化圈"），以及被沃勒斯坦称为"东亚国际秩序"的"华夷秩序"。②

自晚清以来，中国综合国力迅速下降，国际影响力也几乎丧失殆尽。中华人民共和国的成立是中国国际认同能力复兴的一个转折点，特别是实行改革开放以来，伴随着经济实力和军事实力的增强，以文化为核心的国际认同发展之势渐趋明显。在文化上，汉语和中国文化研究受欢迎的程度激增。据报道，全球有3000万人在学习汉语，就读于中国高等院校的人数也相当可观，并且连创新高。根据教育部公布的数字，2006年各类来华留学生达到16万余名，比2005年增加了2万余名，涨幅为15.3%。③ 目前，中国已经与148个国家签订了政府间文化合作协定，在法国、埃及、韩国等国建立了6个中国文化中心。自2004年11月21日中国第一所海外孔子学院在韩国正式成立以来，截至2007年7月，我国已经在50多个国家和地区签署了建立170余所孔子学院的协议。④

在外交上，中国在东亚地区的认同力正在形成。中国对邻国实行"与邻为善、以邻为伴"的方针，与东南亚各国签订自由贸易协议（而美国没有签署这项条约），并承诺在南中国海问题上制定行为准则，大大改善了中国在本地区的形象，中国对亚洲事务的影响力显著增强。有学者将1997年称之为中国软力量的崛起标志。中国在金融危机中拒绝让人民币贬值的做法，获得了普遍赞誉。危机过后，东盟秘书长鲁道夫·塞韦里诺说："中国确实因此给人留下了好感。"⑤ 睦邻、安邻、富邻的实际行动和宣传攻势，获得了东南亚国家的认可，使中国威胁论在周边国家没有了市场。

中国所取得的成就不仅得到了大多数发展中国家的认同，而且引起了西方的广泛关注，许多西方学者都给予了高度评价。英国著名思想库"伦敦外交政策中心"在2004年5月发表了乔舒亚·库珀·拉莫的一篇论文，题为《北京共识》，文章将中国的发展模式称为"北京共识"，可以看做是对中国认同力成长的一种肯定性的诠释。最早提出"软实力"概念的美国哈佛大学国际问题专家约瑟夫·奈2005年年底在《华尔街日报》专门撰文声称"中国的软实力在崛起"。美国学者乔亚·柯兰奇克在最近出版的《魅力攻势——中国的软实力是如何改变世界的?》一书中，更是系统地梳理了中国文化如何在亚洲及整个世界崛起的历程及其影响，声称中国正在用自己的文化向其邻国乃至整个世界展开一场"魅力攻势"，甚或说是向世界打出了一张非常重要的"认同牌"。

但是，在一片赞誉声中，中国自己应该保持清醒的头脑，不能被西方学者"捧杀"。

---

① ［美］保罗·肯尼迪：《大国的兴衰》，国际文化出版公司2006年版，第4~6页。
② 转引自伊藤隆敏《亚洲国家必须团结一致》，载［英］《金融时报》，2000年11月21日。
③ 《来华留学人数年增15.3%》，载《人民日报》，2007年5月28日。
④ 国家汉语领导小组办公室网站，参见 http：//www.hanban.edu.cn/cn_hanban/kzxy.php。
⑤ 《外刊关注中国软实力》，载《国际展望》，2006年10月，第6页。

如果以一个文明大国的身份定位，在一个广阔的国际比较视阈内，客观冷静地进行观察和分析，就不难发现，尽管中国取得了不小的国际认同成果，但总的来看，应该说还非常有限。实际上，当今中国所拥有的国际认同现状并不容盲目乐观，仍然呈现出量小质低的特点。中国的国际认同水平既没有达到古代中国的高度，也没有能够取得与当代西方大国比肩的资本。世界特别是西方对中国的理解，还基本停留在中国传统文化的一些标志性符号和元素等表象方面，对中国深厚的文化传统和治国理念，难以说有清晰的了解，更难有深入的理解和认同。

中国是一个文化资源大国，但同时又是文化产业和文化产品生产的弱国，以图书为例，多年来我国图书进出口贸易大约是 10∶1 的逆差，出口的图书主要是到一些亚洲国家和我国的港澳台地区，面对欧美的逆差则达 100∶1 以上。2005 年，中美版权贸易之比是 4000∶14。① 此外，品牌文化也是国际认同力显而易见的载体性标志。除了老祖宗留给我们的，中国产品普遍缺乏内涵和文化的支撑。纵观那些能够屹立于世界品牌之林的产品，无不是通过品牌文化反映了新的民族特色，营造出一种生活方式和思维习惯，从而产生全球性的影响力。中国是世界第三大贸易国，国内拥有 170 万个企业品牌，但在全球百大名牌中，却没有一席之地。2006 年 9 月 5 日，日本《经济学人》周刊杂志发表文章，题为《中国要创造国际名牌》。文章认为："品牌是软实力的重要体现，目前世界所认可的软实力，还是以欧美国家为中心，中国尚未充分发挥软实力。"②

以上数据足以表明，在以中国文化为核心的认同能力的塑造与传播方面与发达国家相比仍然处于弱势，差距依然很大。"一个在文化发展上缺乏贡献能力和创新精神，在世界文化体系中处于依附地位的民族，它在政治上一般也处于依附和追随地位。总之，二流的民族精神不可能创造出一流的政治大国。"③ 为此，胡锦涛同志在十七大报告中明确指出："要坚持社会主义先进文化前进方向，兴起社会主义文化建设新高潮，激发全民族文化创造活力，提高国家文化软实力。"④ 在党的代表大会报告中正式提出"软实力"这一概念，突出表明了新时期建设和提高以文化认同为核心的国家软实力的极端重要性。随着中国在物质力量方面同发达国家的差距缩减，国际认同差距就成为中国崛起过程中最明显的弱点，同时也是中国在国际环境中又一个主要制约因素。在此意义上，能否提升和强化认同层次与水平，关系到中华民族的复兴和中国特色社会主义的前途，也是和平发展战略的必经之路。

因此，尽管中国拥有灿烂的古代文明和悠久的历史文化，拥有强大的民族精神和深厚的人文传统，然而，当今中国的认同魅力依然没有发挥出来，认同的限度严重制约着中外之间的良性沟通，加深了外部世界对华的疑虑和不确定感，增加了中国和平崛起的成本。如果说，文化软实力资源是一块好钢，认同是一把利剑，中国虽有好钢，但显然还没有将

---

① 于运全：《中国文化软实力建设任重道远》，载《对外大传播》，2007 年第 1 期。

② 《中国的软实力与世界工厂的国际名牌》，参见 http://fund.jrj.com.cn/news/2006-09-19/000001656224.html。

③ 李环：《浅析美国国家软力量》，载《国际关系学院学报》，2002 年 1 月，第 28 页。

④ 胡锦涛：《高举中国特色社会主义伟大旗帜，为夺取全面建设小康社会新胜利而奋斗》，人民出版社 2007 年版，第 33 页。

之铸成利剑。

当前，"软实力"已经成为当下一个广为流行的词汇，数量众多、几乎所有冠以"软实力"标签的文章，都谈到了增强中国软实力的可能路径。归纳起来，大致有以下几种：加强硬实力建设、弘扬传统文化、优化中国模式、加强制度建设、国民素质提高、强化国际制度参与能力、改善国际形象、加强国家政府公关等，这些方法的确都有道理，但距离笔者所提出的认同的原则要求，总觉有些隔靴搔痒之感，没有触及实处。一是有些面面俱到，"撒胡椒面"，失去了重心，不宜聚力推动与实施；二是没有切中中国病症之脉搏。当前最为紧迫和重要的是要着力凝练出具有世界先进性和影响力的价值观，占据国际"道德制高点"。

笔者认为，认同的核心源泉是文化，而且主要是文化中的核心即价值观念的认同及其影响力。价值观是文化的灵魂和相对稳定的部分，处于文化认同的支点位置，从根本上影响和制约着一国认同潜力的发展，决定着该国认同变迁的整体走向，"牵一发而动全身"。从世界范围看，不同文化间的差异最主要的是价值观的差异，不同文化间的冲突最主要的是价值观的冲突。从价值观这个切入点入手，对于国家认同能力的建构和提升可以起到"四两拨千斤"的作用。

倘若中国要发展成为一个在世界上必须说话的大国、一个必须做事的大国、一个必须为世界负责任的大国，就不得不在思想上有所创造，不能无话可说，不能无所作为，不能随波逐流。毛泽东曾说过，中国应当对人类有较大的贡献。而这种贡献，在过去的一个长时期内，则是太少了。这使我们感到惭愧。英国前首相撒切尔夫人说："中国不会成为超级大国，因为中国没有那种可以用来推进自己权力而削弱我们西方国家的具有很强影响力的学说。中国出口的是电视机，中国出口的不是思想观念。"[①] 无论她的这种说法是否完全正确，至少她提出了这样一个观点：只有拥有足以影响世界的思想体系，一个国家才能真正强大。

鉴于价值观方面的分歧与矛盾一直是影响国际冲突的深层因素，美国布鲁金斯学会的资深研究员、中国问题专家李成教授建议，"在这种情况下，中国应该更多地表达自己在世界外交上遵行什么样的价值观念"，才能更有信服力地说清楚为什么中国对外部世界没有威胁？"为什么中国的崛起一定是和平崛起"。[②]

尽管付诸了许多文化外交上的努力与行动，中国却迟迟难以打开国际认同的大门，原因就在于其中起关键作用的政治价值观缺乏全球的影响力与吸引力。"中国缺乏有自己特色的完善的政治意识形态价值和感召力，来平衡西方社会的以'自由民主'为核心的价值体系。正是由于没有这种现代的核心价值体系，中国对内的凝聚力受到一定影响，对外则很难占领'道德制高点'。没有一个富有竞争性的政治价值体系，在国际上很难得到全面的真正尊重。其他国家只是根据它们是否可以在经济、安全和外交上得到好处来决定它

---

① 英国前首相撒切尔夫人：《中国成不了超级大国！》，载 http：//biz. 163. com/06/0627/00/2KJ6MHHA00020S2K. html。

② 李成：《大国崛起，中国需要更多的表达》，载《21 世纪经济报道》，2007 年 8 月 19 日。

们的对华政策，而不是出于它们对中国政治价值的认同。"① 中国人民大学时殷弘教授认为："中国至今尚缺乏在现代世界历史根本潮流层次上意义一流的创新性的价值贡献，或者说尚未实现对中国未来真正可持续的发展来说具有根本意义的价值要求……因此，必须念念不忘价值观和价值贡献问题。"②

大国崛起需要中国元素。我们不能仅仅在政策层面利用传统文化吸引其他国家支持我们的政策主张，还要在观念和价值层面把我们进行创新后的新型价值观建构成国际社会的主流规范，全面提升中国价值理念对于世界的影响力和辐射力，使人类能够分享更多优秀的普世价值观。尽管这是一个长远的过程，但中国作为一个正在探索走出一条和平崛起新路的大国，作为一个有悠久的历史、深厚的传统文化底蕴的国家，理应有这样的抱负。

（封永平　武汉大学政治与公共管理学院讲师）

---

① 参见董立人等《关于中国的"软实力"及其提升的思考》，载《探索》，2005 年第 1 期，第 145 页；王宇洁《中国的国际"软权力"：概念、现状与提升》，载《内蒙古大学学报》，2005 年第 2 期，第 51 页。

② 时殷弘：《成就与挑战：中国和平发展、和谐世界理念与对外政策形势》，载《当代世界与社会主义》，2008 年第 2 期，第 82 页。

# 《珞珈政治学评论》征稿启事

《珞珈政治学评论》由武汉大学政治与公共管理学院主办，武汉大学出版社出版，每年出版 1~2 卷。本《评论》通过刊登政治学各学科的基础性、前沿性和独创性的学术研究成果及其相应的科研文献资料，为国内政治学界提供一个具有特色的理论研究与学术交流的平台。

## 一、征稿内容

《珞珈政治学评论》刊载如下有关内容：政治学理论与方法；政治文明与政治发展；政治理论与实践；政治思想与政治文化；比较政治与政治制度；国际政治与国际关系，等等。

## 二、来稿要求

1. 论文稿件字数一般在 10000~15000 字为宜。其他稿件可根据具体情况确定字数。

2. 来稿中请注明作者的单位、职称、学位、研究方向、联系电话、通讯地址、邮政编码和电子邮箱，便于联系。

3. 来稿需附上摘要（300 字以内）和关键词（3~5 个）。

4. 来稿请附上英文标题。

5. 来稿请采用"页下脚注"的注释方法，且每页重新连续编号。例如，第 1 页①、②、③，第 2 页则另起①、②、③。所引用文献的具体要求是：

（1）中文专著或主编类，应当如：何平：《中国传统政治思维探源》，天津人民出版社 2003 年版，第 49 页；徐大同：《20 世纪西方政治思潮》，天津人民出版社 1991 年版，第 411 页。

（2）中文论文集类，应当如：卢风：《处于国家和个体张力中的人权》，载李鹏程等主编：《对话中的政治哲学》，人民出版社 2004 年版，第 88 页。

（3）中文论文类，应当如：褚松燕：《公民资格定义的解释模式分析》，载《天津社会科学》，2002 年第 3 期，第 50 页。

（4）中文译著类，应当如：[美]布坎南等：《原则政治，而非利益政治——通向非歧视性民主》，张定淮等译，社会科学文献出版社 2004 年版，第 1 页。

（5）中文报纸类，应当如：傅达林：《"红头文件"应当接受法律审查》，载《工人日报》，2002 年 1 月 17 日，第 2 版。

（6）中文辞书类，应当如：《辞海》，上海辞书出版社 1979 年版，第 35 页。

（7）引用原版外文著作，应遵从该文种的注释习惯。

（8）引用互联网文献，应当按格式注明文献、详细网址及访问时间。

6. 本刊反对抄袭，来稿文责自负，请勿一稿多投。

## 三、投稿方式

1. 电子邮件投稿。投稿信箱：

chengangwuhan@yahoo.com.cn（陈刚）

2. 纸质文稿投稿。

投稿通讯地址：湖北省武汉市武昌珞珈山，武汉大学政治与公共管理学院

收件人：陈刚

邮编：430072；电话：13396075602

《珞珈政治学评论》编委会

**图书在版编目(CIP)数据**

珞珈政治学评论. 第二卷/武汉大学政治与公共管理学院主办;《珞珈政治学评论》编辑委员会编 . —武汉:武汉大学出版社,2009.3
ISBN 978-7-307-06777-6

Ⅰ. 珞…　Ⅱ. ①武…　②珞…　Ⅲ. 政治学—文集　Ⅳ. D0-53

中国版本图书馆 CIP 数据核字(2009)第 001314 号

责任编辑:胡国民　　责任校对:黄添生　　版式设计:詹锦玲

出版发行:**武汉大学出版社** 　(430072　武昌　珞珈山)
(电子邮件:cbs22@ whu. edu. cn 网址:www. wdp. whu. edu. cn)
印刷:武汉中远印务有限公司
开本:787×1092　1/16　印张:14.75　字数:351 千字　插页:2
版次:2007 年 8 月第 1 版　　2007 年 8 月第 1 次印刷
ISBN 978-7-307-06777-6/D · 865　　定价:24.00 元